网络营销:基础、策略与管理

JICHU,CELÜE YU GUANLI

杨 伟 夏明学 王丽萍 编著

中国财经出版传媒集团
经济科学出版社
Economic Science Press
北京

图书在版编目（CIP）数据

网络营销：基础、策略与管理／杨伟，夏明学，王丽萍编著．——北京：经济科学出版社，2023.11
ISBN 978-7-5218-4524-2

Ⅰ.①网… Ⅱ.①杨…②夏…③王… Ⅲ.①网络营销－高等学校－教材 Ⅳ.①F713.365.2

中国国家版本馆 CIP 数据核字（2023）第 024819 号

责任编辑：胡成洁
责任校对：王肖楠
责任印制：范 艳

网络营销：基础、策略与管理

杨 伟 夏明学 王丽萍 编著
经济科学出版社出版、发行 新华书店经销
社址：北京市海淀区阜成路甲 28 号 邮编：100142
经管中心电话：010-88191377 发行部电话：010-88191522
网址：www.esp.com.cn
电子邮箱：espcxy@126.com
天猫网店：经济科学出版社旗舰店
网址：http://jjkxcbs.tmall.com
北京季蜂印刷有限公司印装
710×1000 16 开 17.25 印张 300000 字
2023 年 11 月第 1 版 2023 年 11 月第 1 次印刷
ISBN 978-7-5218-4524-2 定价：68.00 元
（图书出现印装问题，本社负责调换。电话：010-88191545）
（版权所有 侵权必究 打击盗版 举报热线：010-88191661
QQ：2242791300 营销中心电话：010-88191537
电子邮箱：dbts@esp.com.cn）

前言
PREFACE

数字经济已成为我国经济增长的重要引擎,持续推动我国经济发展更均衡、就业质量更加优化、消费需求持续增长。中国作为全球最大的移动互联网市场,巨大的用户市场带动了互联网领域的各种创新,这些创新正迅速重构人们的生活方式,让生活更加精细化、智能化、网络化。网络营销活动是企业依托现代信息技术与网络技术实现整体市场营销目标的重点营销方式,不论是传统企业还是网络企业,都迫切需要一大批高素质的网络营销人才。网络营销课程正是在满足当前企业现实需要以及拓展理论研究空间的基础上开设的。

近年来,以现代信息技术为驱动力、以数字化知识与信息为基本要素、以新兴技术与实体经济的融合为作用路径催生的新经济得到快速发展,数字经济成为国家经济发展的重要动能。为促进新经济的发展,我国推出了一系列加快新型基础设施建设、培育数据要素、优化人力资本结构的经济政策,这些政策在促进信息技术创新和数字经济发展的同时,也为网络营销创新提供了坚实保障和广阔空间。本书编写团队在近10年的课程教学中坚持以经典市场营销学理论与方法为指导,基于现代管理学及相关学科的理念,高度重视信息技术和营销工具的应用,并结合市场营销模式的最新发展以及网络营销的商业实战需要,来组织和讲授网络营销这门课程,收到了不错的反响。

本书特色

本教材采用"理论与方法基础—基于4P的整合营销策略—问题导向的综合管理"的框架体系对教学内容进行了全新设计。理论与方法基础部分——全面介绍网络营销的相关理论、实现环境、顾客行为分析、营销调研等内容,为后续学习奠定坚实基础;基于4P的整合营销策略——基于4P理论探讨网络营销中的产品策略、定价策略、渠道策略、促销策略,同时注重社交媒体时代各类策略之间的相互整合,构建基本的网络营销整体策略解决方案;问题导向的综合管理——以客户关系管理、服务营销与管理、品牌管理和信用管理等最新的营销理念和管理学科的知识,拓展网络营销的学科视野。

其他特色

管理导向 网络营销涉及技术和管理两个层面。本书主要探讨了管理层面的网络营销活动,着重介绍了如何通过客户关系管理等保证营销策略的有效实施。各部分内容均注意到了营销技术、信息技术的重要性,并根据需要介绍了有关技术方面的知识。

事实导向 本书各章均结合国内外知名典型企业的经典营销事件来介绍网络营销的有关知识和理论。这些事件或案例向读者展示了网络营销的功能、方法、策略以及不断推陈出新的各类网络营销创新活动。

热门话题 编者尽最大可能将近年来互联网技术发展和电子商务发展的成果收录到本教材之中,例如AR与VR技术、刷脸与无感支付、微信营销、直播带货、社群电商等。

文化自信 虽然现有的很多营销工具与营销方法产生于国外。但是作为全球最大的电子商务市场,我国企业开展网络营销活动、进行营销活动创新的方法与事件更值得国内读者和企业进行学习与借鉴。基于此,本书90%以上的案例和举例都是选用我国的企业和产品,以期帮助读者认识和掌握处理网络营销管理的方法与技巧,并且通过探讨分析各类典型行业(企业)网络营销实践中的热点、焦点问题,增强实战能力。

学习方法

(1) 学习网络营销领域的术语、概念。这些概念都用黑色加粗字体标记。

(2) 根据每章设置的"营销知识"或"营销视点",进行更加深入的学习和讨论。

(3) 阅读每章的引导案例和案例分析,并回答与章节主题相关的问题。

（4）完成章末复习题，从而评价自己对本章内容的掌握程度。

（5）参与各类营销实践练习，包括课堂讨论、小组作业和上网操作等。

（6）尝试分析和解决热点及前沿问题以及教师提到的各类问题。

相关说明

本教材由长安大学经济与管理学院杨伟、夏明学、王丽萍担任主编，夏明学负责设计全书的整体框架结构，提出完整的编写思路。其中，第1、第2、第3、第4章由杨伟编写，第5、第6、第7、第8章由王丽萍编写，第9、第10、第11、第12章由夏明学编写。

本教材在编写过程中，学习、借鉴和参考了国内外大量相关文献资料和研究成果，在此，谨向这些作者表示诚挚的感谢！

本教材作为国家"211"重点大学、"985"优势学科创新平台建设高校、国家双一流学科建设高校——长安大学"十四五"规划立项教材，文稿编写和出版事宜均得到长安大学教务处、经济与管理学院及有关部门领导的关心与支持，在此一并表示感谢。

本教材的出版，承蒙经济科学出版社副总编柳敏、财税分社副社长杨洋、策划编辑胡成洁的大力支持。胡成洁女士对本教材出版前的前期工作及书稿进行了细致的审阅并提出了不少建设性意见，在此深表感谢！

限于编写者的学识水平，书中错误疏漏和瑕疵在所难免，恳请各位专家、同仁及读者不吝赐教！

编者
2023年5月于长安大学

目 录
CONTENTS

第 1 章　网络营销概述　………… 1

　教学说明 ……………………… 1

　引导案例 ……………………… 1

　1.1　网络营销的产生与
　　　　发展 ………………… 2

　1.2　网络营销的内涵和
　　　　体系 ………………… 9

　1.3　网络营销的相关
　　　　理论 ………………… 13

　案例讨论 ……………………… 15

　本章小结 ……………………… 16

　复习与实践 …………………… 17

**第 2 章　网络营销的现实
　　　　　基础** ………… 18

　教学说明 ……………………… 18

　引导案例 ……………………… 18

　2.1　网络营销的技术
　　　　基础 ………………… 19

　2.2　网络营销的社会
　　　　基础 ………………… 26

　2.3　网络营销的制度
　　　　基础 ………………… 30

　2.4　网络营销的配套服务
　　　　市场基础 …………… 34

　案例讨论 ……………………… 41

　本章小结 ……………………… 42

　复习与实践 …………………… 43

**第 3 章　网络市场分析与
　　　　　调研** ………… 44

　教学说明 ……………………… 44

　引导案例 ……………………… 44

　3.1　网络市场的基本
　　　　知识 ………………… 45

3.2 网络目标市场的选择 …… 49
3.3 网络市场定位 …… 55
3.4 网络市场调研的流程和方法 …… 58
案例讨论 …… 68
本章小结 …… 69
复习与实践 …… 70

第4章 网络顾客行为分析 …… 71

教学说明 …… 71
引导案例 …… 71
4.1 网络顾客概述 …… 72
4.2 网络顾客购买决策的影响因素 …… 75
4.3 网络顾客购买行为分析 …… 78
4.4 网络顾客购买过程分析 …… 82
案例讨论 …… 86
本章小结 …… 87
复习与实践 …… 88

第5章 网络营销的产品策略 …… 89

教学说明 …… 89
引导案例 …… 89
5.1 网络营销中的产品 …… 90
5.2 网络营销中的产品组合策略 …… 97

5.3 网络产品包装策略 …… 101
5.4 网络营销中的新产品开发 …… 104
案例讨论 …… 108
本章小结 …… 109
复习与实践 …… 109

第6章 网络营销中的定价策略 …… 111

教学说明 …… 111
引导案例 …… 111
6.1 网络营销中的定价概述 …… 112
6.2 网络营销中影响定价的因素 …… 117
6.3 网络营销中常用的定价策略 …… 121
6.4 网络营销中的报价策略 …… 124
案例讨论 …… 126
本章小结 …… 127
复习与实践 …… 128

第7章 网络营销中的渠道策略 …… 129

教学说明 …… 129
引导案例 …… 129
7.1 网络营销渠道概述 …… 130

7.2 网络营销直销渠道 …… 133
7.3 网络营销的中介渠道 …… 135
7.4 网络营销的物流渠道 …… 138
7.5 网络营销的渠道建设 …… 142
案例讨论 …… 145
本章小结 …… 147
复习与实践 …… 148

第8章 网络促销策略 …… 149

教学说明 …… 149
引导案例 …… 149
8.1 网络促销概述 …… 150
8.2 信息发布类促销策略 …… 154
8.3 社交沟通类促销策略 …… 165
8.4 在线娱乐类促销策略 …… 167
案例讨论 …… 175
本章小结 …… 176
复习与实践 …… 177

第9章 网络营销中的客户关系管理 …… 178

教学说明 …… 178
引导案例 …… 178

9.1 客户关系管理基础知识 …… 179
9.2 网络客户关系管理方法与手段 …… 183
9.3 网络客户关系管理应用 …… 190
案例讨论 …… 199
本章小结 …… 200
复习与实践 …… 201

第10章 网络营销中的服务管理 …… 202

教学说明 …… 202
引导案例 …… 202
10.1 网络营销服务概述 …… 203
10.2 网络产品服务 …… 207
10.3 网络营销服务工具 …… 209
10.4 网络个性化服务 …… 216
案例讨论 …… 220
本章小结 …… 222
复习与实践 …… 222

第11章 网络营销中的品牌管理 …… 224

教学说明 …… 224
引导案例 …… 224

11.1 品牌价值与网络品牌 …………… 225
11.2 网络品牌沟通 …… 230
11.3 网络品牌资产的管理和价值评估 ………… 237
案例讨论 ………………… 241
本章小结 ………………… 242
复习与实践 ……………… 243

第12章 网络营销中的信用管理 …………… 244

教学说明 ………………… 244
引导案例 ………………… 244

12.1 网络信用管理概述 …………… 245
12.2 网络顾客信用分析 …………… 250
12.3 网络运营商信用分析 …………… 254
12.4 网络信用安全策略的制定 ………… 257
案例讨论 ………………… 260
本章小结 ………………… 261
复习与实践 ……………… 262

参考文献 ………………… 263

第 1 章 CHAPTER 1

网络营销概述

教学说明

1. 了解网络营销的产生与发展过程
2. 了解网络营销与市场营销的异同
3. 掌握网络营销的内涵与体系
4. 了解网络营销的相关基础理论

☞ **引导案例**

蜜雪冰城携手哔哩哔哩跨界营销[1]

蜜雪冰城是1997年创办于河南郑州的冷饮品牌,致力于让全球每个人享受高质平价的美味,用优质的原材料打造产品,以优质的团队服务顾客。在2017年之前,一直是一个地方品牌。2018年,该公司正式启用新的品牌形象——雪王。2019年,蜜雪冰城VI系统全面升级。全新的品牌IP雪王延续了蜜雪冰城的快乐与甜蜜,承载了蜜雪冰城真材实料的价值主张。

---

[1] 蜜雪冰城官方网站、官方微博,Bilibili 蜜雪冰城官方站,"蜜雪冰城又出圈了,将土味进行到底,接地气的门店装潢",见 https://www.163.com/dy/article/HN9TL5VO05560N61.html。

2020年，受疫情影响，奶茶行业逆势迎来消费热潮，线上渠道的打通，更是增添了年轻一代对"奶茶自由"的追逐。奶茶，也顺势成为Z世代①们跨越消费鸿沟的社交密码。

2021年6月3日，蜜雪冰城在B站（bilibili）的官方账号发布主题曲MV"蜜雪冰城甜蜜蜜"，凭借简单好记的歌词、活泼轻快的旋律、可爱的动画形象，立即受到大量用户的关注，当天便冲上B站热门，随后，蜜雪冰城线下门店门庭若市，随处可见排起的人流长龙，蜜雪冰城也借势扩张门店，一举成为线下门店榜首。

蜜雪冰城在其官方微博揭秘了主题曲"洗脑"的秘密。选用其中一段韵律感强、旋律简单的片段进行简单改编和重复，将歌词改为了"你爱我，我爱你，蜜雪冰城甜蜜蜜"，更加简单通俗，于是就有了这首全网流行的神曲。

在网友的讨论下，微博话题"难怪蜜雪冰城歌曲这么耳熟"迅速登上热搜榜，并积累了超过2.2亿次的阅读量。在抖音上，围绕蜜雪冰城主题曲展开的话题也不在少数。蜜雪冰城主题曲累计播放26.5亿次，"山东话版蜜雪冰城主题曲"登上抖音热榜。"蜜雪冰城社死现场"也成为大家创作的来源，该话题下视频总播放量也超过14亿次。

蜜雪冰城的这次网络营销活动，不仅极大地推动了其线下销售，同时也是品牌价值的一次完美提升。蜜雪冰城联手知名视频网站的这次网络营销，不再是个案。在我们的生活中，无时无刻不在上演着网络营销的故事，越来越多的企业把网络营销作为了其在激烈的市场竞争中脱颖而出的制胜法宝。那么究竟什么是网络营销，它为什么有着如此巨大的魅力呢？

1.1　网络营销的产生与发展

当今世界已经进入了以信息网络为特征的信息社会，科技、经济和社会的发展使信息社会的内涵有了进一步的改变，顾客需求的拉动、企业间竞争的要求和互联网以不可抗拒的速度增长，都推动了网络营销的迅速发展。网络营销为企业提供了适应全球网络技术发展与信息网络社会变革的新的技术和手段，是现代企业获得竞争优势的关键营销战略。

---

① 指1995～2009年出生的群体。

1.1.1 网络营销的产生

1. 互联网的普及和发展为网络营销的产生奠定了基础

在信息网络时代，网络技术的应用改变了信息的分配和接收方式，改变了人们的生活、工作和学习、合作与交流的环境。中国互联网络信息中心发布的《第51次中国互联网发展状况统计报告》显示，2022年我国数字经济持续保持较快发展，信息传输、软件和信息技术服务业增加值增长了9.1%；全国网上零售额为137853亿元。截至2022年12月，我国网民规模为10.67亿人，互联网普及率达75.6%，其中手机网民规模为10.65亿人，网民中使用手机上网的比例为99.8%。50岁及以上网民群体占比提升至30.8%，互联网进一步向中老年群体渗透。

2. 消费观念的变革促进了网络营销的发展

顾客价值观念的变革是网络营销发展中的一大机遇。现今企业正从卖方市场转向买方市场。网络顾客完全能够以自己的意愿来挑选产品和服务，也可以定制自己所需的消费产品，向商家提出新的挑战。

3. 市场竞争的变革迫切需要网络营销赋予企业以新的生命力

市场竞争的变革是网络营销产生的现实基础。面对激烈的市场竞争，经营者迫切地寻求变革，以尽可能地降低商品在从生产到销售的整个供应链上的成本和费用比例，缩短运营周期，从根本上增加企业的竞争优势，从而增加盈利。企业开展网络营销可以节约店面租金，可以减少库存商品的资金占用，可以使经营模式不受场地的限制，便于采集客户信息……可以说，网络营销为企业经营赋予了新的生命力。

1.1.2 网络营销对传统市场营销的影响

网络营销对传统市场营销有着巨大的影响，同时，传统市场营销又是网络营销的基础，两者在现实中相互补充。

1. 对营销战略的影响

互联网的平等性使得无论是拥有规模经济的大型跨国公司，还是新兴的小企业，在网络营销上的运营空间是相同的，交易地位也是相对平等的。由于互联网具有开放、自由的特性，对于每个企业来讲信息量是相同的，在企业获得竞争对手产品信息和营销运作模式的同时，自身的信息也暴露在对手面前，这就需要企业去充分地分析利用所获得的信息，适时适当地调整自己的营销战略，使自身始终处在具有优势的战略地位。与其他网络企业组成战略联盟，达到资源共享，互相弥补企业自身的短板，形成竞争优势，将是未来企业营销战略的重要手段之一。

2. 对传统营销策略的影响

（1）对产品策略的冲击。传统的标准化产品优势被削弱。企业可利用互联网信息传播迅速的优势，更快捷地获得自身产品在消费群体中的反响，达到产品测试的目的，进而评估不同顾客的消费倾向和消费水平，对其偏好和消费行为进行动态跟踪，并且最终投其所好，为其制定相应的产品。对于每个企业来讲，不得不面临的一大挑战就是如何去迎合不同消费群体的个性化、多元化需求。

（2）对定价策略的影响。

第一，由于网络营销使企业获得了全球比价选购的优势，资源分配可达最佳效果，成本最小化成为了可能，企业完全有能力去满足顾客的需求，按照其消费水平和心理价位为产品定价。

第二，网络营销将推动各地同种产品的价位趋于一致。由于某些限制条件，企业会为不同区域的同种产品制定不同的销售价格，但由于网络信息传播具有迅速和公开的特点，客户可能会对这种区域性的差别不满。当这种不满的呼声影响企业销量时，就将迫使企业去削弱，甚至消除这种价格上的差异。这将对在各地具有分销商且采取差别化定价策略的公司产生巨大冲击。

（3）对营销渠道的冲击。因为有了互联网作为媒介，生产商可与最终用户直接联系，中间商及由此衍生的直销渠道的重要性和功能性大幅降低。这使得原本拥有着庞大销售网络的大型企业对小竞争者在销售渠道上的优势大大削弱；另外，对那些需要代理商来为其承担售后服务的生产商来讲，冲击同样巨大，因为随着代理利润的减少，代理商很可能会转型放弃承担这些工作。总之，这很可能导致在传统营销渠道中起着纽带作用的中间商逐渐淡出销售舞台。

（4）对传统媒体的影响。

第一，与传统媒体相比，互联网空间的无限扩展性，使得企业在做广告时不会再像以往使用传统媒介那样受到空间或篇幅的限制，可以将产品的信息展示得更加充分。

第二，网络技术个性化、多元化、智能化的发展，为用户提供了一个获得声、图、像、文等多维信息的平台，VR 等虚拟现实技术的使用使企业的广告更加形象、生动，也更加立体。进而给客户更多视觉、声效上的冲击。

第三，网络可以帮助企业及时快捷地与散布在全球各地的客户之间建立起紧密的联系网络，并且及时掌握客户的特性，有针对性地传递广告信息，提高个性化促销的有效性。

3. 对营销组织的影响

互联网带动企业内部局域网的蓬勃发展，使得企业内外部沟通与经营管理均需要依赖网络作为主要的渠道与信息源。其影响包括：业务人员与直销人员减少、组织层次减少、经营代理与分店门市数量减少、渠道缩短，虚拟经销商、虚拟门市、虚拟部门等企业内外部虚拟组织盛行。这些影响与变化，都使企业对组织再造工程的需要变得更加迫切。

4. 网络营销与传统营销的整合

（1）市场覆盖面互补。作为新兴的虚拟营销模式，网络营销更多地被熟悉网络的年轻人群体所接受，大多数中老年人仍然对网络营销缺乏信任感，更倾向于选择传统方式；另外，网络营销是建立在互联网的基础上的经营模式，对于经济落后、技术发展欠发达的国家或地区，网络营销的覆盖作用将大大减弱，这同样需要传统方式来弥补。

（2）购买方式互补。互联网作为一种媒介，在缩短了企业与顾客间的距离的同时，也缩短了购买产品的时间和过程，但顾客是多元化和个性化的，其拥有自身的生活方式和偏好。如女孩们逛街并不只是买到心仪的物品这么简单，和朋友一起购物同时是一个社交和休闲娱乐的过程。

（3）物流渠道的整合。网络交易过程虽然主要在互联网上完成交易的操作过程，但实物交易的最终结果是不变的，物流仍然需要真实存在的渠道来完成，所以线下市场的物流渠道可以作为网络营销的物流渠道。

（4）经营理念上的整合。互联网虽然拥有众多优势，但其毕竟是一个虚拟的世界，本质上只是一种工具，这种人机模式和传统的以人为主的营销策略相比，缺乏亲和力。

所以，网络营销和传统营销并不是完全的矛盾体，是可以共存的，且能够实现互相促进和补充。企业只要根据自身的经营目标将网络营销和传统营销进行整合，利用整合营销策略实现以顾客为中心的统一传播、双向交流，来实现成本最小化的营销目标。

1.1.3 网络营销沿革与展望

1. 网络营销的沿革

随着互联网应用的普及和电子商务应用的深入，网络营销的发展经历了四个阶段。

第一个阶段是"鼠标"模式。新兴电子商务公司是这个阶段网络营销的主体，企业通常采取免费策略以最大限度吸引网民的眼球。在这一阶段，提升网站知名度和建立企业网上品牌是企业实施网络营销的主要目的。如早期的新浪和搜狐等通过免费搜索、免费邮箱和免费新闻等信息内容服务，吸引网民访问网站，努力成为网上的新兴媒体，并将网民的注意力转换成网络经济效益，主要是通过发布网络广告来获取收益。

第二个阶段是"鼠标加水泥"模式。这个阶段传统的企业取代了新兴公司成为网络营销的主体。由于互联网的飞速发展与电子商务的兴起，越来越多的传统企业开始充分认识到通过互联网能够获得更大的商机，并逐步开始利用互联网形成的虚拟市场的特点进行营销活动，以求更有效地实现企业的营销目标，如很多企业在自己或他人的网站上投放广告，或是开设主页，形成旗舰店，逐步建立自己的网络营销渠道。

第三个阶段是整合模式。随着网络市场的不断进步与完善，网络营销进入了传统营销与网络营销相结合的整合模式阶段。目前的一些大型企业，例如海尔、苏宁等已经开始采取线上线下齐头并进的营销模式，充分利用网络营销提供的增强竞争优势，增加盈利的机会。在网络和电子商务环境下，如何处理好网络营销与传统营销的整合，能否比竞争对手更有效地唤起顾客对产品的注意和需要，成为企业开展网络营销能否成功的关键。

第四个阶段是多元化社交模式。网络营销已经成为企业市场销售行为要求的必然结果之一，尤其是淘宝、天猫、京东等网上商店平台的影响巨大，吸引了大量企业和个人利用其开设网上自身产品专营店铺，让企业线上与线下销售（O2O）结合得更加紧密，电子商务环境迈向成熟。同时，以社交营销为主导方向，移动网络营销、微信公众号、微营销占据主导地位，博客、论坛等营销为辅的网络营销时代来临。

2. 网络营销的展望

我国电子商务"十四五"规划显示，到 2025 年，电子商务交易额同比"十三五"增长 23%，超过 46 万亿元，网络零售额达到 17 万亿元左右，电子商务相关从业者超过 7000 万人。电子商务经济进入高质量发展阶段，成为经济社会全面数字化转型的重要引擎，成为就业创业的重要渠道，成为居民收入增长的重要来源。就当前互联网技术和应用的发展情况来看，网络营销将呈现如下发展趋势。

（1）新一代信息技术为网络营销活动提供新的场景。以大数据、云计算、虚拟现实、人工智能等为代表的新一代信息技术在全球范围内快速发展，将持续为电子商务创新发展提供支撑，创造精准匹配、交互式购物等用户体验，构建新的商业模式。以新一代移动通信网、下一代互联网为代表的网络技术将持续为电子商务扩展创新空间，大容量数字产品、三维位置服务、全息商品展示等应用领域酝酿着新的突破。

（2）移动互联网将成为网络营销的主要阵地。当前我国手机搜索、游戏、阅读、音乐、互动社区、支付、应用程序商店等移动互联网服务百花齐放，展现出了旺盛的活力，基于移动网络的行业信息化业务也不断涌现。手机即时通信、手机新闻和手机搜索成为移动互联网使用率最高的三大领域。手机终端越来越强大、5G 技术的广泛应用、大数据和云计算使得营销活动更加精准，移动互联网已经成为最大的营销市场。

（3）消费升级时代来临。随着 5G 商用、人工智能、虚拟现实/增强现实、3D 打印等新技术构建形式多样的线上消费场景，企业致力于探索人机互动新模式，培育高新视听新业态，创新网络消费方式，提升网络消费体验。同时大力发展智慧零售，传统零售企业纷纷进行数字化转型，加快商业基础设施的智能化升级改造，自助终端、电子价签、智能货架、弹性供应链、溯源系统等实体门店数字科技得到广泛推广，进一步丰富了线下数字化消费场景。

（4）社会化媒体营销成为主流。社会化媒体营销传播以每个普通顾客为媒体，直播、短视频、微信朋友圈营销异军突起，形成了多对多的"对话式"媒体传播方式。顾客可以通过任何提供广播机制的地方，分享喜欢的链接，筛选值得注意的内容。企业可以在社会化媒体上，通过融入顾客人群，直接地了解顾客需求；可以与顾客进行平等对话，甚至有机会让顾客与企业一起来参与企业品牌的延伸与塑造；有机会让品牌越来越归属于顾客需要的某种文化、时尚或潮流。

（5）农村市场网络营销发展迅速。随着直播电商、短视频电商等电子商务新模式向农村普及，营销推广渠道不断创新；同时，县级电子商务公共服务中心为电商企业、农民合作社、家庭农场、专业服务公司等主体提供市场开拓、资源对接、业务指导等服务。农村居民立足农副产品、手工制品、生态休闲旅游等农村特色产业，开展多种电子商务就业形式，促进特色农产品网络营销。

营销视点

德勤管理发布《2023技术趋势》

1. 穿越屏幕：打造沉浸式的企业互联网

有形界面、对话式界面和虚拟界面将跨越屏幕，为用户提供沉浸式的互联网体验，具体表现为以下三种形式：扩展现实，包括面向客户的元宇宙体验；企业仿真，即利用数字孪生技术对实物资产进行建模和实验；增强型员工体验——涉及招聘、生产力、学习等多个方面。沉浸式互联网有望围绕"无限现实"的独特功能，构建出利润丰厚的商业模式。

2. 敞开心扉：学会信任我们的AI同事

随着人工智能工具的日益标准化，企业逐渐意识到，只有充分信任人工智能提供的分析和洞察，才能获得最佳的竞争优势。要建立信任，人工智能算法必须具有可见性、可审计性和可解释性，并且员工必须参与人工智能的设计和输出。

3. 云上有云：驾驭多云环境的纷繁芜杂

企业正通过通用抽象层和自动化（称为超云或元云）来实现简单化和可见性。通过这些管理运营、治理和安全的跨云服务，企业可以充分利用云的多功能性、弹性、灵活性和可伸缩性。

4. 弹性至上：数字化人才新模式

现代工程技术是企业发展战略的核心要素。精明的企业通过创建新的IT团队架构和职能，更好地利用已有的人才资源。这些公司对人才价值、文化契合度和个人能力进行优先级排序，在现有的技能基础上发展成为一支专家队伍，从而改善人才体验、提升业务成果。

5. 公信之力：去中心化架构及生态圈

尽管加密货币市场波动较大，但区块链和数字资产的潜力仍在继续增长。由区块链赋能的"无信任生态圈"正逐渐发展成为第三代互联网（Web3）的一部分，是数字资产创造和货币化的关键。

> 6. 连接与扩展：核心系统融入新架构
>
> 基于云的分析、人工智能和机器学习的核心优化策略为大型机等传统 IT 系统注入新的活力，增强企业对其计算能力、数据存储和功能的信任，提升其计算能力、数据存储和功能的价值。
>
> 资料来源：和讯网

1.2 网络营销的内涵和体系

1.2.1 网络营销定义

网络营销的本质仍然是营销。网络营销是通过各种手段，引导商品或服务从生产者转移到顾客的过程。一种商品或服务从设计生产到实现消费是一个包括信息传递与沟通、商品与货币价值交换的复杂过程。在这个过程中，存在着种种时间与空间、意识与技术上的障碍。而网络营销可以排除这些障碍，使得企业生产的产品顺利到达顾客手中，从而实现竞争优势，增加企业效益。

基于此，本书将网络营销定义为：网络营销是企业整体营销战略的核心组成部分，是借助互联网、移动通信以及数字交互式媒体等的威力来实现营销目标，同时满足顾客需求的一种营销方式。

据此定义，可以得出下列认识。

第一，网络营销不仅限于网上。网络营销建立在传统营销之上，是企业整体营销战略的一个组成部分，网络营销活动不可能脱离一般营销环境而独立存在，网络营销理论是传统营销理论在互联网环境中的应用和发展。

第二，网络营销需借助互联网、移动通信、数字交互式媒体。互联网络是一种功能强大的营销工具，它同时兼具渠道、营销、电子交易、互动顾客服务以及市场信息收集分析与提供的多种功能。而移动互联网的兴起则为网络营销提供了更广阔的空间。

第三，网络营销是为实现网上销售目的而进行的一项基本活动。网络营销是网上销售发展到一定阶段而产生的结果，但网络营销本身并不直接等同于网上销售，这可以从两个方面来说明。

（1）网络营销的效果可能表现在多个方面，例如企业品牌价值的提升、加强与客户之间的沟通。作为一种对外发布信息的工具，网络营销活动并不一定能实现网上直接销售的目的，但是，很可能有利于增加总的销售。例如，资讯网并不直接进行网上销售，但它是品牌在互联网平台上的成功拓展，为受众提供分享时尚与优质生活的多元化资讯及多样化服务。

（2）网上销售的推广手段也不仅仅靠网络营销，往往还要采取许多传统的方式，如传统媒体广告、发布新闻、印发宣传册等。

1.2.2 网络营销特点

1. 跨时空

营销追求的最终效果就是更快更广地占领市场，互联网时间和空间的无限性刚好能够帮助企业突破在传统营销中所遇到的时空约束。没有了时空的约束，企业可以在任何时间任何地点为全世界各地的客户提供服务。

2. 多媒体

互联网传播信息可通过图文、声效、影像等多种媒体，这使得顾客了解企业产品的方式多种多样，所获得的信息更生动形象，有利于顾客充分了解产品，为顾客和企业双方达成交易提供了基础。

3. 交互式

互联网不仅可以连接产品资料库，向用户展示产品型号及相关信息，使顾客充分了解商品；还可以向企业反馈顾客对企业产品的评价，为企业做市场调查、收集市场情报和产品测试提供巨大帮助。

4. 人性化

互联网上的营销是以"企业提供信息，顾客主导阅览"为形式的营销手段，顾客与互联网是一对一的人机模式，并不存在强迫式促销，这更加契合了顾客的心理，给予顾客轻松自由购物消费的感觉，更加人性化，有利于企业同顾客建立长期良好的关系。

5. 成长性

互联网用户逐年递增，使用者已经遍布全球，且使用者多数受教育程度较高，经济收入水平和消费水平都较其他群体高，其购买力和市场影响力极强，具有巨大的开发潜力。

6. 整合性

网络营销不仅拥有由传播商品信息到达成交易，再到付款和售后服务的全程营销渠道；互联网还可以帮助企业对其纷乱的营销活动进行整合统一，达到消除因不一致性产生消极影响、统一向顾客传播商品资料信息的目的。

7. 全面性

互联网是一种功能强大的营销工具，它可以提供营销过程中所需要的市场信息分析、营销渠道、促销、交易和售后服务等功能。

8. 高效性

作为储存量巨大的智能型工具，电脑或手机不仅可以存储大量的商品信息，还可以代顾客查询，并且它利用互联网传播信息，无论是在数量上，还是在精确度上都远超其他媒体。此外，其能够应市场需求更新信息、调整价格，为顾客及时提供服务。

9. 经济性

随着互联网的出现，网上交易取代了之前的实物交换，这对降低成本大有裨益。网络上的商业活动不必在店面销售，不用支付租金，节省了人工成本和日常开销；此外，网络交易不会因为信息多次交换给企业带来损失。

10. 技术性

网络营销以互联网技术为前提，企业想做好网络营销必须要有先进设备和拥有先进技术的团队作为支撑，先进的技术和懂技术、懂营销的人才是企业需要大力引进的两个要素，这对企业在竞争中占有优势地位至关重要。

1.2.3　网络营销的基本功能

网络营销的功能很多，下面我们从企业和顾客两个角度来阐述其功能。

1. 企业角度

（1）经济效益增值功能。网络营销能够提高经营效率、促使营销成本下降，同时，新信息量的累加会使原有信息量的价值实现增值或提升其价值，使得商业机会增多，进而获取显著增值效益，极大地提高了企业获利能力。

（2）信息发布功能。信息发布功能是网络营销的基本职能。网络营销可以把信息发布到全球任何一个地点，既可以创造信息的轰动效应，又可以发布隐含信息；既可以实现信息的广覆盖，又可以形成地毯式的信息发布链。信息的停留时间、扩散范围、延伸效果、穿透能力、公关能力、表现形式，都是最佳的。信息在网上发布后，也可以获得回复，进行主动跟踪，或者进行回复后的再交流和再沟通。因此，信息发布的效果明显。

（3）商情调查功能。网络营销主动进攻能力主要体现在这一功能上。网络营销中的商情调查功能能够使企业在激烈的市场竞争条件下，主动地、积极地利用多种搜索方法了解商情、研究趋势、分析顾客心理、窥探竞争对手动态。同时，网络调查采用的在线调查或者电子询问调查表等方式，也能够省去大量的人力、物力，而且可以在线生成网上市场调研的分析报告、趋势分析图表和综合调查报告，为广大商家提供了一种对市场的快速反应能力，为企业的科学决策奠定了坚实的基础。

（4）品牌价值扩展和延伸功能。营销是品牌的战争，互联网的出现、电子商务的不断拓展，推动和促进了品牌的拓展和扩散，给商品带来了新的生机与活力。实践证明，网络营销不仅能够宣传品牌，而且在打造品牌资产、提升品牌的核心竞争力、重塑品牌形象等方面，具有其他媒体例如电视、广播等无法比肩的效果。

（5）销售渠道开拓功能。网络具有极强的进击力和穿透力。经济壁垒、地区封锁、人为屏障、交通阻隔、资金限制、语言障碍、信息封闭等都阻挡不住网络营销信息的传播。新技术的诱惑力，新产品的展示力，图文并茂、声像俱显的昭示力，网上路演的亲和力，地毯式发布和爆炸式增长的覆盖力，整合成为综合的信息能力，能快速打通壁垒，疏通种种渠道，实现市场的开拓。

2. 顾客角度

（1）信息搜索功能。对于顾客来说，信息搜索是网络营销的最基本的功能之一。为了选择自己心仪的产品，顾客不再需要花费巨大的时间和精力在实体商户间兜兜转转。只要在网上输入对商品的要求，即能快速准确地找到想要的东西，并可以简单直接地了解与商品有关的各类信息，以及在不同商品间作比较。如此便捷的购物方式，在很大程度上要归功于营销对于网络技术的充分应用。

（2）特色服务功能。这一特色服务功能的内涵和外延都得到了扩展和延伸。顾客不仅可以获得形式最简单的常见问题解答（FAQ）、邮件列表，以及在线客服等各种即时信息服务，还可以获取在线收听、收视、订购、交款等选择性服务，无假日的紧急需要服务，从信息跟踪、信息定制到智能化的信息转移服务，手机接听服务及网上选购，送货到家或上门服务，等等。这种服务以及服务之后的跟踪延伸，极大地提高了顾客的满意度，使以顾客为中心的原则得以实现。

（3）客户关系管理功能。客户关系管理，源于以客户为中心的管理思想，是一种旨在改善企业与客户之间关系的新型管理模式，是网络营销取得成效的必要条件，是企业重要的战略资源。

与传统营销模式中由于认识不足或自身条件的局限，导致企业在管理客户资源方面存在着较为严重的缺陷相比较，在网络营销活动中企业能够通过客户关系管理，将决策管理、服务管理、市场管理、销售管理、客户资源管理有机地融于一体。

1.3 网络营销的相关理论

1.3.1 网络直复营销理论

网络直复营销是指生产厂家通过网络直接分销渠道直接销售产品。美国直复营销协会（ADMA）对直复营销下的定义是：直复营销是一种为了在任何地方产生可度量的反应或达成交易而使用的一种或多种广告媒体的相互作用的市场营销体系。网络作为一种交互式、可以双向沟通的渠道和媒体，可以很方便地在企业与顾客之间架起桥梁，顾客可以直接通过网络订货和付款，企业也可以通过网络接收订单、安排生产，直接将产品送给顾客。例如，网上商城是一种典型的方式，"直"是指用户通过搜索引擎或网络广告直达企业网站选择商品、下单、结算；"复"是指企业和用户之间有及时和良好的交互及沟通，企业对用户的购买意愿信息可以进行统计。网络为直复营销提供了一个非常好的环境，在网络中，能很好地形成这种快速、不需中间环节的信息交互环境。

1.3.2 网络软营销理论

软营销理论是针对工业经济时代的以大批量生产为重要特征的"强式营销"提出的新理论，它强调企业进行市场营销活动时必须尊重顾客的感受和体验，让顾客能舒适主动地接受企业的营销活动。该理论认为：顾客对商业行为有着天生的敌意，网络时代个性化消费需求的回归，使顾客在心理上希望自己成为主动方，而网络的互动特性又使其有成为主动方的可能。顾客不欢迎不请自来的广告，但他们会在某种个性化需求的驱动下自己到网上寻找相关的信息和广告。网络软营销恰好是从顾客的体验和需求出发，采取拉动式策略吸引顾客的关注，从而达到营销效果。在互联网上开展网络营销活动必须要遵循网络礼仪（netiquette），网络软营销就是在遵循网络礼仪的基础上，利用网络文化来营造潜在的销售氛围，从而获得一种独特的营销效果。

1.3.3 网络关系营销理论

关系营销的本质特征是以企业与顾客、企业与企业间的双向的信息交流，是以企业与顾客、企业与企业间的合作协同为基础的战略过程。所谓网络关系营销，是指企业借助联机网络、电脑通信和数字交互式媒体的威力来实现传统关系营销的目标。在网络关系营销理论中，互联网作为一种有效的双向沟通渠道，企业与顾客之间、企业与企业间可以实现低费用成本的沟通和交流，为企业与顾客及相关企业建立长期关系提供有效的保障。例如，利用互联网顾客可以直接提出自己的个性化需求，企业根据顾客的个性化需求利用柔性化的生产技术最大限度满足顾客的需求，同时企业也可以从顾客的需求中了解市场、细分市场和锁定市场，最大限度降低营销费用，提高对市场的反应速度。由于互联网不受时间和空间限制的特性，企业能方便地与顾客进行沟通，更好地为顾客提供服务和与顾客保持联系。另外，通过互联网企业还可以实现与企业相关的企业和组织建立关系，实现双赢发展。互联网作为廉价的沟通渠道，它能以低廉的成本帮助企业与供应商、分销商等建立协作关系。因此，利用互联网实现企业关系营销目标的方式越来越被企业所重视。

1.3.4　网络整合营销理论

网络整合营销又叫 E-IMC，是在深入研究互联网各种媒体资源（如门户网站、电子商务平台、行业网站、搜索引擎、分类信息平台、论坛社区、视频网站、虚拟社区等）的基础上，精确分析各种网络媒体资源的定位、用户行为和投入成本，根据企业的客观实际情况（如企业规模、发展战略、广告预算等）为企业提供最具性价比的一种或者多种个性化网络营销解决方案。简单地说，就是整合各种网络营销工具、手段和客户的客观需求进行有效配比，给客户提供最佳的一种或者多种网络营销方法。网络整合营销以顾客为核心重组企业和市场行为，综合协调使用以互联网渠道为主的各种传播方式，以统一的目标和形象，传播连续、一致的企业或产品信息，实现与顾客的双向沟通，迅速树立品牌形象，建立产品与顾客的长期密切关系，更有效地达到品牌传播和产品行销的目的。网络整合营销从理论上离开了在传统营销理论中占中心地位的 4P［产品策略（product）、定价策略（pricing）、渠道策略（place）、促销策略（promotion）］理论而逐渐转向 4C：即相应于"产品"，要求关注客户的需求和欲望（consumer wants and needs），提供能满足客户需求和欲望的产品；相应于"价格"，要求关注客户为了满足自己的需求和欲望所可能支付的成本（cost）；相应于"渠道"，要求考虑客户购买的便利性（convenience）；相应于"促销"，要求注重与客户的沟通（communication）。

> **营销知识**
>
> **新 4C 营销理论**
>
> 移动互联网时代,"去中心化"与"去中介化"正在成为改变、塑造传统经济与商业世界的重要驱动力量。在这个移动互联和社会化网络主导的新时代,企业竞争优势的构建,需要新的 4C 商业规则,新 4C,即在适合的场景(context)下,针对特定的社群(community),通过有传播力的内容(content)或话题,利用社群的网络结构进行人与人的连接(connection)。

1.3.5 社交商务理论

社交商务是指通过社交媒体实现的电子商务交易。移动计算和智能手机的快速普及推动了社交商务的发展。各种基于位置的应用、虚拟社区、虚拟世界和顾客/企业网络构建而成的移动商务领域,是形成社交商务的基础。社交商务的重点是营销导向。20世纪90年代,企业纷纷建立网站,使用电子邮件为线下销售的实体产品传送广告,标志着传统营销活动进入网络营销时代。随着网络普及和技术更新,营销人员开始应用网络促成交易。随着社交媒体的出现,企业与顾客的营销沟通开始转变为与互联网用户对话或交互的方式。社交商务活动主要包括社交媒体营销、企业社交商务、社交软件工具、社交商务活动的管理与组织等。其中社交媒体营销理论已经成为网络营销重要的理论支柱之一。顾名思义,社交媒体营销是指利用社交网络和社交媒体等工具实现的营销沟通方法,它可以促进社交商务的发展,提高产品品牌的曝光度,修复或弥补社交媒体的品牌剩余损失,还可以培养长期的网络客户关系。

【案例讨论】

茵曼首个全球云端发布会[①]

茵曼是一个从互联网走出来的服装巨头,凭借以"棉麻艺术家"为定

---

① 资料来源:https://www.163.com/news/article/A90FUPM700014SEH_all.html。

位的原创设计享誉互联网,是中国成长最快、最具代表性的网络服饰零售品牌。茵曼主张"素雅而简洁,个性而不张扬"的服装设计风格,推崇原生态主题下亲近自然、回归自然的健康舒适生活,追求天人合一的衣着境界,致力于成为"属于世界的中国棉麻生活品牌"。

你也许从来没想过服装发布会能在线上完成,茵曼的新装发布会就开了这个先河。2014年10月15日,茵曼通过微博发布"全球热气球征集令",当天即得到全国各地粉丝的回应,广州、上海、北京、成都等全国各地的网友都表示发现了热气球的踪迹,同时也引发了众多网友的好奇与围观。例如,在广州中华广场就有网友拍到了热气球投影到大厦外墙的照片,并发布了微博;微博迅速被众多网友转发,并有了"用热气球的方式来进行发布会既浪漫又有调性"这样的评论。发布会的主题为"向日出say hi"。以邀请城市女性看日出为契机,在PC端和手机端带给顾客一次前所未见的"日出"发布会,传达应该放慢生活脚步的理念。发布会同步在中国当时最大的电商网站天猫以及用户最多的手机社交软件微信上。

在天猫,通过互动视频的体验,参与者可在观看过程中进行故事线互动并领取优惠券,边看边选购,感受360度服装细节展示,最终页面导向天猫商城,让顾客充分感受抢购的乐趣。发布会与销售结合为一体,是本次茵曼云端发布会用户体验的最大着力点。而在微信端,因应手机功能属性,定制重力感应及多点触控互动,提升用户体验。用户可以360度全景观看云端发布会场景,并抓拍模特、抽取优惠券。

本次云端发布会的拍摄一共动用了百台机器、100多位工作人员、全高清的360度实景拍摄结合CG三维电脑合成技术,500分钟的素材精华剪辑成4分钟的震撼短片,并在不同的平台实现了各具特色的互动体验。

问题:

1. 传统的行业经营思维认为,服装企业一定要在线下办时装发布会,选一个高大上的地方,起码一年一次,展现业内的影响力。你认为茵曼云端发布会的成功取决于哪些因素?

2. 茵曼以创新的互联网思维与传统的事件结合的云端发布会带给你何种启示?

本章小结

1. 网络营销是在互联网信息技术的发展、消费观念的变革以及市场竞争的需求基础上发展出来的。

2. 网络营销是企业整体营销战略的核心组成部分，是借助互联网、移动通信以及数字交互式媒体等的威力来实现营销目标同时满足顾客需求的一种营销方式。

3. 网络营销具有跨时空、多媒体、交互式、拟人化、成长性、整合性、超前性、高效性、经济性、技术性等特点。

4. 网络营销具有信息搜索、信息发布、商情调查、销售渠道开拓、品牌价值扩展和延伸、特色服务、顾客关系管理、经济效益增值等功能。

5. 网络营销的相关理论：网络直复营销理论、网络软营销理论、网络关系营销理论、网络整合营销理论、社交商务理论等。

复习与实践

1. 复习题

（1）如何理解网络营销？

（2）网络营销与传统营销相比有哪些优缺点？

（3）举例说明网络营销的基本功能有哪些？

（4）什么是网络关系营销和网络整合营销？

2. 网络实践

（1）调查周围的人最常访问的是哪些购物网站或 app，并选择其中的一些进行访问，了解该网站或 app 的基本功能。

（2）观察了解一个线下品牌的网络营销活动，并评价该项活动的效果。

（3）访问小红书 app，了解有关网络营销的最新活动和消息，观察企业如何设法扩展自身的业务，找到更多新的业绩增长点。

第 2 章 CHAPTER 2

网络营销的现实基础

教学说明

1. 了解网络营销的技术基础
2. 理解网络营销的社会基础
3. 了解网络营销的制度基础
4. 熟悉网络营销的配套服务市场基础

☞ **引导案例**

争抢线下移动消费场景，刷脸支付进入西安便利店[①]

2019 年底，一种新的支付形式——刷脸支付悄然出现在西安大街小巷的便利店里，顾客只要脸对着专用设备看一下，就能完成支付。支付方式的创新意味着背后万亿商机在涌动，而这背后，是一场移动支付领域内各方势力的博弈。

在此之前，消费者在线下进行的移动支付主要是扫码支付，手机对着

---

① 资料来源：腾讯网，《从刷卡到刷脸 支付行业变迁给我们带来哪些思考》，https://henan.qq.com/a/20191203/015378.htm。

二维码扫一下就行，非常方便，已经成为线下支付的主流。在这个基础上，又出现了刷脸支付，开始和扫码支付争抢线下消费场景。

数据显示，2018 年中国移动支付用户规模达 6.59 亿人，市场规模已高达 277.4 万亿元；2019 年移动支付用户规模突破 7.33 亿人，且仍在高速增长。

而在刷脸支付方面，随着智能手机厂商人脸识别性能的增强，刷脸支付逐渐开始在中国大面积使用，目前刷脸支付已经渗透到零售商超、餐饮等生活主要场景，行业呈高速增长态势。刷脸支付的快速兴起不仅改变着人们的生活，更带动了相关移动支付产业链的腾飞。无论是像支付宝、微信、银联这样的平台端，还是像百度 AI 大脑这样的软件算法端，以及像国内刷脸支付终端 3D 传感整体解决方案龙头企业奥比中光，均因为趋势的到来而乘风起飞。尤其是 5G、AI、IoT 等前沿黑科技的加速应用落地，中国刷脸支付产业正加速崛起。

通过刷脸支付的快速推广可以看出，企业要想成功进行网络营销，不仅要有先进的技术支持，还需要依靠消费观念、社会制度及配套服务基础等多方面现实基础的完善。本章将介绍企业实现网络营销的各种现实基础及其作用。

2.1 网络营销的技术基础

网络营销是当代信息社会中网络技术、电子技术、信息技术在商务领域中应用的产物。它是以互联网为基础的高新技术与市场营销资源相融合的结果。20 世纪 70 年代，计算机和通信技术的广泛使用，推动了 EDI（电子数据交换）在贸易领域的应用和发展，这就是电子商务的前身。20 世纪 80 年代，网络技术的迅速发展，给电子商务注入了新的活力。到 20 世纪 90 年代初，基于 www 方式的 Internet 技术迅速发展，导致了电子商务的热潮。如今，以 5G 为代表的新一代移动通信技术将凭借其大带宽、低时延、高可靠、广连接的特性，以及与增强现实、云计算等前沿技术的交汇融合，赋予了网络和电子商务系统巨大的信息处理能力，为消费者挑选商品和生产者的目标市场细分提供了空前规模的选择余地。因此，现代信息技术，尤其是计算机网络技术、通信和多媒体技术的应用和发展是网络营销产生的技术基础。对于网络营销企业而言，关于如何建立、运营和维护企业的营销站点也是网络营销活动成功的重要技术基础。

2.1.1 计算机网络技术

1. 公共互联网

用户只有将自己的计算机接入互联网中才能实现网络信息交流、完成网络营销。互联网接入方式主要有两种方式，一种是作为局域网的用户通过网卡上网，另一种方式是通过电话线、有线电视网络、光纤等实现宽带接入互联网。随着现代技术发展，后者已成为目前网络连接的主要方式。

（1）局域网用户连接互联网。局域网用户连接互联网的方法主要有以下三种。

一是采用 UNIX 主机接入互联网。采用这种方式接入互联网可以满足客户使用互联网以 E-mail、FTP 为主的目的。其基本原理：在一台主机上运行 UNIX 操作系统，局域网内客户可以采用支持 TCP/IP 协议的各种操作系统，UNIX 主机服务器利用 PPP 登录到互联网，其他客户远程登录到该 UNIX 主机，通过终端或仿真终端的方式，通过这台 UNIX 主机连接到互联网，同时，UNIX 主机可收发电子邮件。

二是代理软件接入互联网。利用代理软件，同样可以使局域网的用户连接到互联网当中。在局域网内的一台计算机上通过一台调制解调器连接到互联网上，并在这台计算机上运行 WinGate 软件（一个代理服务器软件），局域网内的其他计算机以运行 WinGate 的计算机为代理服务器，连接到互联网。

三是采用路由器仿真接入互联网。采用路由器通过专线接入互联网是局域网用户连接互联网的最好方法。将计算机和 PPP 接入仿真路由器和专线，客户端不用特别配置，就能享受全功能互联网服务。

（2）宽带网络接入技术。宽带接入是目前较为快速、可靠的网络接入和数据传输方式，主要方式有两种。

ADSL 宽带接入。DSL（digital subscriber line），即数字用户线路，它是以铜质电话线作为传输介质的信息传输技术组合，包括了 HDSL、VDSL、SDSL、ADSL、RADSL 等。从 ADSL 的传输速率和距离上看，ADSL 都能够较好地满足目前用户接入互联网的要求；而且 ADSL 这种不对称的传输技术符合互联网业务下行数据量大、上行数据量小的特点。

Cable Modem 接入。Cable Modem 是一种可以通过有线电视网络进行高速数据接入的装置，它一般有两个接口，一个用来接室内的有线电视端口，另一个与计算机相连。Cable Modem 不仅包含调制解调部分，还包括电视接收调谐、加密解密和协议适配等部分，它还可能是一个桥接器、路由器、网络控制器或集线器。一个 Cable Modem 要在两个不同的方向上接收和发送数据，把上行、下行数字信号用不同的调制方式调制在双向传输的某一个带宽的电视频道上。它把上行的数字信号转换成模拟射频信号，类似于电视信号，所以能在有线电视网上传送。接收下行信号时，Cable Modem 把它转换为数字信号，以便电脑处理。

目前互联网接入模式除上述几种常用的外，还有卫星互联网接入、机顶盒接入和手机接入等。

2. 物联网

物联网（internet of things，IoT）即"万物相连的互联网"，是在互联网基础上延伸和扩展，将各种信息传感设备与网络结合起来形成的一个巨大网络，实现任何时间、任何地点，人、机、物的互联互通。

物联网是新一代信息技术的重要组成部分：第一，物联网的核心和基础仍然是互联网，是在互联网基础上的延伸和扩展的网络；第二，其用户端延伸和扩展到了任何物品与物品之间，进行信息交换和通信。因此，物联网的定义是通过射频识别、红外感应器、全球定位系统、激光扫描器等信息传感设备，按约定的协议，把物品与互联网相连接，并进行信息交换和通信，以实现对物品的智能化识别、定位、跟踪、监控和管理的一种网络。

3. 区块链

狭义区块链是按照时间顺序，将数据区块以顺序相连的方式组合成的链式数据结构，并以密码学方式保证的不可篡改和不可伪造的分布式账本。广义区块链技术是利用块链式数据结构验证与存储数据，利用分布式节点共识算法生成和更新数据，利用密码学的方式保证数据传输和访问的安全，利用由自动化脚本代码组成的智能合约、编程和操作数据的全新分布式基础架构与计算范式。

2.1.2 网络营销站点建设技术

网络营销站点建设对于网络营销企业而言至关重要，在进行站点建设时需要由专业的计算机网站建设技术人员和企业营销人员合作完成。

1. 域名申请

站点建设时的任务就是根据域名的构成来选择并申请注册自己的域名，使得客户可以在互联网中方便快捷地找到本企业。一般为了便于识别与记忆，多数企业都会用单位名称或是商标的缩写作为网站的二级或三级域名，进行网络营销的企业一般从事的是商业活动，故顶级域为 com。互联网上每个企业的域名是唯一的，已经注册的某个域名，其他机构便无法再注册。域名实际上类似于商标，因此，域名也称为"网络商标"。

(1) 有关域名申请的规定。申请者条件。我国互联网域名管理中心对网络域名的申请者的条件有明确规定，申请注册域名的用户必须符合下列条件：遵守国家对互联网用户的各种管理规定和法律；拥有独立的法人资格，国内域名暂不受理个人申请。

· 三级域名命名规则。第一，三级域名可使用字母（A～Z，a～z）、数字（0～9）和连接符（—）；第二，各级域名之间用实点（·）连接；第三，第三级域名的长度不超过20个字符；第四，未经过国家有关部门正式批准，任何组织不得使用含有 China、Chinese、cn、national 等字符的域名，同样，不可以使用其他国家或地区名称、外国地名、国际组织名称作为企业的域名；第五，域名中不得使用某行业的名称或商品的通用名称；第六，不可以使用损害国家、社会以及公众利益的名称。

(2) 域名申请步骤。企业申请域名时可以选择直接登录中国互联网信息中心网站（http：//www.cnnic.net.cn）进行直接申请，也可以委托代理商来进行代理申请，两种方式在流程上大同小异，都要在确保要申请的域名可以注册的前提下提交各种信息，由中国互联网信息中心审批注册。以直接申请国内域名为例，域名申请流程如图 2-1 所示。

2. 营销站点建设方式

建设一个营销网站可以有多种方案，每种不同方案的成本和能提供的服务效果大相径庭，企业要根据自身的市场定位与市场需求来决定营销网站的建站方式。通常可以采用的方法有自建网站和服务外包建站两种，服务外包具体有服务器托管、虚拟主机和子域发布等方式。

(1) 自建网站。自建站点方案需要由企业自己完全负责营销站点建设的所有事宜。自己购买、配置站点建设所需要的各种硬件设备、服务器等，自行进行网页的设计和制作，申请 IP 地址、域名以及通信线路，同时要求企业长期自行对网站进行维护和内容更新。企业采用自建站点方式的优点在于可以完全掌握站点的管理，加强对站点的控制；缺点在于需要投入大量的经费，包括设备费、站点维护费、通信费、人力资源投入费用等。所以，该方案适用于实力较强的企业或专业的网络公司。

(2) 服务器托管。企业建立营销站点的另一种方式是服务外包的模

第 2 章 网络营销的现实基础

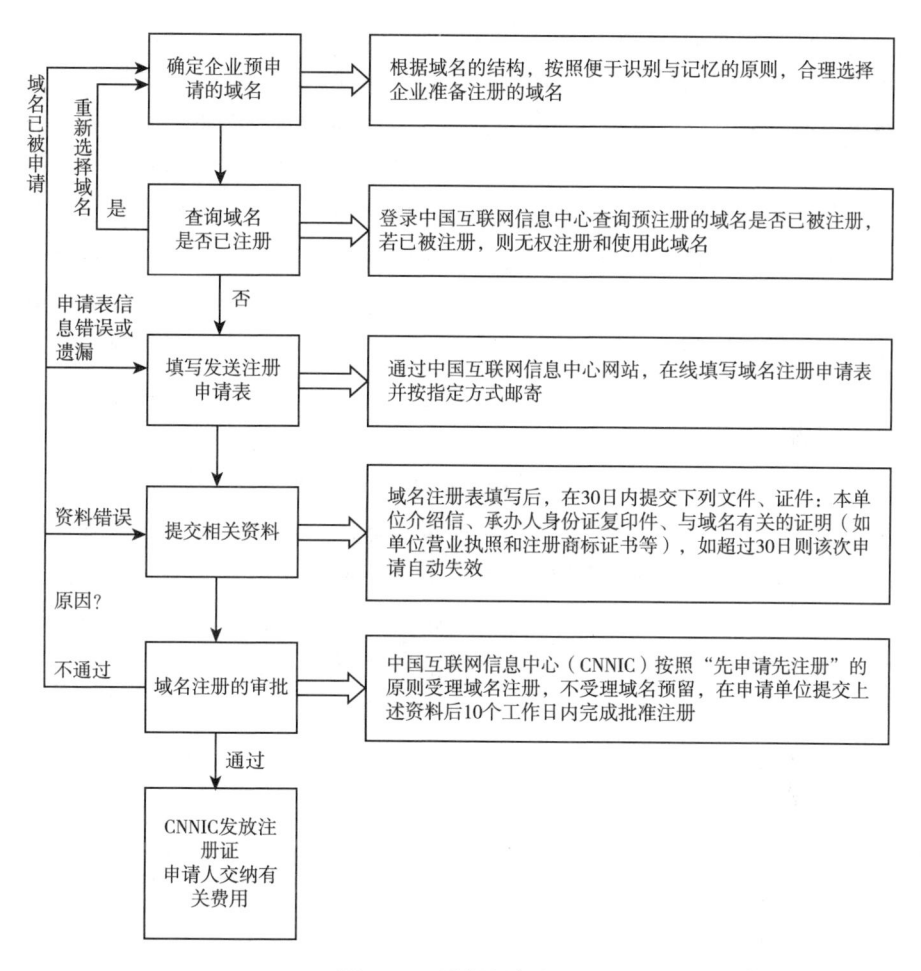

```
                    ┌──────────────┐      ┌────────────────────────────────────┐
                    │ 确定企业预申   │─────>│ 根据域名的结构，按照便于识别与记忆的原则， │
                    │ 请的域名      │      │ 合理选择企业准备注册的域名            │
                    └──────────────┘      └────────────────────────────────────┘
                            │
   域名已被申请  重新选择域名 是
                            ↓
                    ┌──────────────┐      ┌────────────────────────────────────┐
                    │ 查询域名      │─────>│ 登录中国互联网信息中心查询预注册的域名是否已被注册， │
                    │ 是否已注册    │      │ 若已被注册，则无权注册和使用此域名      │
                    └──────────────┘      └────────────────────────────────────┘
                            │ 否
   申请表信息错误或遗漏       ↓
                    ┌──────────────┐      ┌────────────────────────────────────┐
                    │ 填写发送注册   │─────>│ 通过中国互联网信息中心网站，在线填写域名注册申请表 │
                    │ 申请表        │      │ 并按指定方式邮寄                     │
                    └──────────────┘      └────────────────────────────────────┘
                            │
   资料错误                  ↓
                    ┌──────────────┐      ┌────────────────────────────────────┐
                    │ 提交相关资料   │─────>│ 域名注册表填写后，在30日内提交下列文件、证件：本单 │
                    │              │      │ 位介绍信、承办人身份证复印件、与域名有关的证明（如 │
                    │              │      │ 单位营业执照和注册商标证书等），如超过30日则该次申  │
                    │              │      │ 请自动失效                          │
                    └──────────────┘      └────────────────────────────────────┘
   原因?                     ↓
   不通过            ┌──────────────┐      ┌────────────────────────────────────┐
                    │ 域名注册的审批 │─────>│ 中国互联网信息中心（CNNIC）按照"先申请先注册"的 │
                    │              │      │ 原则受理域名注册，不受理域名预留，在申请单位提交上 │
                    │              │      │ 述资料后10个工作日内完成批准注册        │
                    └──────────────┘      └────────────────────────────────────┘
                            │ 通过
                            ↓
                    ┌──────────────┐
                    │ CNNIC发放注    │
                    │ 册证          │
                    │ 申请人交纳有   │
                    │ 关费用        │
                    └──────────────┘
```

图 2-1 域名申请流程

式，目前采用较多的服务外包方案是利用互联网服务提供商来建立企业网站，互联网服务提供商（ISP）是专门向广大用户综合提供互联网接入业务、信息业务和增值业务的电信运营商。采用这种方式建立站点，用户只需将自己的 Web 服务器等设备委托交付给 ISP，放在 ISP 机房，通过专线与互联网连接，这些设备由 ISP 管理、维护。这种方式建立站点的优点体现在企业可以按照需要来配置服务器的基本性能，同时又可以对 ISP 的通信线路充分利用，因而可以省去大量的管理维护费用，缺点在于企业缺乏对服务器设备的控制。一般而言，中小企业更适合这种方法。

（3）虚拟主机。虚拟主机是在网络服务器上划分出一定的磁盘空间供用户放置站点、应用组件等，提供必要的站点功能、数据存放和传输功能。这种方法通过使用特殊的技术，将一台主机划分为不同的虚拟主机，每个虚拟主机使用独立的域名和共享的 IP 地址，它们都具有完整的互联网服务器功能。实际就是在一台计算机上同时运行着多个不同的服务器程序，这些程序由不同的用户使用，并且互不干扰，每位用户拥有自己的内存、存储空间、CPU 时间等系统资源。对外界而言，虚拟主机拥有着一台独立主机的全部功能。这种方式的典型特征是经济适用，可以节省通信专线费用以及管理维护服务器的费用，技术要求低，适合缺乏技术能力的中小企业。中国快网、中国万网、中国频道、中资源等多家互联网服务商目前均提供虚拟主机服务，对各个虚拟主机服务的评价关键有速度、稳定性、功能完善性等指标。

（4）子域发布。如果企业既没有自己的 Web 服务器，也不准备申请独立域名，但又希望在互联网上发布信息，企业可以通过自主设计或委托设计网页，在受托企业的主机上租用一定空间，把网页信息放在受托企业的主页下发布。即通过子域发布的方法完成互联网信息发布。这种方法是最简单经济的方法，适合小信息服务商、中小企业及个人信息发布。

2.1.3 移动电子商务技术

互联网并非网络营销的唯一平台，随着现代移动数据业务的发展，移动电子商务技术成为网络营销的又一个重要支撑。移动电子商务（mobile business，MB；或 mobile commerce，MC），也称无线电子商务（wireless business，WB），是在无线平台上实现的电子商务。从互联网电子商务的角度看，移动电子商务是电子商务的一个新的分支，但是从应用角度来看，它的发展是对有线电子商务的整合与扩展，是电子商务发展的新形态，也可以说是一种新的电子服务。通过移动商务技术实现网络营销需要移动终端设备、网络基础设施、应用平台以及相关软件的支持。

1. 移动电子商务技术的发展

移动电子商务技术是随着手机等移动通信设备与网络营销的结合产生的，伴随着无线上网技术的发展，消费者开始接受而且乐于使用手机、平板电脑等移动通信设备上网，完成电子商务活动。随着无线网络协议的快速发展与完善，无线网络接入技术日益成熟以及相关费用不断降低，移动电子商务技术正快步走进人们的日常生活。

无论采用有线还是无线方式，网络接入都需要协议的支持，移动电子商务发展除了需要网络协议支持外，更重要的一点就是无线网络接入技术是否成熟，随着无线接入技术走向成熟，消费者可以获得更高的无线网络速率和移动商务服务。移动电子商务的发展的另一个影响因素是其成本，由于技术的发展革新，移动网络接入终端设备，手机、平板电脑等硬件的价格不断下降，同时，无线网络接入费用和使用费用不断降低，这些降低了移动电子商务应用的进入门槛，使得更多的消费者可以使用无线网络进行电子商务活动。

根据"十四五"电子商务发展规划的有关内容，我国固定宽带家庭普及率已达到96%，网民规模接近10亿人，互联网普及率超过了70%。电子商务交易额保持快速增长，2020年达到37.2万亿元，比2015年增长了70.8%；网上零售额达到11.8万亿元，年均增速高达21.7%。网络购物成为居民消费的重要渠道，实物商品网上零售额对社会消费品零售总额增长的贡献率持续提升，带动相关市场加快发展。快递业务量从2015年的206.7亿件增至2020年的833.6亿件，非银行支付网络支付交易金额从2015年的49.5万亿元增至2020年的294.6万亿元，均稳居全球首位。[①]

2. 移动电子商务的优势

移动电子商务相对于传统商务模式除具有一般意义上的电子商务的优势之外，更因其独特的可移动终端设备、技术而有更广泛的优势，具体而言，移动电子商务具有以下的发展优势。

（1）移动电子商务交易不受时间与空间限制。由于移动电子商务利用可移动的网络接入终端设备，所以，用户可以随时随地获取所需要的商品或服务信息，随时进行互联网交易。传统商务受到店面地理位置约束，在空间上服务的消费对象有限，有线电子商务也必须在连接入网的计算机设备上进行，而这些都是不可能被用户随身携带的，但移动电子商务只需用户可随身携带的手机等移动设备就可以完成，确保了便利性，相对其他模式更具有优势。

（2）信息的获取更及时。因为移动用户可以随时随地进行信息访问，这就意味着用户可以及时获取相关信息。同时，商务企业利用移动终端的便利性和强针对性，向用户及时发送相关信息，这也是移动电子商务及时获取信息的保障。

---

① 资料来源：中华人民共和国商务部、中央网络安全和信息化委员会办公室、中华人民共和国国家发展和改革委员会：《"十四五"电子商务发展规划》，2021年10月。

（3）真正实现个性化服务。移动电子商务的实现是依托用户手中的手机等移动设备的，而这些移动设备本身就是一种具有个性标识的信息传递途径，每部手机都是由机主个人拥有和使用的，所以，在进行移动电子商务时，可以利用这种特性提供个性化服务，真正实现针对不同消费者提供个性化服务。

营销知识

AR 和 VR 技术

增强现实技术（augmented reality，AR），是一种实时计算摄影机影像的位置及角度并加上相应图像的技术，是一种将真实世界信息和虚拟世界信息"无缝"集成的新技术，这种技术的目标是在屏幕上把虚拟世界套在现实世界并进行互动。虚拟现实技术（virtual reality，VR）囊括计算机、电子信息、仿真技术于一体，其基本实现方式是计算机模拟虚拟环境从而给人以环境沉浸感。两项技术的综合使用为营销人员提供了创造品牌虚拟环境和体验的机会，将品牌的影响力扩大到更广阔的360度数字化客户体验。这些体验的可访问性可以基于 Web 也可以基于应用，允许客户无须使用专业的 VR 耳机或其他设备即可参与。

资料来源：https://new.qq.com/rain/a/20201202A0D1FP00。

2.2 网络营销的社会基础

网络技术把人和机器紧密连接在一起，以网络技术为基础的数字化虚拟空间形式不断完善。数字化时代推动数字化社会发展进而为厂商带来机遇和挑战。

2.2.1 消费者心理的变化

随着网络营销在实践中的兴起，企业所面临的竞争环境不断改变，企业的营销活动更多地体现出消费者的主导作用。在这种营销环境下，消费者对商品和品牌的选择更加灵活多变；同时因为生活节奏的加快，消费者对消费时间的要求越来越高，更加关注效率；加之现代科技的发展使得消费者更加方便快捷地收集、接触到有关需求的信息。这些变化给当代消费者的心理带来了新的变化，对网络营销产生了重大影响，见表2-1。

表 2-1　　　　　　　消费者心理的变化及对网络营销的影响

要素	传统	现代	对网络营销的影响
消费观念	储蓄	借贷	扩大市场规模
信息获取渠道	人员、店面、广告	网络	加强信息沟通
时间要求	要求不严格	快速	增强网络服务优势
需求方式	统一需求	个性化	增强网络服务优势
选择性	缺乏选择	自主选择	提供自主选择，满足需求

1. 从习惯储蓄改变为信贷消费

中国传统的储蓄观念在现代社会已经改变，随着社会经济的发展，人们越来越意识到信贷消费的优点，这使得信贷消费日渐流行，成为当今消费者的主流消费观念。在我国，贷款买房、买车已经成为人们解决住房、交通的主要选择，信用卡消费也已经成为日常消费的重要手段。信贷消费意味着消费者的整体购买力得到一定程度的增加，给所有企业带来了更加庞大的潜在市场。

2. 信息获取途径侧重网络

计算机技术和互联网的高速发展给消费者带来了更加便捷快速的信息获取渠道，越来越多的人开始习惯于通过计算机互联网尤其是移动互联网以及可穿戴设备来完成自己的日常生活和工作，这促使消费者在寻求与需求相关的信息时更加侧重于利用网络。这种信息获取途径的转变给网络营销带来了巨大的机会。网络营销可以有效利用互联网真实地传递有关产品和服务的信息，而且实现了信息传递与网络促销、产品服务销售的同步进行。

3. 强调对快捷高效服务的需求

现代快节奏的社会带给消费者工作与生活上非常紧迫的时间压力，使得消费者在进行购买时更需要快速高效的服务，从产品信息的获取开始，直到交易完成，消费者希望可以用最短的时间、最高的效率来满足自己的需求。这种对消费时间上的要求给网络营销的发展带来了优势，因为网络营销相对于传统营销模式而言具有服务快速的特征，用户只需要坐在电脑前或利用各种移动终端就可用很短的时间完成商品选择与订单处理及其他事宜，只等待物流公司将商品送达收货即可。

4. 个性化需求加强

从理论上讲，每位消费者的心理都是不同的，每一位消费者都可以构成一个细分市场。细分市场的扩大又促进了企业的个性化服务，这种发展模式必然使个性化消费成为现代消费的主流。

5. 消费主动性增强

关于商业信用等问题的产生使得消费者面临更多的风险。消费者在购买过程中，会主动通过各种途径获取与商品或服务有关的信息，对不同的商品或服务进行分析比较。通过这些方法，消费者可以获得心理上的平衡，进而降低购买风险并避免购后产生后悔。消费者主动选择的增强要求企业在进行营销时可以给消费者更多的真实产品或服务信息，增加消费者选择的可能性，并要求建立良好的企业信誉形象、增强消费者对企业的信赖。网络营销因为其信息传播途径的先进给企业在这方面的完善提供了有利条件，通过网络营销可以更好地满足消费者主动选择的需求。

6. 价格依旧是影响消费者决定的重要因素之一

虽然营销工作者希望针对个性化需求、利用差异化营销方式来降低消费者的价格敏感度，但消费者在满足自身需求的过程中还是会关注价格问题，价格始终是影响消费者决策的重要因素。即使利用现代发达的营销技术，可以通过多种方法吸引消费者，影响消费者，但价格的作用仍不可忽视。特别是针对购买力一般的消费者而言，低价格的吸引力会超出其他手段，即使是购买力较强的消费者，在满足个性化需求的同时，同样偏向于价格较低的产品或服务。

7. 老年网民需求旺盛，老年友好型应用快速发展

第49次《中国互联网络发展统计报告》显示，能够独立完成出示健康码/行程卡、购买生活用品、查找信息等网络活动的老年网民相对较多，占比分别为69.7%、52.1%及46.2%；能够独立完成叫车、订票、挂号等网络活动的老年网民相对较少。越来越多的适老化改造网站和app在现有产品及服务的基础上采用调大字体、调大声音、语音提示等改造方式推出关怀版、长辈模式、老年人模式等，涵盖新闻资讯、社交、搜索引擎、生活购物、金融服务、旅游出行、医疗健康等各类场景，更加贴近老年群体的上网需要，可切实推动老年群体与数字社会的良性互动。

2.2.2 网络营销的心理优势和吸引力

随着现代消费者心理的变化，网络营销越发地体现了传统营销所无法替代的优势与吸引力，主要表现在以下几个方面。

1. 满足消费者的个性化需求

网络营销的特点之一在于真正实现以消费者为主导，消费者将拥有比传统营销方式下更大的自由选择空间，可以根据个人的个性特点和个性化需求通过互联网在全球范围内找寻商品或服务。在进入企业营销站点或访问相关 app 后，消费者能够获取更多的产品或服务信息，满足个性化需求。比如，消费者可以坐在家里访问个人电脑企业营销网站，对自己需要的计算机的各项指标进行检索，自行定制选择自己喜欢的规格、尺寸、样式及颜色等，满意后完成订单，就可以等待使用自己设计的计算机了。个性化消费需求的提高要求企业对其营销战略重新审视，以不同消费者的个性化需求来作为提供产品或服务的起点。在技术上，由于计算机辅助设计、遥感和遥控技术、人工智能的发展，企业多品种、小批量的生产方式已能够以较低的成本进行，为个性化网络营销奠定了基础。网络营销还可以为企业解决个性化宣传促销这一难题。企业的各种营销信息通过网络以极低的成本发送，并实现随时进行修改，针对不同需求的客户发送不同的促销信息。网络营销对消费者的反馈信息管理使传统营销模式更加完善，以此为依据完成真正的个性化服务。

2. 网络营销的互动性是实现现代营销的保障

传统营销理念强调 4P 组合，现代营销理念则追求 4C。两种观念都基于同样一个前提：企业的营销是贯穿整个企业业务流程的，即从产品设计阶段直到产品最终到达消费者手中都要充分考虑消费者的需求。传统的营销模式很难实现这一前提，因为消费者与企业之间的沟通渠道并不完善，消费者的需求很难被企业正确掌握。消费者会针对现有产品或服务提出批评建议，却难以给尚处于概念阶段的产品或服务提出建议。而且，企业有限的资金也难以给予足够的投入用于了解消费者的潜在需求，一般只按照自身技术或参考市场领导者的策略进行产品开发。而利用网络营销，可以有效改善这一现象。网络营销过程中，企业可以通过电子布告栏、论坛、微信公众号及电子邮件等方式与消费者实现有效的双向沟通。这种双向沟通方式从一定程度上提高了消费者参与的积极性，它使企业的营销决策有的放矢，提高了消费者的满意度。

3. 满足消费者对时间上的快捷要求，提高交易效率

快速的生活节奏迫使消费者减少在实体商店的购物时间，要求快捷地满足自己的需求，高效率地完成交易。传统的营销模式消费者需要进店选择，加上交通时间，需要较长的时间来完成一次消费，这明显不利于消费者适应现代的快节奏生活方式。网络营销可以有效简化购买过程，节省消费时间，使消费过程不再是一种时间上的负担。

4. 缩减企业的营销成本，让利给消费者

网络营销可以为企业节省促销费用，使产品价格降低。而且消费者可以利用网络在更广泛的范围内找寻优惠价格，甚至能不通过中间商直接从生产者手中订货，从而以更低的价格完成购买。

2.3 网络营销的制度基础

计算机网络技术和移动通信技术为网络营销的开展创造了技术条件支持，现代市场消费观念为网络营销提供了市场心理条件。但是，网络营销成为一种可行的营销方式还要求某些市场制度的建立与完善，网络营销必须的制度基础主要有三个方面：经济制度基础、政治法律制度和社会道德文化制度。

2.3.1 经济制度

企业通过网络渠道实现营销活动，必然受到其所处的经济社会所影响。就中国的经济制度而言，社会主义市场经济体制为网络营销的开展提供了良好的空间；WTO 的加入推动了中国经济社会与世界的接轨，为网络营销扩大了市场范围；对信息技术产业的支持政策加速了网络营销基础设施与技术的发展。影响网络营销的经济制度包括社会经济体制、产业发展政策、加入世贸组织等。

1. 社会经济体制

我国的社会主义市场经济体制很好地解决了社会经济发展中计划与市场的作用关系，强调市场作为经济活动的主体，为网络营销的实施提供了有利的经济制度环境。首先，这种经济制度推动了我国社会经济的快速发展，为网络营销提供了宽广、有利的市场空间。随着社会经济的发展，消费者可支配收入不断攀升，用于消费的收入增加，也就意味着企业的市场空间在扩大。其次，市场经济强调资产的快速流通，就要求在交易过程中快速、高效地完成所需的谈判等事宜，而网络营销活动刚好提供了这种便利的交易方式。最后，我国的社会主义市场经济体制在市场运作的同时，重视国家的经济宏观调控政策，这种调控可以维系经济社会的稳定发展，为网络营销提供稳定的经济环境，并保证网络营销持续、健康发展。

2. 产业发展政策

目前我国的产业发展政策对于电子计算机产业和物流产业发展的支持为网络营销的实现提供了保障。大力发展电子计算机产业及其相关配套产业直接推动了网络营销的发展，为网络营销的技术完善提供了有力的保障。同时，随着云计算、大数据、人工智能、物联网、5G、区块链等为代表的数字技术迅猛发展，进一步扩大了网络营销的市场空间。

网络营销的实现必然需要物流服务系统来保证产品由营销者向消费者手中转移，所以物流产业的发展对网络营销的实现至关重要。我国提出大力发展物流产业的政策无疑会推动网络营销的配套物流服务系统的完善，促进网络营销的合理发展。

3. 加入世界贸易组织（WTO）

加入世界贸易组织是中国经济与国际接轨过程中的一个里程碑。加入世贸组织20余年来，我国网络营销的发展受益明显。第一，经济开放为我国企业进行国际市场网络营销提供了便利。第二，推动我国网络基础设施的进一步完善，我国加入WTO后，对主要信息技术产品实行进口零关税、基础设施建设加快，为网络营销铺平了道路。第三，金融业的开放改善了我国的网上支付条件，带来了先进的技术和管理经验，促进了金融创新。第四，电信业的开放大幅度降低了网络营销成本。

营销知识

电子商务发展规划

2021年10月，商务部、中央网信办、发展改革委联合发布"十四五"电子商务发展规划。规划指出：电子商务是通过互联网等信息网络销售商品或者提供服务的经营活动，是数字经济和实体经济的重要组成部分，是催生数字产业化、拉动产业数字化、推进治理数字化的重要引擎，是提升人民生活品质的重要方式，是推动国民经济和社会发展的重要力量。我国电子商务已深度融入生产生活各领域，在经济社会数字化转型方面发挥了举足轻重的作用。"十四五"时期，电子商务将充分发挥联通线上线下、生产消费、城市乡村、国内国际的独特优势，全面践行新发展理念，以新动能推动新发展，成为促进强大国内市场、推动更高水平对外开放、抢占国际竞争制高点、服务构建新发展格局的关键动力。

2.3.2 法律制度

道德与法律是维持市场正常运行的两大机制。相对而言，法律机制在人们的思想觉悟没有普遍提高的情况下更为重要。在网络营销发展初期，整个市场很少受法律约束，人们希望靠企业与消费者之间的道德约束来维持有序的市场。1998年以后，世界各国开始针对电子商务制定相应的法律法规，进行直接的法律控制。法律制度要想达到约束市场的效果，必须保证"有法可依，有法必依"。对于网络营销企业，了解并严格按照相关法律规定进行网络营销活动已经成为一门必修课。

1. 规定网络营销企业权利义务的法律法规

网络营销企业首先必须了解自己在网络营销活动中的权利义务，涉及网络营销企业权利义务的法律法规大体可分为以下几类。

（1）知识产权法。这主要包括商标法、专利法和版权法。网络营销从网站域名注册、网页标签设计、建立链接等几个方面都有可能与其他企业发生知识产权冲突。为了加强网络知识产权保护，美国在1998年颁布了《数字千年法案》，我国2001年10月在《中华人民共和国著作权法》中，将网络传播的著作权列入保护范围。在2002年，我国颁布了《中国互联网网络域名管理办法》，同年，中国互联网络信息中心发布了《域名注册实施细则》等一系列文件，为网络域名注册方面提供了可以依据的法律。

（2）消费者隐私保护法。在网络营销中，企业需要收集大量的消费者数据，其中甚至会包含某些消费者隐私，这就要求要有相关的法律约束企业重视消费者的隐私保护，也就是说网络营销企业不仅要遵守原有的各类保护消费者权利的法律法规，更要注意对消费者隐私的保护问题。在西方国家这类法律有美国的《电信隐私法》、欧盟的《欧盟数据保护指令》等。我国目前这方面的相关法律法规主要有《中华人民共和国消费者权益保护法》《中华人民共和国个人信息保护法》等，法规体系还不健全，这也导致我国企业在西方国家的一些网络营销活动遭遇困难。

（3）网络安全法。网络安全法是维护网络正常安全运行的法律法规，主要是针对网络攻击、病毒传播等威胁网络安全的行为制定的。美国1996年通过了《国家信息基础设施保护法》将攻击美国信息基础设施的活动确定为犯罪行为，并要追究刑事责任。我国在1997年修订的新刑法中就已经增加了计算机犯罪条款，将非法入侵计算机系统、破坏计算机系统功能以及制作传播计算机破坏程序定性为犯罪行为。

> **营销知识**
>
> **消费者权益保护法**
>
> 《中华人民共和国消费者权益保护法》规定了在网络营销中供应商缔约前的义务，消费者解除合同的权利，消费者的知情权与退货权等交易双方的基本权利义务关系。

2017年《中华人民共和国网络安全法》的正式实施，以及相关配套法规的陆续出台，为此后开展的网络安全工作提供了切实的法律保障。政府与企业共同打击各类网络安全问题，网民遭遇网络安全问题的比例明显下降。

2018年2月2日，国家互联网信息办公室依据《中华人民共和国网络安全法》等相关法律法规发布《微博客信息服务管理规定》，旨在促进微博客信息服务健康有序发展，保护公民、法人和其他组织的合法权益，维护国家安全和公共利益。

2. 关于网络营销法律法规的在线资源

企业可以通过咨询律师了解与网络营销相关的法律法规，同时也可以充分利用网络资源来寻求相关信息。目前网络营销相关法律法规的在线资源有中国电子商务法律网（www.chinaeclaw.com）、法律引擎（www.legalengine.com）等。其中，中国电子商务法律网是我国第一家专业的电子商务法律网站。该网站已经成为政府电子商务立法与调研的窗口、学术界交流的平台、企业界解决世界问题及反映立法呼声的重要渠道。通过中国电子商务法律网可以获得三大类信息：电子商务法律最新动态、合同范本与案例编选等网站自主编辑的信息和网站原创内容。法律引擎是一个全面的法律在线资源，包括大量的法律法规信息，当然也包括大量的网络营销法律法规内容。

2.3.3 社会道德、礼仪、习俗

道德是社会的意识形态之一，是一种社会调整人们之间以及个人与社会之间关系的行为规范的总和。网络营销道德是调整网络营销企业与所有利益相关者之间关系的行为规范的总和，是法律以外的另一个维持市场正常运行的机制。道德是由一定的社会经济基础所决定的，并为社会经济基础服务。网络营销道德规范同其他道德问题一样，不存在一个放之四海而皆准的标准，人群的不同、文化的差异、处于不同的团体的人们对网络营销道德规范的理解不尽相同。但是，每种道德约束的提出都是依据一定的社会环境、人群文化、历史阶段的，在这特定的时期，特定的环境是可以被群体内的成员所接受并一致遵守的。网络营销道德对网络营销的约束力量体现在它对每一个参与网络营销的成员的规范作用。道德不像法律那样具有强制约束力，所以更多地强调成员的自律和自我约束。网络营销道德在支持网络营销发展中存在一个矛盾：网络营销充分利用了互联网技术而进入全球市场，就意味着要面对全球范围内各种不同的环境，而不同环境下产生的网络营销道德是不同的，甚至彼此之间产生冲突，比如在网上沟通过程中，若给客户发送荷花底纹的电子便签，在我国会认为是高雅、纯洁的，能使客户心情愉悦；而在日本则会让客户非常反感，因为荷花在日本被认为是死亡之花。如何协调各种不同文化下的伦理道德问题成为网络营销面向全球市场时要解决的一个重要问题。

营销视点

我国传统文化中的"五常"道德思想

中国的传统文化博大精深，其中有很多道德规范在网络营销活动中具有重要的指导意义。五常是指"仁、义、礼、智、信"五项基本道德准则。这五项基本准则在我国的网络营销活动中可以发挥重要的道德约束作用。

2.4 网络营销的配套服务市场基础

有了良好的技术支持与市场制度保证并不意味着网络营销就万事无忧了，网络营销要充分发挥其效力，还需要网上支付、物流服务、第三方认证及保险服务等一系列的配套服务作为基础。

2.4.1 网上支付服务

网络营销的实现必须完成产品由网络营销者向消费者转移和货款由消费者向网络营销企业转移两个价值转移过程，而且这两者在时间和空间上是分离的。前者依靠物流服务系统，后者则需要有完善的网络营销支付系统。网上支付是在网络交易过程中，针对消费者与商家之间的债权债务关系，利用电子货币工具实现交易清算并完成相关的货币支付过程。网上支付过程中涉及网络营销企业、客户、银行、金融机构和第三方认证管理部门等多方的安全商务互动。在新冠疫情影响下，全球范围内现金支付份额持续降低，预计到2025年，在全球销售总交易额中现金支付份额将低于10%，而中国范围内该份额将降至3%。[①]

1. 网上支付系统

网上支付系统由四个主要部分构成，其结构如图2-2所示。

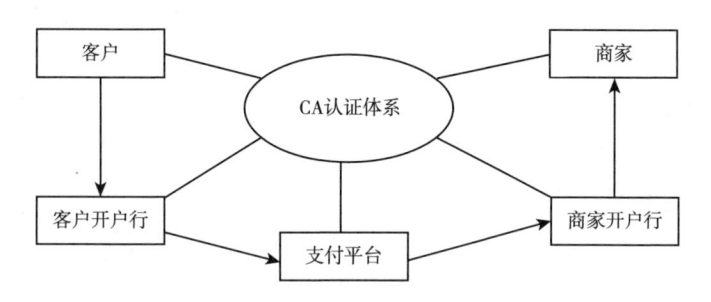

图2-2 网上支付系统

资料来源：孟丽莎. 网络营销 [M]. 郑州：河南人民出版社，2005.

（1）支付主体。网上支付主体是参与网上支付的个人与组织，包括客户、商家、银行三方。

（2）支付平台。支付平台用以完成电子货币在客户与商家之间的交易。网上支付平台一般为交互型的，可快速完成通信，并以一定的安全措施保障交易方的信息、电子货币安全。目前在网络营销中消费者常接触到的网上支付平台有支付宝、微信支付、银联电子支付、闪付等。

（3）支付工具。是指网上支付过程中交易双方清偿债权债务关系所使用的具体方式，主要表现为电子货币形式。

（4）CA信用体系。CA认证是确保网上支付安全有序进行的第三方认证体系。其通过向网上支付各方主体发放数字证书来确认各自的真实身份，同时也负责发放公共密钥，提供数字签名。

网上支付系统需要商家、消费者、银行和第三方认证机构的共同参与，系统中任何一个环节的缺失都会导致支付无法正常完成。

2. 常见的网络支付方式

目前常见的网络支付方式主要有以下几种。

[①] 资料来源：Fidelity National Information Services Inc. 2022。

(1) 电子现金方式支付。电子现金是以数字形式存在的现金货币。利用电子现金方式进行网上支付的过程分为五个步骤。

第一步,开立账号,购买电子现金。用户可以通过在线方式或在银行柜台向发行电子现金的银行申请开立账号,并以存入货币的方式来购买电子现金。

第二步,形成数字货币。银行利用电子现金软件把顾客账号内的现金分成若干成包"硬币",并产生随机号码,每个随机号码对应一个成包"硬币",随机号码与银行电子签字一起变形成了数字型电子现金。

第三步,提取电子现金。利用电子现金软件,用户从电子现金发行银行提取出电子现金并存在硬盘上。

第四步,电子现金交易。用户与商家洽谈,通过网络进行交易,签订合同,使用电子现金结算相关费用。

第五步,电子现金结算。接收到电子现金的商家向银行发送电子现金,银行将电子现金所代表的货币现金支付给商家,电子现金的支付过程可用图 2-3 表示。

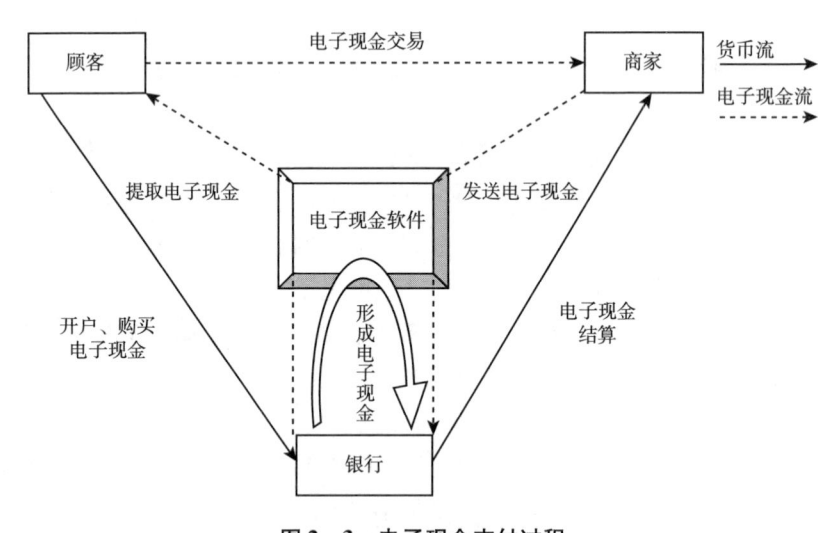

图 2-3 电子现金支付过程

资料来源:孟丽莎. 网络营销 [M]. 郑州:河南人民出版社,2005.

(2) 信用卡支付。使用信用卡进行网上支付是最常见的网上支付方式。信用卡支付的完成需要通过安全电子交易(secure electronic transaction, SET)协议,即客户通过网络将自己的信用卡卡号和密码加密后发送给银行进行支付。在支付过程中需要对客户、商家的身份进行认证并验证付款要求的合法性。

(3) 网上银行支付。网银是指银行将传统业务利用互联网向客户提供，包括开户、销户、网上支付、转账、对账、企业及个人信贷、信息查询等服务。利用网银进行网上支付时，消费者首先登录个人网上银行，通过电子密钥、交易码等安全保障措施将款项通过网上银行支付到第三方交易平台，在商家完成发货、将商品转移到消费者手中之后，消费者确认交易完成，第三方交易平台将货款支付给商家。

(4) 电子支票支付。电子支票实质上是纸质支票的电子数字化形式，保留了纸质支票支付的优点，利用数字传递将货款从消费者账户转移到商家账户的网上付款形式。电子支票支付是通过专用网络及一套完整的用户识别、标准报文、数据验证等规范化协议来完成数据传输的。用电子支票支付，处理费用较低，而且银行也能为参与网上交易的商户提供标准化的资金信息，故而是目前最有效率的支付手段之一。

(5) 扫码支付。扫码支付也称二维码支付，这是一种基于账户体系搭起来的新一代无线支付方案。商家可把账号、商品价格等交易信息汇编成一个二维码，并印刷在各种报纸、杂志、广告、图书等载体上。用户通过手机客户端扫描二维码或商家使用电子支付工具扫描用户的付款码，便可实现与商家账户的支付结算。之后，商家根据支付交易信息中的用户收货、联系资料，就可以进行商品配送，完成交易。

随着各项技术的不断发展，网络支付形式不断创新，应用场景得以延展。继扫码支付普及之后，生物识别、ETC 等技术与网络支付业务深度融合，催生出许多不再依赖手机的新型支付方案，并逐步进入商用。其中，基于人脸识别技术的刷脸支付发展较为迅速，和扫码支付相比，其便捷性、准确性和支付效率均有所提升。

营销视点

刷脸支付与无感支付

刷脸支付是指无须携带任何设备，基于机器视觉、3D 传感大数据风险控制等技术，直接刷脸就可以完成的新型支付方式。其不再依赖手机等硬件设备，也帮顾客省去了记密码、输密码的麻烦，真正实现了人与钱包或银行卡的"合二为一"。从安全角度来说，二维码有被盗刷的风险，但先进的人脸识别技术大大降低了信息和密码被窃取的风

> 险，比二维码更安全。无感支付是指通过物品某种独一无二的特征，绑定相关的支付工具，然后通过生物识别或者图像扫描等方式来识别，从而完成支付的支付方式。例如无感停车，只要事先将车牌号与支付宝绑定，就可以"秒过"停车收费闸机，整个过程便捷流畅，用户甚至不需要踩下刹车。车辆上无须配备任何额外装置，就可以实现自动计费！

2.4.2 物流服务

网络营销的模式使得在商品交易过程中产品转移和资金转移产生分离，物流与商流分离，其中物流服务是保证商品快速、安全、正确地从商家向消费者转移的重要支持系统。高效的物流服务对网络营销企业意义重大，因为就目前中国网络营销的发展状态来看，物流服务已成为网络营销的重要影响因素。尽管国家政策强调发展物流产业，但是由于我国物流发展时间较短，尚未形成完善的现代物流体系，出现物流速度慢、服务水平参差不齐、物流费用相对较高等问题。

物流服务是网络营销实现的重要基础，同时，物流服务是网络营销概念体系的重要组成部分。物流和网络营销相互促进发展，其对网络营销的支持体现在完成网络营销的线下产品实体转移过程。关于网络营销物流服务的相关内容将在本书7.4节中介绍。

2.4.3 第三方认证体系

网络营销市场参与者众多，企业资质相差悬殊，如何在网络市场上赢得消费者信任是各个网络营销企业的一个重要任务。传统的企业信誉主要通过良好的品牌建立获取，这种方法同样可以在网络营销中应用，但是只对实力强大、已经具有一定品牌效果的企业效果明显。对于大多数中小企业而言，网络品牌的建立与维持要求大量的资源投入成为其品牌建设的约束条件。一个更简单易行的方法是企业充分利用第三方认证信用中介，通过知名的第三方中介机构的认证，借助信用中介公司的信誉保障获取消费者的信任。目前世界上比较权威的第三方认证机构有 TrustE 体系、BBBonline 体系等，我国目前的第三方认证信用机构中比较典型的是红盾 315 网和中国互联网信用评价中心等。常见的各信用机构的标志如图 2-4 所示。

TrustE的安全隐私标志　　BBBonline在线标识　　trust的信用评级标志　　　可信网站标志

图 2−4　常见的第三方认证标志

1. 权威第三方认证机构

TrustE 是一个非营利组织，它的任务是通过改善信息披露机制来建立用户对互联网的信任。它提供一个"隐私政策模板"，帮助企业迅速建立隐私政策。达到 TrustE 要求的企业可以申请加入成为其会员，获得 TrustE 专用的信任标识，以此增加消费者对于在线交易的信心。这个项目的成员包括 IBM、美国在线、纽约时报、yahoo、小米、中兴、VIVO 等多家知名企业，在信用认证方面已产生较大的社会影响力。

BBBonline（Better Business Bureau）是美国促进良好商业顾问局的附属机构，是一个由大量中小企业组织成为会员赞助的非营利私人机构，其通过提供商业公司的信用报告来帮助消费者进行购买决策。BBBonline 每年应请求发送数百万份这样的报告，每年要对成千上万的消费者询问做出回答。它也提供类似 TrustE 的认证功能。符合 BBB 在线标准的企业可以在其网站上展示 BBB 在线标识，消费者可以通过点击该在线标识获得 BBB 关于该企业的信用报告。

我国的第三方网上认证机构中比较典型的是红盾 315 网站。它是全国各个地区的工商行政管理局的网上认证机构，例如北京红盾是北京市工商行政管理局下属的一个要求经营性网站备案登记的网上认证机构。企业通过红盾 315 认证后，在登记的经营性网站首页显著的位置上会标示红盾的标志，点击后也可以阅读有关的认证内容，如网站名称、公司地址、注册资本、业务范围和法人代表等。

2. 第三方认证机构的作用

第三方认证机构作为网络营销实现的重要支持系统，其在网络营销过程中起到保障交易安全、提供信誉支持、监督网络营销企业等作用。

对网站风险管理是消费者和商业合作伙伴在运用互联网进行交易时主要关心的问题。国外第三方认证主要围绕着提供了交易处理完整性、企业的商业政策、数据安全和数据秘密四个方面的认证。不同的认证机构提供不同的认证服务，具有不同的权威性。企业网站通过其认证后，获得其认证标志。这些标志能够证明企业网站的信誉、信息传输的安全性、信息的安全存储。

2.4.4 保险服务

网络营销保险服务对完善网络营销风险管理具有重要作用。保险服务可以降低消费者网上交易的风险，为企业进行网络营销提供支持。网络营销保险服务包括网络交易平台技术安全保险、产品及服务质量保险、交易安全性保险及物流保险等方面。

1. 网络营销技术风险与保险服务

企业进行网络营销需要建立营销网站，应用到计算机网络技术。在网络营销过程中，企业的营销网站往往存在一定的技术风险，可能是企业内部技术能力及管理问题带来的，同时还要面临网络病毒、黑客攻击等风险问题。这些风险会影响企业进行网络营销的信息保密措施、交易的可进行性，以及企业对网络营销的可控性，使得网络营销无法顺利完成，造成损失。针对这些风险，网络保险服务提供者可以提供相应的保险服务。针对网络营销技术风险设计的网络保险服务涉及病毒感染、黑客侵扰、网络诈骗甚至恐怖活动。这些保险服务可以有效地转移网络营销的技术风险，使得消费者和企业两方都拥有更加安全的交易环境。

2. 网络营销产品或服务质量风险及保险服务

企业进行网络营销最终是要向消费者提供产品或服务，对于消费者而言，企业通过网络营销提供的产品或服务质量是否合格仍是主要关心的问题。一旦出现低质量产品，对消费者和企业双方都会造成较大损失。所以，在网络营销活动中，企业可以利用网络营销产品或服务质量保险服务来转移这些风险。这一类型的保险针对上述可能出现的产品或服务质量风险，为消费者提供合理的保险服务，降低消费者买到低质量产品后的损失，进而提高消费者对网络营销的信任感。

3. 网络营销交易安全风险及保险服务

这里说的交易安全风险是指在线上交易过程中存在的风险，主要是指网络支付过程中存在的风险。由于网络支付涉及企业、消费者、银行及认证机构多方，其存在的风险也是多样化的，而且对于消费者而言支付风险是最大的网络购物风险，这涉及自己的货币资金安全、网络银行账户安全等问题。交易安全风险的产生可能是由于多方之间的操作协调不当，也可能是由于受到他人的攻击、诈骗等。针对交易安全风险，网络保险商提供的保险服务一般为网络受攻击险、网络诈骗险等,但对于网络交易过程中某方的操作失误造成的损失不提供保险服务。

4. 网络营销物流风险及保险服务

网络营销的另一个重要环节是物流配送,物流活动在实现网络营销的产品实体转移的过程中存在一定的风险,包括产品安全、配送时间等问题。这些问题会给消费者带来一定的损失。针对物流风险,网络保险商提供的保险服务包括物流损件、丢件以及退货运费险等。

【案例讨论】

三只松鼠网络营销的成功[①]

安徽三只松鼠电子商务有限公司是一家以互联网为依托,利用天猫、京东、当当等 B2C 平台销售经营坚果、干货、茶叶等森林食品的公司。2012 年,松鼠老爹创造了三只松鼠,从五个人的创始团队,到 3000 人的公司,从 2012 年第一个双 11 以 766 万元销售额夺冠,到 2016 年双 11 单日销量 5 亿元的五连冠。2012~2016 年,第一个五年,三只松鼠用自己的努力交出了一份优异的成绩单。

三只松鼠企业领导对企业产品的定位十分清晰:只做互联网销售。根据产品定位,明确产品设计的主题是森林食品,并对原材料进行筛选、按需求进行产品的生产和处理,店长负责对店铺形象进行打造,如网店的页面设计、维护,对流量进行统计,对运营数据进行分析,同时利用天猫、淘宝等平台的活动制定合适的主题促销方式;三只松鼠的客服人员不论在售前服务还是售后服务时都保持着较为谦卑的态度。

在组织方面,三只松鼠的创始人章燎原很清晰地将三只松鼠定位为互联网品牌,因此,三只松鼠的员工可以在电子商务的发展上获得领导的全力支持。

在技术方面,随着大数据时代的到来,三只松鼠开始利用大数据来分析产品的买方、购买产品的顾客的行为特点及爱好变化,利用好大数据可以更好地处理客户关系。为了提升客户体验感,三只松鼠设立了专门的部

---

① 资料来源:安徽三只松鼠电子商务有限公司官方网站 http://www.3songshu.com/about-us.html 及相关网络公开资料,本书作者整理。

门进行数据维护并自主研发 ERP 系统对信息进行及时处理。

在线上营销方面，三只松鼠的全部商品都是通过网络平台进行线上营销，不设实体店铺。三只松鼠尽可能地通过软性服务，如客服、售后反馈、官方网站设计等来弥补这方面的缺陷，通过情感上的交流打动首次消费人群。三只松鼠除了最开始的淘宝天猫旗舰店，还发展了多个网络平台进行营销，在京东、1 号店、当当、苏宁都设有网上店铺，消费者可以通过多种渠道进行购买。

在物流配送方面，三只松鼠能让消费者选择多次购买的原因还在于满意的物流体验。消费者当天下单最快当天就能收到，一般隔天也能收到购买的产品。其在北京、成都、广州、芜湖的四个仓库能够及时供应周边客户，对于食品而言，消费者都看重食品的新鲜度，因此快捷的物流是大多数消费者多次购买的主要原因。

问题：
1. 三只松鼠网络营销的成功有哪些值得借鉴的经验？
2. 三只松鼠的网络营销是在哪些现实基础上取得成功的？

本章小结

1. 网络营销的现实基础包括计算机技术基础、消费者观念基础、制度基础及配套服务基础。企业要想成功进行网络营销，必须要充分合理地分析利用各种基础条件。

2. 网络营销的技术基础有计算机网络技术（公共互联网、内/外联网、物联网、区块链等）、营销网站的建设运营与推广技术、移动电子商务技术等。技术基础的利用需要企业具有专业的网络技术人员，保证网络营销从技术上可行。

3. 随着社会经济的发展，消费者更希望可以快速、安全、高效地取得商品信息，完成交易，满足自己的需求。这种观念变化为网络营销的实现提供了强大的消费者观念基础。

4. 国家经济、政治制度会影响网络营销的发展前景，充分了解国家相关的经济、政治制度，可以保证网络营销的实施与发展更好地适应社会需求。

5. 网络营销必须由网上支付系统、物流服务、第三方认证服务和保险服务等配套服务市场来协助完成。通过网上支付系统完成交易中的货款转移,通过物流服务完成产品实体的转移,通过第三方认证服务和保险业务来维系网络营销的可信度等。

复习与实践

1. 复习题

(1) 什么是区块链、物联网?

(2) 企业营销站点的建设方式有哪几种?

(3) 当前消费者购买心理存在哪些变化趋势?

(4) 哪些制度会影响到网络营销的实施,如何影响?

(5) 网络营销的配套服务基础有哪些?

(6) 第三方认证服务是如何支持网络营销实施的?

2. 网络实践

(1) 对域名 http://lib.chd.edu.cn 和 http://sfg.act.qq.com 进行解析。

(2) 选择一家网络营销企业或网上商店或购物 app,分析其应用的配套服务基础。

(3) 根据自己的网络购物经验,谈一谈你对网上支付的认识。

第 3 章 CHAPTER 3

网络市场分析与调研

教学说明

1. 掌握网络市场的内涵和特点
2. 掌握网络市场的模式选择和主要营销策略
3. 熟悉网络市场定位的方法与策略
4. 熟悉网络市场调研的流程
5. 掌握网络市场调研的常用方法

☞ **引导案例**

华为荣耀手机网络市场细分[①]

华为公司实行双品牌策略，推出了主要针对高端消费者的某些产品系列，如 Mate 系列和 P 系列，而荣耀则以高性价比为主要特点，成为独立运作的互联网品牌。荣耀上市后大获成功。华为通过双品牌战略对智能手机市场进行进一步细分，以期超越竞争对手。

---

① 资料来源：新浪科技，https：//tech.sina.com.cn/t/2013-12-20/01009023135.shtml；搜狐网，http：//news.sohu.com/a/604636990_121606957。

华为智能手机 Mate 系列定位为顶级配置的大屏手机，主要针对高端商务人士，价格较高，保时捷系列更是超过万元；P 系列手机主打外观和拍照，价格为 3000~4000 元，属于中高端产品；荣耀系列针对网络用户，属于中低端产品，价位在 2500 元以下；G 系列针对学生、年轻消费群，属于中端产品，价位在 1500~3000 元；畅享系列价位偏低，属于低端产品。

华为也通过双品牌策略将其触角伸向网络市场，这足以证明网络市场的巨大魅力，而荣耀成为定位网络市场的营销活动的结果无论是销量还是口碑都让人不得不感叹网络的神奇力量。

3.1 网络市场的基本知识

3.1.1 网络市场的内涵

网络市场是以现代信息技术为支撑，以互联网为媒介，以信息瞬间形成、即时传播、实时互动、高度共享为特征的交易组织形式。

传统意义上的市场是指商品买卖交易的场所，是把货物的买主和卖主正式组织在一起进行交易的实体场所。网络市场则是由生产者、中间商、顾客等市场主体汇聚在互联网上形成的商业沟通及交易的虚拟市场空间。

从网络市场交易的方式和范围看，网络市场经历了三个发展阶段。

第一阶段是生产者内部的网络市场，其基本特征是工业界内部为缩短业务流程和降低交易成本而采用电子数据交换系统所形成的网络市场。

第二阶段是国内的或全球的生产者网络市场和顾客网络市场。其基本特征是企业在互联网上建立一个站点，将企业的产品信息发布在网上，供所有顾客浏览或销售数字化产品，或通过网上产品信息的发布来推动实体化商品的销售。如果从市场的交易方式的角度讲，这一阶段也可称为"在线浏览、离线交易"的网络市场阶段。

第三阶段是信息化、数字化、电子化的网络市场。这是网络市场发展的最高阶段，其基本特征是：虽然网络市场的范围没有发生实质性的变化，但网络市场的交易方式却发生了根本性的变化，即由"在线浏览、离线交易"演变成了"在线浏览、在线交易"。这一阶段的到来取决于电子货币及电子货币支付系统的开发、应用、标准化及支付的安全性、可靠性。

3.1.2 网络市场的特点

互联网，特别是移动互联网已经成为销售商品或提供服务的重要渠道，从市场运作的机制来看，网络市场具有如下基本特征。

1. 经营范围不受空间制约

传统市场的经营范围难以避免地受到了很多限制，而网络创造了一个即时全球社区，消除了不同国界的企业交易的时间和地域障碍，使市场的地理区隔变得模糊甚至消失。互联网上的任何企业都是一个真正意义上的跨国企业，网络营销为企业开创了面对全球的行销橱窗，在全球范围内，只要有网络存在的区域和地方，企业就可以直接与顾客进行各种商务活动，增加了营销机会。这种特点为中小型企业跻身国际贸易创造了一个良好的条件，可以说，互联网使世界的经济从某种程度上讲站在了同一起跑线上，给了发展中国家一个崭新的契机。在这种巨大的优势面前，我国许多企业选择了加入网络行业，开展全球性营销活动。

2. 经营时间不受限制

传统市场大都有营业时间限制，麦当劳、7-11便利店等企业进行24小时营业，可是其带来的附加成本巨大，而且24小时营业在大部分类型的企业中往往收效甚微。而企业从事网络营销活动，营业时间不再有白天黑夜的区别，企业可以每天24小时进行各种营销活动，发布信息、签订合同、进行交易和提供服务。顾客也可以随时在网上寻找自己所需要的信息及服务，自助咨询、下订单和采购，不需人工干预，只需利用计算机或手机等自动完成即可，这方便了顾客的购买，特别是对于平时工作繁忙、无暇购物的人来说有很大的吸引力。

3. 无实体商铺成本

相对于依靠优越的地理位置和华丽的装潢来吸引顾客的传统经营方式来说，网络营销不需要开设店面、进行店铺装潢、摆放样品和招募大量服务人员，这无疑可为商家节约大量的资金成本。网上商店并没有真实的零售网点，没有大批量的销售人员，但通过互联网，它们的商品被销往全国各地甚至国外。

4. 无库存经营模式

企业在网络市场中无须将商品陈列出来供顾客选择，只需在网页出示货物图片和相关数据以供选择，可在接到顾客订单后，再向制造的厂家订货，这样一来，店家不会因为存货而增加成本。特别是随着社会的发展，消费需求向个性化的趋势发展，网络市场上一对一的定制服务将更普遍，那就更不必进行商品的存储了。

5. 营销环节精简

在网络平台上，企业及产品资讯可迅速发布、及时更新，并向目标顾客传递，而顾客也可以由原来的被动接收转变为主动参与，顾客不必等待企业的帮助也可以自行查询所需产品的信息，还可以根据自己的需求自行下订单，有效促成即时交易的实现。此外，营销人员还能够借助网络所固有的互动功能，鼓励顾客参与产品更新换代，让顾客选择颜色、装运方式，在定制、销售产品的过程中满足顾客的特殊要求。顾客参与越多，企业售出产品的概率就越大。

总之，网络市场具有传统的实体化市场不具有的特点，这些特点大多是网络市场的优势，利用网络市场来实现企业的目标价值是企业现在和未来的选择。

3.1.3 网络市场的类型

通常情况下，网络营销企业并不能满足网络顾客的所有需求，他们必须对网络市场加以分类，然后针对不同类型市场的顾客需求特点，制定不同的营销策略。根据不同的分类标准，可以将网络市场分为不同的类型。

1. 根据参与市场交易的主体性质划分

按参与市场交易的主体性质划分，可以将网络市场分为组织市场和顾客市场。组织市场与顾客市场有着很大的区别。

第一，交易目的。个人购买者通常购买商品供自己消费，因此由个人购买者组成的网络市场被称为顾客市场。而那些企业组织、政府部门及其他非营利组织购买商品通常都是供组织消费或者进行再生产，它们所组成的网络市场被称为组织市场。

第二，交易过程。组织市场买方购买时首先提出购买意向并进行询价，在确定购买意向后就着手进行谈判或者通过招标确定价格，并签订正式合同，然后双方着手具体交易，进行货物交接和货款结算。可以看出，组织市场交易过程比较规范，注重交易风险的控制和交易理性。而在顾客市场中，顾客购买一般通过信息告示来寻找满足自己需求的产品，购买过程比较简单，主要是现场交易、口头要约形式，强调的是快捷性，不注重交易过程的规范性。网络交易由于标准制式交易界面以及支付的信用形式，在一定程度上使得顾客购买行为规范化程度有很大的提高。

第三，交易数量金额。组织市场每次交易的数量比较大，交易金额也比较大；而顾客的购买属于零星购买，交易的数量、金额都比较小。

第四，交易透明度。组织市场由于交易双方掌握的信息都比较充分，双方都处在交易平等地位；而在顾客市场，顾客由于精力和时间限制，不可能掌握充分信息，即使掌握大量信息也因精力不够无法全部处理，因此交易的透明度不够。

第五，交易支付方式。组织市场的交易主要通过银行进行结算，通过合同来约束交易；而顾客市场的交易主要以现款现货交易居多。然而，电子虚拟市场的发展将大大改善顾客市场中交易透明度不够的问题，包括交易实践中的支付手段由原来的现金支付转为依赖信用支付方式。

2. 根据电子商务模式划分

根据电子商务模式划分，可以把网络市场分为 B2B、B2C、C2C、B2G、O2O 等市场类型。

（1）B2B。B2B（business to business，在英文中 2 的发音同 to 一样，因此写成"2"）是企业与企业之间通过互联网进行产品、服务及信息的交换。从企业间电子商务系统所针对的企业间商务业务类型来看，目前的企业间电子商务系统又可分为针对国际贸易业务的国际电子商务系统、针对一般商务过程的电子商务系统、针对支付和清算过程的电子银行系统。企业间电子商务的实施在带动企业成本下降的同时扩大了企业收入来源，它能够为企业带来很多优势，如采购和库存成本的降低、周转时间的减少以及市场机会的扩大。

（2）B2C。B2C（business to customer）是企业对顾客的电子商务模式。这种形式的电子商务一般以网络零售业为主，主要借助互联网开展在线销售活动。B2C 模式是我国最早产生的电子商务模式，以 8848 网上商城正式运营为标志。B2C 电子商务网站由三个基本部分组成：为顾客提供在线购物场所的商场网站、负责为顾客所购商品进行配送的配送系统、负责顾客身份确认及货款结算的银行及认证系统。

（3）C2C。C2C（consumer to consumer）是顾客对顾客的交易模式，其特点类似于现实商务世界中的跳蚤市场。其构成要素除了买卖双方外，还包括电子交易平台供应商，也即类似于现实中的跳蚤市场场地提供者和管理员。在 C2C 模式中，电子交易平台供应商发挥着举足轻重的作用。

（4）B2G。B2G（business to government）即企业与政府之间通过网络进行交易活动的运作模式，比如电子通关、电子报税等。B2G 是新近出现的电子商务模式，它的概念是商业和政府机关能用中央网站来交换数据并且彼此做生意，通常比它们离开网络更加有效。

（5）O2O。O2O（online to offline）即将线下的商务机会与互联网结合，让互联网成为线下交易的平台。O2O 的实质把互联网与线下实体店面完美对接，实现互联网落地。让顾客在享受线上优惠价格的同时，又可享受线下贴心的服务。

3.1.4　根据网络市场的地理范围划分

根据网络市场的地理范围，可以把网络市场划分为区域市场、国内市场和国际市场。商品在地区范围内流通形成区域市场，区域市场一般是在经济区域的基础上形成的。区域市场又可分为本地市场和外地市场、城市市场和农村市场、沿海市场和内陆及民族地区市场等。国内市场则是在主权国家的范围内建立起来的，在国内市场（包括区域市场）上币制是统一的，指导商品流通的宏观调控目标及其效果也应该协调。国际市场是在国际分工的基础上形成的，是商品在世界范围内流通的市场，与国内区域市场不同，在国际市场上商品不完全是按照商品自由流通组织交换的，只有在若干个国内市场建立了自由贸易区的基础上，才能在国际市场上实现商品的自由流通。

3.2　网络目标市场的选择

网络市场是一个综合体，是多层次、多元化的消费需求的集合体，是任何企业都不能独自满足的。企业在调查研究的基础上，依据网络顾客的需求、购买动机与习惯爱好等的差异性，把网络顾客划分成不同类型的消费群体。这样，网络市场就可以分成若干个细分市场，每个细分市场由需求和愿望大体相同的顾客组成。

经过市场细分之后，企业面临许多不同细分市场的机会。所谓网络目标市场，是指网络企业在网络市场细分的基础上，结合自身优势及时对外部环境做出判断，在细分后的市场中进行识别、挑选、评价、选择企业经营方向以开拓特定市场。也就是说，企业通过各种努力能满足顾客的需要。

选择最适合本企业实际情况的目标市场，这是进行网络营销的一个非常重要的战略决策。它主要解决企业在网络市场中满足谁的需要、向谁提供产品和服务的问题。只有在网络市场中找准了"为谁服务"这一目标，才能有效地制订网络营销策略。

3.2.1　网络目标市场评估

网络目标市场选择的恰当与否，直接关系企业的经营成果及市场占有率，而且还直接影响企业的生存与发展。因此，在对网络市场进行细分之后，要对各细分市场进行评估，分析各细分市场是否值得开拓。一般而言，企业考虑要进入的目标市场，应具备以下几个标准或条件。

1. 有一定的规模和发展潜力

细分市场的足够规模是企业从中获利的保证，如果市场规模狭小或者趋于萎缩状态，企业进入后难以获得发展，此时，应审慎考虑，不宜轻易进入。同时，市场规模也要适应企业本身的大小，不能一味追求大市场，否则，常会使企业力有不逮，这在现实中一般表现为：大企业对过小的细分市场不屑一顾，而小企业不敢打大市场的主意。网络营销人员必须评估网络细分市场的规模大小对企业是否适当，同时，在信息时代，事物的发展速度极快，网络营销企业也应考虑市场本身的成长性带来的影响。

2. 竞争者未完全控制

企业应尽量选择那些竞争相对较弱、竞争者比较弱的市场作为目标市场。如果某个细分市场已经有了众多的、强大的或者竞争意识强烈的竞争者，那么企业要进入该细分市场就会十分困难。

3. 符合企业发展目标

即使网络细分市场的各项条件都十分符合，也要与企业的长期发展目标相适应，一个与企业长期目标相冲突的网络细分市场是不应该列为目标市场的。此外，在配合企业目标的同时，还应考虑网站所拥有的资源是否能在细分市场内保持竞争优势，否则营销活动会力不从心。

4. 企业具有市场应对能力

细分市场的评估中还应考虑一些其他因素，例如网络细分市场内竞争者的挑战、供应商和网络顾客的议价能力、替代性产品和潜在进入者的威胁。这时，企业有能力采取积极措施应对非常重要，例如抢占市场占有率，借此降低成本，达成规模效应；以先入者优势创建强势的品牌形象；以虚拟社区和个性化服务等提高网友对网站的忠诚度；通过差异化策略和增值服务来突出本企业产品或服务的特色，吸引网络顾客购买。

由于不存在可以使所有网络顾客满意的产品或服务，网络营销企业针对特定顾客群体的营销策略就显得更加重要，所以，网络市场细分和目标市场选择是网络营销成功的关键。

3.2.2　网络目标市场模式选择

在评估不同的细分市场之后，网络营销人员往往会发现有不止一个网络细分市场可进入。这时，企业到底该进入哪些网络细分市场，需要根据市场覆盖策略来做出选择。可供选择的市场覆盖策略模式有五种，如图 3-1 所示。

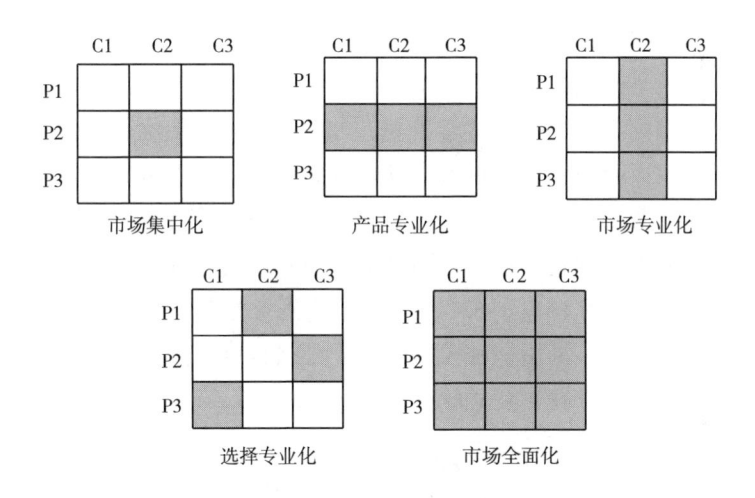

图 3-1　五种网络目标市场选择模式

1. 市场集中化

这是一种最简单的网络目标市场选择模式，企业只选择一个网络细分市场集中营销，集中资源生产单一的产品，供应单一的网络顾客群体。企业通过密集营销，易于满足本网络细分市场的需要，便于树立品牌形象，建立巩固的市场地位。另外，企业通过生产、销售和促销的专业化分工，可以获得比较经济利益。然而，市场集中化相对于其他网络目标市场选择模式有更大的风险。因为其产品或服务比较单一，当企业在该网络细分市场上失利时，整个营销网络就会受到致命的打击。

2. 产品专业化

企业集中生产一种产品，并向各类网络顾客销售这种产品。例如，九阳集团在创立之初专注于豆浆机的设计、生产与销售，通过这种产品专业化战略其很快在市场上树立起了豆浆机制造的专业形象。然而采取这种战略的企业要特别注意产品的不断研发，并紧随市场动向。否则，在更具优势或价格更低廉的替代品出现时，企业会遭受巨大的打击。

3. 市场专业化

指企业专门为满足某个网络顾客群体的各种需要而服务。企业专门为单一的网络顾客群体服务，容易在这群顾客中获得良好的声誉，并成为这个顾客群体所需各种新产品的销售代理商。采用这种覆盖策略的企业的风险来源于总体顾客群购买能力的降低和市场规模的缩小。在服装行业中这种策略的应用很广泛。

4. 选择专业化

这种模式是指企业选择若干个没有联系的产品或网络细分市场进行经营。每个网络细分市场都有可能盈利，分散了公司的风险，即使某个网络细分市场失去吸引力，企业仍可在其他网络细分市场上继续获取利润，从而增加了网络营销成功的可能性。这也是现代企业较为青睐的一种策略，尤其是一些实力强的企业集团，通常会在经营稳定期涉足其他行业。但为了发挥品牌的价值和企业本来的优势，企业通常会选择与其主打产品具有某一相同点的产品。采用这种模式的企业必须具有一定的经营实力，否则难以同时照顾几个没有相互关联的网络细分市场。

5. 市场全面化

指企业生产多种产品满足各种网络顾客群体的需求。显然，只有实力强大的公司才能采用市场全面化战略。例如可口可乐公司在饮料市场采用的就是这样的策略。对于采用市场全面化策略的企业而言，在进行网络营销组合策略的制定和实施过程中，还可以进一步采取无差异化市场营销或差异化市场营销来达到覆盖整个市场的目的。

3.2.3 网络目标市场营销策略

针对网络目标市场，企业通常采用以下四种营销策略。

1. 无差异性营销策略

无差异性营销策略即无差别性营销策略、同一性营销策略。其特点是用一种产品，采用一种市场营销组合，试图在整个市场上满足尽可能多的顾客需要。这种营销策略的优点是由于经营品种少、批量大，可以节省细分费用，降低成本，提高利润率。但是，采用这种策略也有其缺点：一是容易引起激烈竞争，使公司获利机会减少；二是公司容易忽视小的细分市场的潜在需求。

2. 差异性营销策略

差异性营销策略即选择性市场营销策略、非同一性市场策略。这种策略意味着企业对市场进行细分、推出多种产品、针对各个不同的细分市场运用不同的市场营销组合、满足多个目标市场顾客的需要。采用这种策略的企业主要着眼于顾客需求的异质性，试图把原有的市场按顾客的一定特性进行细分，然后根据各个子市场的不同需求和爱好，推出各种与其相适应的产品，采用与其相适应的市场营销组合分别予以满足。在消费需求变化迅速、竞争激烈的当今，大多数企业都积极推行这种策略，其优点主要表现在：有利于满足不同顾客的需求；有利于企业开拓网络市场，扩大销售，提高市场占有率和经济效益；有利于提高市场应变能力。差异性营销在创造较高销售额的同时，也增大了营销成本、生产成本、管理成本、库存成本、产品改良成本及促销成本，使产品价格上升。

3. 密集性营销策略

密集性营销策略即集中性市场营销策略。这种策略是指企业在市场细分过程中集中力量，以一个或少数几个细分市场为目标市场，运用全部市场营销组合为一个或几个细分市场服务。这种策略的优点是：企业可深入了解特定细分市场的需求，提供较佳服务，有利于提高企业的地位和信誉；实行专业化经营，有利于降低成本。只要网络目标市场选择恰当，集中营销策略常常能为企业建立坚强的立足点，使企业获得更多的经济效益。这种营销策略也存在不足之处，主要是企业将所有力量集中于某一细分市场，当市场顾客需求发生变化或者面临较强竞争者时，企业的应变能力差，经营风险很大，可能陷入经营困境甚至倒闭。

4. 一对一营销策略

一对一营销策略，是指企业将每一位网络顾客都看作一个单独的目标市场，根据每一位顾客的特定需求安排一套个性化的网络营销组合策略，以吸引更多的顾客。现今的消费市场，小至书籍、贺卡、装饰品、化妆品、衣服，大至电器、自行车、轿车、电脑、建筑物、商品房，都出现了由顾客自行设计、个别下订单的按个别需求定制的营销方式。实施这种营销策略需要满足以下条件：每位网络顾客需求有着较大的差异，而且他们有着强烈的满足其个性化需求的要求；具有同种个性化需求的顾客具有足够大的规模；企业具备开展个性化营销的条件；个性化营销对于交换双方而言都有符合经济效益的要求。

3.2.4 网络目标市场策略选择的影响因素

企业在选择网络目标市场策略时，必须全面考虑各种因素，权衡得失，慎重决策，而影响网络目标市场策略选择的因素分为宏观因素和微观因素两大类。

1. 宏观因素

（1）人口因素。网络市场由有购买欲望并有购买能力的人群组成，因此上网人群的数量决定了网络市场的规模。企业应当特别重视网络人口的增长情况以及网络人口在网络上购物的欲望和结构，在网络人口的年龄、性别、职业、受教育程度、消费心理等方面进行有效的市场分析。

（2）经济因素。在网络人口数量确定的情况下，单位人口的购买力就成为影响甚至决定网络市场规模大小的主要因素。这就需要企业在选择网络目标市场时，充分分析网络市场上不同层次顾客的消费水平，消费水平主要体现在网络顾客的收入水平、支出占收入的份额、支出结构和支出结构的变化趋势。

（3）网络营销的基本环境及其发展趋势。企业在选择网络目标市场时，还应考虑网络营销的基本环境，主要包括进行网络营销的基础设施、技术水平、支付手段及相关法律法规。例如，网络覆盖面的大小、可靠性的高低、传递速度的快慢以及带宽都对网络营销的应用有着重要的影响；在网络营销的应用发展过程中，如果网络营销技术不能有效地解决安全、保密等问题，不能为用户提供安全的保障空间，那么用户对网络营销的应用就可能停留在某一发展阶段和水平上；如果电子支付未能形成一定的规模，或应用范围非常有限，不能有效地实现网上支付，那么网络营销就不能完全实现，网络营销的应用就无法走向成熟；电子合同的签订、数字签名的法律效力、经济纠纷的解决、对网上欺诈及犯罪的惩罚依据等，都需要一个完整健全的法律法规体系加以认定、规范和保证。此外，网络营销能否得以实现、能在多长的时期内得以实现、会达到一个什么样的发展水平，不仅取决于以上四个方面的因素，还取决于网络营销市场的发展状况，取决于网络营销市场交易主体和客体的范围、规模和水平。

2. 微观因素

（1）企业的实力。企业的实力主要体现在企业的网络技术水平、管理水平、资金储备、人才储备、网络设备先进性和网络营销能力等方面。如果企业在这些方面都很强大，那么完全可以采用无差异性营销策略和差异性营销策略去面向整个市场。但是，如果企业自身资源和营销能力有限，无力将主体市场作为其营销目标，就应该适当放弃一些市场，采用以某一个细分市场作为营销目标的密集性营销策略；否则，一味地强调扩大市场面，就会使企业因无法照顾到那么大的市场而降低自身的竞争力，甚至面临无法正常运营的局面。

（2）网络产品的特征和市场类似度。网络产品的特征主要是指产品的类似程度。如果企业所经营的产品具有相似或相同的特征，即顾客在需求和购买方面具有一致性，那么就具有相似的市场，可以采用无差异性营销策略；如果相反，企业经营的产品特征具有较大的差异性，面对的市场不同，则宜采用差异性或密集性营销策略。

（3）网络产品生命周期。网络产品在其生命周期中的不同阶段面临的市场不同，竞争也不同，应该采取相应的策略。在产品初入市场处于成长期阶段时，产品单一，面对的竞争者少，企业可采取无差异性营销策略；产品进入成熟期后，市场竞争加剧，企业必须将市场细分，将一部分市场作为营销目标，采取差异性营销策略。

（4）竞争状况。竞争是所有商业活动者必须面临的问题，但在商业活动中竞争状态是不断变化的，企业在选择网络目标市场时，应该考虑传统市场上与自己相关企业的状况，尽可能与这些企业配合。

（5）公众因素。网络本质上是一种媒体，受公众舆论影响非常大。公众指网络使用者，既包括顾客、网民等群众团体，也包括诸如政府、中介以及传媒机构等。网络营销活动必将受到公众的关注、监督和制约，企业在选择网络营销目标时不得不考虑这些制约因素；否则，这些制约因素必将影响企业网络营销的效果。

3.3 网络市场定位

3.3.1 网络市场定位的含义与原则

网络营销企业为产品或服务确定某些方面的市场定位，有助于本企业的品牌在目标市场顾客中形成某种区别于竞争者的形象，更好地适应消费需求，巩固顾客关系。在同类产品或服务项目较多、供应竞争比较激烈的情况下，企业向目标市场推出的产品或服务项目，就需要进行市场定位。价格、档次是市场定位的两大基本参数。同时，不同的产品和服务可以采用更具体的参数或技术标准，如价格、使用成本、质价比和保值性、质量、功能、外观、使用方法和售后服务等。

有效的市场定位离不开企业的定位战略，也就是说企业应该着力去宣传一些对其目标市场将产生最大影响的差异。例如，强调用料质量，强调功能齐全，强调价格低廉等。然而，对企业来说，并非所有能给目标市场带来影响的产品差异化都是有意义的或者是有价值的，也不是说能产生最大市场影响的差异就是最优选择，这是因为，每一种差异在可能增加顾客利益的同时，都可能增加企业成本。所以，企业必须谨慎选择能使其与竞争者相区别的途径。有效的用于定位的差异化应该满足下列原则。

（1）重要性，该差异化能向相当数量的网络顾客让渡较高价值的利益。

（2）明晰性，该差异化是其他企业所没有的，或者是该企业以一种突出、明晰的方式提供的。

（3）优越性，该差异化明显优于通过其他途径而获得相同的利益。

（4）可接受性，该差异化能够被网络顾客理解和接受，是顾客看得见的，在网络时代，信息传递的便利使得企业与顾客能够更好地沟通。

（5）独特性，该差异化至少在短期内是其竞争者难以模仿的，能够保证企业一定时期的竞争优势。

（6）可实现性，网络顾客有能力购买该差异化，例如，高端或特色产品或服务的推出通常会导致企业成本的上升及其引发的价格上升，这时就必须考虑到网络上是否有足够的具备该购买能力的顾客。

（7）营利性，企业通过该差异化可获得较高的利润。

3.3.2 网络市场定位的方法

（1）特色定位。指一个企业定位于自己的规模、历史等特色。例如，那些新进入网络营销行列的企业，或者是生产不太适宜在网络上销售的产品的企业，在网站或客户端的内容和服务方面可以将企业网站定位为手册宣传型的站点形象，而那些本来就与娱乐有关的企业可以将网站或客户端定位为娱乐型站点。

（2）利益定位。把产品定位在能为网络顾客提供某一特定利益方面。单从企业网站（作为一种产品）的角度来讲，大部分工业品的生产企业可以通过网站 app、小程序等提供售前、售中和售后服务，实现网上业务进度跟踪，这时的网站或其他应用程序从服务项目上定位于利益，如联邦快递公司的网站就是这样。

(3) 使用/应用定位。将产品定位于最适合干什么或者应用在什么领域上。例如，去哪儿网、携程网等专攻旅游机票行业，就是典型的使用/应用定位。

(4) 使用者定位。将产品定位于某一类人。例如，摇篮网是全球最大的中文母婴门户网站之一，从营养保健、智力开发到情感培养等多方面，为年轻的父母、准备做父母的夫妇提供从母亲怀孕到孩子六岁期间各个方面的知识和产品信息。

(5) 竞争者定位。把自己的产品定位成在某一方面比某个竞争者的产品要更好些。

(6) 产品类别定位。将自己的产品定位在某个引人注目的产品类别上。例如，有很多食品销售网站，为了吸引网络顾客的光顾，常常从信息内容的角度出发把网站定位为食物制作教育网站，也有的定位为娱乐（搞笑）网站。

(7) 质量/价格定位。这也就是我们常说的性价比，即把产品定位在最好质量/最低价格上，这通常是不同层次的顾客共同追求的特性。

3.3.3 网络市场定位的策略

网络市场竞争性定位作为一种竞争战略，显示了一种产品或一家企业与同类产品或企业之间的竞争关系。定位方式不同，竞争态势也不同，主要的市场定位方式有以下几种。

1. 避强定位

这是一种避开强有力的竞争者的市场定位。对新进入某一市场的企业来说，如果市场上已经有实力很强、顾客认可度高的一家企业，那么推出与其相似的产品或服务往往不利于打开市场。这时采用避强定位的优点是：能够迅速在网络市场上站稳脚跟，并能迅速在网络顾客心目中树立起一种形象。由于这种定位方式市场风险较小、成功率较高，为多数企业所采用。例如，对手定位在质量上乘上，自己就定位在价格低廉上。如 360 公司进入杀毒软件行业时就以终身免费为亮点成功争取到了自己的顾客。

2. 对抗性定位

这是一种与在网络市场上占据支配地位的对手亦即最强的竞争者"对着干"的定位方式。企业试图提供与竞争者同等甚至优于竞争者的产品或服务，以期占领较佳的市场位置。例如，可口可乐和百事可乐长期实行针锋相对的营销策略，两者在竞争中相互促进和提升市场份额。显然，这种定位有时会产生危险，但不少企业认为能够激励自己奋发上进，一旦成功就会取得巨大的市场优势。实行对抗性定位，必须知己知彼，尤其应清醒地估计自己的实力，不一定试图压垮对方，能够平分秋色也是巨大的成功。

3. 填空补缺式定位

这是一种企业寻找市场上尚无人重视或未被竞争对手控制的位置，使自己推出的产品能适应这一潜在目标市场的需要的策略。例如，腾讯公司推出的"移动QQ"业务，开创了移动通信与互联网合作的新领域。通常在两种情况下适用这种策略：一是这部分潜在市场即营销机会没有被发现，在这种情况下企业容易取得成功；二是许多企业发现了这部分潜在市场，但无力去占领，在这种情况下需要有足够的实力才能获得成功。

4. 求新定位

也称创新定位，即寻找新的尚未被占领但有潜在市场需求的位置，填补市场空缺，生产市场上没有的、具备某种特色的产品。微软公司当年就是看到了计算机商业软件的空白，依靠开发商业软件确立了其在IT行业不可动摇的地位。采用这种定位方法时，企业必须明确求新定位的产品是否在技术上和经济上有足够的支持、有没有足够的市场容量支持企业持续盈利。

5. 重新定位

市场定位很难百发百中，在定位失败后，企业需要对销路少、市场反响差的产品进行二次定位。这种重新定位旨在摆脱困境，重新获得增长与活力。困境可能是企业决策失误引起的，也可能是对手有力反击或出现新的强有力竞争者而造成的。不过，也有重新定位并非因为已经陷入困境，而是因为产品意外地扩大了销售范围。

市场定位应与产品差异化结合起来。定位要符合网络顾客的心理特征与行为方式，只有这样才能产生共振，强化产品在网络顾客心目中的位置。例如，茶叶营销网站把自己定位在分享源远流长的茶文化上，就容易吸引那些热衷于品茶的网络顾客。

3.4 网络市场调研的流程和方法

为了发掘和了解顾客需要、市场机会、竞争对手、行业潮流、分销渠道以及战略合作伙伴等方面的情况，企业有必要进行营销信息的收集、整理、分析和研究，这一过程称为市场调研。网络市场调研是网络营销的出发点，其目的在于了解目标市场消费者的需求特性，了解特定市场商品与服务的发展趋势，了解竞争对手的市场策略，了解市场环境变化情况等，从而为企业制定网络营销的战略和策略提供依据。

3.4.1 网络市场调研基本流程

网络市场调研与传统的市场调研一样，应遵循一定的步骤，以保证调研的质量。网络市场调研的基本步骤如图3-2所示。

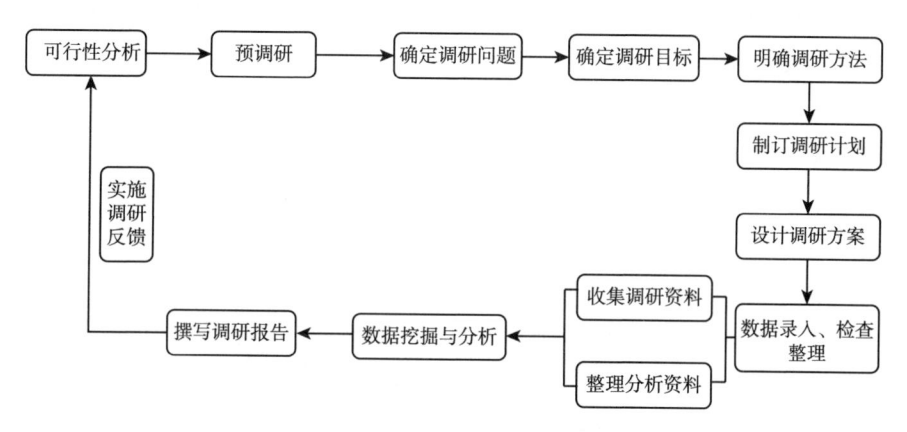

图3-2 网络市场调研基本流程

1. 可行性分析

网络通信技术的突飞猛进使得资料收集方法迅速发展。互联网没有时空和地域的限制，因此网络市场调研可以在全国甚至全球进行。同时，收集信息的方法也很简单，直接在网络检索或下载即可。这与传统市场调研收集资料的方式有很大的区别。

2. 预调研

预调研又称探测性调研。当企业对需要研究的问题和范围不明确，无法确定应该调研哪些内容时，可以采用探测性调研来找出症结，然后再做进一步的研究，以明确调研对象，确定调研重点，选择调研方法，寻找调研时机。由此可见，预调研只是收集一些有关资料，以确定问题所在，至于问题应该如何解决，则有待于进一步的调研研究。预调研回答的是"可以做什么"的问题，即"投石问路"。预调研一般通过收集二手资料或者请教专家，或参照以往发生的类似实例来进行。

例如，联想集团在官网上推出一款"AI指读翻译机"，在试用网上进行免费领取活动，这种免费领取试用品实质上就是网络预调研。

3. 确定调研问题

在调研的问题方面，与传统市场营销调研不同的是，网络营销市场调研要确定需要什么信息，确定消费者对新产品的消费偏好和购买意向，确定现有广告活动的效果，确定某品牌需求的价格弹性等。确定调研问题是实现调研目标的前提条件之一，同时也是问卷设计不可或缺的基础。

4. 确定调研目标

一般情况下，网络营销市场调研目标由调研问题、建立假设、调研范围或界限三个步骤组成。

（1）调研问题。调研问题指明了决策者所需要的信息，如果调研问题能在调研中得到解答，那么该信息就应该对决策者有帮助。

（2）建立假设。假设是对调研问题各种不同的回答，其中可能包含调研问题的正确答案。确立假设能帮助把调研问题变得更准确，调研的目标之一就是证实或证伪这些可能的假设。

（3）调研范围或界限。调研范围或界限用来明确指出调研的范围，与调研界限有关的另一个问题是调研结果的准确度。这要依赖于调研目标，投资越多，要求调研精度越高。

5. 明确调研方法

依据调研范围、调研方式的不同，网络营销市场调研方法有市场普查、抽样调研、典型调研、访问法、观察法、试用法等不同的方法。使用哪种调研方法，要本着调研成本最小化的原则，以调研目标作为出发点，依据具体调研情况确定。

经常使用的网络营销市场调研方法有：专题讨论法、问卷调研法和实验法。

（1）专题讨论法可借用 Usenet 新闻组、邮件列表讨论组和网络论坛等形式进行。

（2）问卷调研法可以使用电子邮件发送和在网站上刊登等形式。

（3）实验法是选择多个可比的主体组，分别赋予不同的实验方案，控制外部变量，检查所观察到的差异是否具有统计上的显著性。这种方法与传统的市场调研所采用的原理是一致的，只是手段和内容有差别。

6. 制订调研计划

制订调研计划要求对政治、经济、文化、科技等宏观环境和竞争者、消费者、供应商、潜在的消费者、潜在的竞争者等微观环境进行背景分析，以确定调研的目的。依据不同的调研目的，确定调研的内容和方法，从而采取不同的调研进度。

7. 设计调研方案

调研对象不同，所采用的调研方式和方案也不同，一般而言，有以下几种调研方案可供选择。

（1）在线问卷：其特点是制作简单、分发迅速、回收方便。但要注意问卷的设计水平。

（2）交互式电脑辅助电话访谈系统：利用软件程序在电脑辅助电话访谈系统上设计问卷结构并在网络上传输。互联网服务器直接与数据库连接，对收集到的被访者答案直接进行储存。

（3）网络营销市场调研软件系统：是专门为网络营销市场调研设计的问卷链接及传输软件。包括整体问卷设计、网络服务器、数据库和数据传输程序。

（4）抽样方案：要确定抽样单位、样本规模和抽样程序。

（5）联系方法：采取网络交流的形式，如电子邮件传输问卷、参加网络论坛等。

营销知识

常用在线调研工具

进行网络营销市场调研时，有大量的在线调研工具可以直接利用，例如腾讯问卷调查（http：//wj. qq. com/）、麦克网（http：//www. mikecrm. com/）、ICTR 调研社区（http：//www. ictr. cn/）、问卷星（http：//www. wjx. com/）、问卷网（http：//www. wenjuan. com/）、调查派（http：//www. diaochapai. net/）、问道网（http：//www. askform. cn/）、Survey Monkey 调查猴子（http：//www. surveymonkey. com/）等。

---

8. 数据录入、检查、整理

若在数据录入过程中没有实行双机录入的措施，在录入完成之后，就有必要对数据进行全面的整理检查。数据整理主要是尽可能地处理错误或不合理的信息以及进行一致性检查。经过回收问卷、编码过程以及录入的重重检查，并且数据的整理过程是使用计算机进行的，因此对数据的矫正将更为彻底。图 3 - 3 为数据收集、整理以及分析的关系示意图。

```
                    ┌─────────────────────┐
                    │ 数据收集、整理与分析 │
                    └──────────┬──────────┘
                 ┌─────────────┴─────────────┐
         ┌───────────────┐           ┌──────────┐
         │ 数据收集、整理 │           │ 数据分析 │
         └───────┬───────┘           └────┬─────┘
              ┌──┤                        ├──┐
          ┌───┴──┐                    ┌───┴────┐
          │ 编辑 │                    │ 列表分析│
          └──────┘                    └────────┘
          ┌──────┐                    ┌────────┐
          │ 编码 │                    │ 指标分析│
          └──────┘                    └────────┘
          ┌──────┐
          │ …… │
          └──────┘
          ┌──────┐
          │ 分组 │
          └──────┘
```

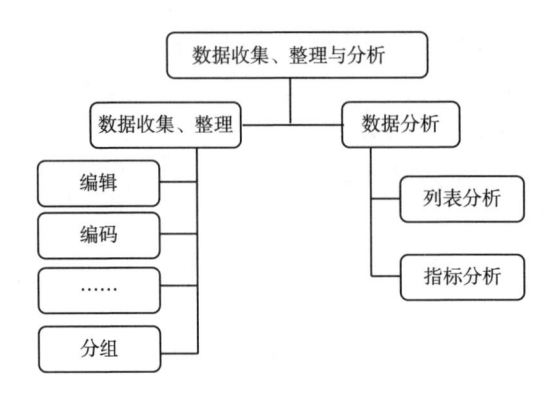

图 3-3　数据收集、整理以及分析的关系

数据整理是对数据进行的最后一道检查程序，这一步完成后，数据应该是"整齐、干净的"，数据整理可使用 SPSS 或 SAS 统计软件进行，可以很方便地找出超出选项范围、极端值或逻辑上不一样的数据。通常的做法是首先对所有变量进行频数的计算，对连续性的变量进行均值、标准差、最小值、最大值等统计分析，超出范围的数据和极端数值很容易检查出来。然后进入下一步，对数据进行统计处理分析。

例如，某公司要了解各国消费者对某一国际品牌的看法，只需在一些著名的全球性广告站点发布广告，把链接指向公司的调研表就行了，而无须像传统的市场调研那样，在各国找不同的代理分别实施。诸如此类的调研如果利用传统的方式进行，其难度是无法想象的。

在问卷回答中访问者经常会有意无意地漏掉一些信息，这可通过在页面中嵌入脚本或 CGI 程序进行实时监控。如果访问者遗漏了问卷上的一些内容，其程序会拒绝递交调研表或者验证后重发给访问者要求补填。最终，访问者会收到证实问卷已完成的公告。

在线问卷的缺点是无法保证问卷上所填信息的真实性。

9. 数据挖掘与分析

收集信息后要做的是分析信息，这一步非常关键。调研人员如何从数据中挖掘出与调研目标相关的信息，直接影响到最终的结果。要使用一些数据分析技术，如交叉列表分析技术、概括技术、综合指标分析和动态分析等。目前国际上较为通用的分析软件有 SPSS、SAS 等。网络信息的一大特征是即时呈现，而且很多竞争者还可能从一些知名的商业网站上看到同样的信息，因此分析信息能力相当重要，它能使企业在动态的变化中捕捉到商机。

网络营销市场调研数据分析的目的就是针对具体应用，抽取商业数据库的有关部分，对它进行加工、运算，得到期望的数据形式。具体的应用是指网络营销市场调研的具体目的，如价格定位、购买行为模式、广告效果、产品供求状况、市场容量、市场占有率、商品销售趋势、企业目标市场和竞争对手等。

常用的调研数据分析工具有时间序列分析、相关分析、回归分析、判别分析、聚类分析、单变量分析、双变量及多变量分析、卡方分析等。

10. 撰写调研报告

调研报告的撰写是整个调研活动的最后一个阶段。报告不是数据和资料的简单堆砌，调研人员不能把大量的数字和复杂的统计技术扔到管理人员面前，否则就失去了调研的价值。正确的做法是把与网络营销关键决策有关的主要调研结果写出来，并以调研报告所应具备的正规结构发布。对一些目标明确的简单调研，可以实施互动的形式公布统计结果，效果会更佳。

调研报告是调研人员对某种事物或某个问题进行深入细致的调研后，经过认真分析研究而写成的一种书面报告。调研报告的意义体现了调研工作的最终成果以及从感性认识到理性认识的飞跃。要撰写好调研报告，就必须了解调研报告的特点，掌握调研报告撰写的步骤和方法，使调研报告在实际工作和理论研究中发挥应有的作用。

调研报告一般由标题、概要、正文、结尾、附件等几部分构成。

11. 调研反馈

为了检验网络营销市场调研结果的可行性，需要对网络营销市场调研形成的调研报告进行反馈，使网络营销市场调研的过程形成一个循环，不断补充完善网络营销市场调研的各个环节。如中国网络信息中心建立了网络研究微博，以和广大网络用户进行互动，不断完善中国网络信息中心的建设。

3.4.2 网络市场调研方法

网络营销的市场调研方法一般分为两类：一类是直接收集资料的方法，即由调研人员直接在网络上搜索第一手资料；另一类是间接收集资料的方法，即在网络上收集他人编辑与整理的资料。

1. 直接调研

网络营销的直接调研指的是出于特定的目的在网络上收集一手资料或

信息的过程。

根据采用调研方法的不同,可以分为网络问卷调研法、专题讨论法和网络观察法,常用的网络直接调研方法是网络问卷调研法和专题讨论法。

(1) 网络问卷调研法。网络问卷调研法是将问卷在网络上发布,被调研对象通过互联网完成问卷调研。网络问卷调研法根据不同情况可以分为不同的类型。

按照调研者组织调研样本的行为,网络问卷调研法可以分为主动调研法和被动调研法。主动调研法,即调研者主动组织调研样本,完成统计调研的方法。例如,通过给被调研者发送电子邮件的形式将调研问卷发给一些特定的网络用户,由用户填写后以电子邮件的形式反馈给调研者;这种方式的好处是可以有选择地控制被调研者,缺点是有侵犯个人隐私之嫌。被动调研法是指调研者被动地等待调研样本造访,完成统计调研的方法,例如,将问卷放置在站点上等待访问者访问时填写;这种方式的好处是填写者一般是自愿的,缺点是无法核对问卷填写者的真实情况。

按网络调研采用的技术,可以分为站点法、电子邮件法、随机 IP 法和视频会议法等。

站点法是将调研问卷的 HTML 文件附加在一个或几个网络站点的 Web 上,由浏览这些站点的网络用户在此 Web 上回答调研问题的方法。站点法属于被动调研法,这是网络营销市场调研的主要方法。

电子邮件的调研问卷是一份简单的电子邮件,并按照已知的电子邮件地址分发出去,被访者回答完毕后将问卷回复给调研机构。使用电子邮件法进行调研,应注意以下几点:第一,尽量使用标题和副标题,不要滥用字体,尽量使电子邮件简单明了、易于阅读。第二,首先传递最重要的信息。主要的信息和重点应安排在第一屏可以看到的范围内。第三,把文件标题作为邮件主题。主题是收件人首先可以看到的,如果主题富有吸引力,能激发兴趣,就能促使其打开电子邮件。这一点非常重要,应多加关注。第四,邮件越短越好。在使用传统市场营销手段时,有的推销文章越长越有说服力,电子邮件则不同。这是因为电子邮件信息的处理方法不同于印刷资料,尤其是当有一大堆电子邮件需要整理时。调研者必须了解这一新兴媒体的特点,尽量节约收件人的时间。

随机 IP 法是以产生一批随机 IP 地址作为抽样样本的调研方法。随机 IP 法属于主动调研法。利用该方法可以进行纯随机抽样,也可以依据一定的标志排队进行分层抽样和分段抽样。

视频会议法（computer assisted web interviewing，CAWI）是基于Web的计算机辅助访问，将分散在不同地域的被调研者通过网络视频会议功能虚拟地组织起来，在主持人的引导下讨论调研问题的调研方法。这种调研方法属于主动调研法，其原理与传统调研法中的专家调研法相似，不同之处是参与调研的专家不必聚集在一处，而可以分散在任何可以连接网络的地方，如家中、办公室等，因此，网络视频调研会议的组织比传统的专家调研法简单得多。视频会议法适合对关键问题的定性调研。

（2）专题讨论法。专题讨论法可通过Usenet新闻组、腾讯会议、钉钉、即时聊天工具、电子公告牌、讨论组或邮件列表讨论组进行。如腾讯公司开发的腾讯会议就非常适合网络专题的讨论。

开展在线专题讨论一般有以下几个步骤：第一，确定要调研的目标市场；第二，识别目标市场中要加以调研的讨论组；第三，确定可以讨论或准备讨论的具体话题；第四，登录相应的讨论组，通过过滤系统发现有用的信息，或创建新的话题，让大家讨论，从而获得有用的信息。

具体地说，目标市场的确定可根据Usenet新闻组、即时聊天工具、电子公告牌讨论组或邮件列表讨论组的分层话题选择，也可向讨论组的参与者查询其他相关名录。还应注意查阅讨论组上的FAQ（常见问题解答），以便确定能否根据名录进行市场调研。网络调研企业要及时跟踪和参与Usenet新闻组和电子公告牌，这样有助于获取一些问卷调研无法发现的问题，因为问卷调研是从企业角度出发考虑问题，而Usenet新闻组和电子公告牌是用户自发的感受和体会，其传达的信息也是最接近市场和最客观的，但其缺点是信息不够规范，需专业人员进行整理和挖掘。

（3）网络观察法。网络观察法，是指由调研人员直接或通过软件分析工具，观察被调研对象的行为，并加以记录而获取信息的一种方法。例如，购物网站通过对用户浏览过的产品进行归纳，为用户提供参考。

对于IP地址、浏览网页、浏览路径、点击广告、进入的链接、关心的产品、停留的时间等消费者的网页浏览行为信息，网络调研人员可以利用跟踪软件进行观察，以了解上网者的很多消费行为，如果配合该上网者的注册信息进行相关分析，还可以探知很多消费者的消费心理和消费需求。

2. 间接调研

网络营销的间接调研主要利用网络收集与企业营销相关的市场、竞争者、消费者以及宏观环境等二手资料及信息。二手资料的来源有很多，如出版物、公共图书馆、大学图书馆、贸易协会、市场调研公司、广告代理公司和媒体、专业团体等。许多单位和机构都已建立了自己的官方网站，各种各样的信息都可通过访问其网站获得，再加上众多综合型ICP（网络内容提供商）、专业型ICP以及成千上万的搜索引擎网站，使得网络上二手资料的收集非常方便。

在网络上查找资料主要通过以下几种方法：利用搜索引擎；访问相关的网站，如各种专题性或综合性网站；利用相关的网络数据库。

（1）利用搜索引擎查找资料。搜索引擎是网络上使用最普遍的网络信息检索工具，比较著名的搜索引擎如表3-1所示。几乎所有的搜索引擎都有两种检索功能：主题分类检索和关键词检索。

表3-1　　　　　　　　　　著名的搜索引擎

LOGO	搜索引擎名称	网址
	Ask	http：//www.ask.com
	Web Grawler	http：//www.webcrawler.com
	Lycos	http：//www.lycos.com
	谷歌	http：//www.google.com
	百度	http：//www.baidu.com
	微软必应	https：//global.bing.com/
	头条搜索	https：//www.toutiao.com/

主题分类检索即通过各搜索引擎的主题分类目录（Web directory）查找信息。主题分类目录是这样建成的：搜索引擎把收集到的信息资源按照一定的主题分门别类建立目录，先建立一级目录，一级目录下面包含二级

目录，二级目录下面包含三级目录……如此下去，建立一层层具有概念包含关系的目录。

关键词检索即用户通过输入关键词来查找所需信息。这种方法方便直接，十分灵活，既可以使用布尔算符、位置算符、截词符等组合关键词，也可以缩小和限定检索的范围、语言、地区、数据类型、时间等。关键词检索可对满足选定条件的资源进行准确定位。使用关键词检索查找资料一般分三步：第一，明确检索目标，分析检索课题，确定几个能反映课题主题的核心词作为关键词，包括它的同义词、近义词、缩写或全称等。第二，采用一定的逻辑关系组配关键词，将关键词输入搜索引擎检索框，点击检索按钮，即可获得想要的结果。第三，如果检索效果不理想，可调整检索策略，结果太多的，可进行适当的限制，结果太少的，可扩大检索范围或取消某些限制，直到获得满意的结果。

（2）利用相关的网络数据库查找资料。网络数据库有付费和免费两种。在国外，市场调研用的商情数据库一般都是付费的。我国的数据库产业近几年有了较大的发展，但多数是文献信息型的数据库。如国家统计局的国家数据库网站每年将我国各行业的数据进行统计分析并向公众发布。目前国际国内影响较大的几个主要商情数据库检索系统如表 3-2 所示。

表 3-2　　　　　　常用的著名商情数据库检索系统

LOGO	系统名称	网址
	Dialog	http：//www.dialog.com
	Orbit	http：//www.questel.orbit.com
	STN	http：//www.stn.com
	DATA-STAR	http：//datastarweb.com
	DJN/RS	http：//www.dowjones.com
	媒体微博排行榜	https：//v6.bang.weibo.com/

续表

LOGO	系统名称	网址
农业农村大数据 WWW.AGDATA.CN	农业大数据	https://www.agdata.cn/
国家统计局 National Bureau of Statistics	中国国家统计局	http://www.stats.gov.cn/
中国综合社会调查 CHINESE GENERAL SOCIAL SURVEY	中国综合社会调查	http://cgss.ruc.edu.cn/

【案例讨论】

欧莱雅男士 BB 霜的市场细分[①]

随着中国男士使用护肤品习惯的转变，越来越多的年轻男士护肤已从基本清洁发展为护理，美容的成熟消费意识也逐渐开始形成。

2012 年欧莱雅中国市场分析显示，男性消费者初次使用护肤品和个人护理品的年龄已经降到 22 岁，男士护肤品消费群区间已有较大扩张，消费年龄层正在扩大，但即使是在经济最发达的北京、上海、杭州、深圳等城市，男士护理用品销售额也只占整个化妆品市场的 10% 左右，全国的平均占比则远远低于这一水平。男士虽然一直以刚强硬朗示人，但再强大的男人也经不起岁月的摧残。

对于男士 BB 霜，大多男士的首要要求就是隐形不能让人看出来，其次不能有太浓烈的香味。这一点欧莱雅男士 BB 霜做得很到位，中文名字里丝毫没有提到 BB 霜、粉底之类的字眼，只是用英文写了一个 BBMEN。

总体定位：新品巴黎欧莱雅男士极速激活型肤露，即欧莱雅男士 BB 霜，希望迅速占领中国男士 BB 霜市场，树立该领域的品牌地位，打造成中国年轻男性心目中人气最高的 BB 霜产品。

目标顾客群：欧莱雅男士 BB 霜目标客户定位于 18～25 岁的男士，他们是一群热爱分享，热衷于社交媒体，并已有一定护肤习惯的男士群体；尤其是肌肤有痘印、需要遮瑕的男士。

---

① 资料来源：网易新闻，https://c.m.163.com/news/a/DOFO0L3V0511NG24.html。

产品功效：巴黎欧莱雅男士极速激活型肤露为男士打造无瑕肤质，同时长效控油保湿。

适用肌肤：一般肤质。敏感肌肤需在测试后使用。

为了打造该产品的网络知名度，欧莱雅男士针对目标人群，开设了名为"型男成长营"的微博和微信账号，开展了一轮单纯依靠社交网络和在线电子零售平台的网络营销活动。

（1）在新浪微博上发起了针对男生使用 BB 霜的接受度的讨论，发现男生和女生对于男生使用 BB 霜的接受度都大大高于预期，为传播活动率先奠定了舆论基础。

（2）代言人阮经天加入，发表属于他的"先型者"宣言："我负责有型俊朗，黑管 BB 霜负责击退油光、毛孔、痘印，我是'先型者'阮经天"，号召广大网友通过微博申请试用，发表属于自己的"先型者宣言"。微博营销产生了巨大的参与效应，更将微博参与者转化为品牌的主动传播者。

（3）在京东商城建立了欧莱雅男士 BB 霜首发专页，开展"占尽先机，万人先型"的首发抢购活动，并为 BB 霜使用者提供一对一的专属定制服务。另外，特别开通的微信专属平台，每天将从新品上市到使用教程、前后对比等信息通过微信推送给关注巴黎欧莱雅男士公众微信的每一位用户。

该活动通过网络营销引发了热潮，两个月内，在没有任何传统电视广告投放的情况下，该活动覆盖人群达到 3500 万名用户，共 307107 名用户参与互动，仅微博阅读量即达到 560 万，在整个微博试用活动中，一周内即有超过 69136 名男性用户申请了试用，备货在一周内即销售一空。

问题：

1. 你认为欧莱雅 BB 霜的目标客户群定位是否合理？为什么？
2. 如果你是欧莱雅的营销顾问，你会采取什么样的方式抓住目标市场？

本章小结

1. 网络市场是以现代信息技术为支撑，以互联网为媒介，以离散的、无中心的、多元网状的立体结构和运作模式为特征，信息瞬间形成、即时传播，实时互动，高度共享的人机界面构成的交易组织形式。

2. 网络市场细分是指企业在调查研究的基础上，依据网络顾客的需求、购买动机与习惯爱好等的差异性，把网络市场划分成不同类型的消费群体。

3. 可供选择的市场覆盖策略模式：市场集中化、产品专业化、市场专业化、选择专业化、市场全面化。

4. 网络市场定位方法：特色定位、利益定位、使用/应用定位、使用者定位、竞争者定位、产品类别定位、质量/价格定位。

5. 网络营销市场调研可以采用直接调研法和间接调研法。网络问卷调研法、专题讨论法和网络观察法属于直接调研；利用搜索引擎、访问有关网站、使用相关的网络数据库等属于间接调研法。

6. 网络营销市场调研的流程包含从可行性分析到调研反馈为止的11个步骤，对实现企业策略制定参考、产品宣传辅助、营销活动推广、市场宣传拓展、网络品牌传播等方面均起到积极的作用。

复习与实践

1. 复习题

(1) 网络市场有哪些组成部分，这些组成部分和实体市场有什么异同？

(2) 网络市场有哪些特点？分别举例说明。

(3) 网络目标市场评估的主要内容是什么？

(4) 网络市场定位的方法是什么？

(5) 选择目标市场时应考虑哪些因素？

(6) 网络营销市场调研的常用方法有哪些？

(7) 网络营销市场调研的流程主要包括哪些？

2. 网络实践

(1) 选择一个网络购物网站，观察其是如何进行市场细分的，这种市场细分有无缺陷，如果由你来建立这个网站，你将怎样进行市场细分？

(2) 以宝洁公司为例，设计一个网络营销市场调研的工作方案，问卷要体现本章有关网络营销调研的流程与方法。

第 4 章 网络顾客行为分析

CHAPTER 4

教学说明

1. 了解网络顾客行为的整体特征表现
2. 熟悉网络顾客的购买动机与行为类型
3. 熟悉网络顾客的购买行为
4. 掌握网络顾客的购买决策过程和影响因素

☞ **引导案例**

"饿了么"的顾客行为分析

下班前通过外卖平台将餐点好,回到家就可以吃到热腾腾的晚餐,快捷、便利的外卖已成为很多年轻上班族青睐的消费方式,外卖已经成为除堂食、做饭之后中国人的第三种就餐方式。

早期的外卖类型分为客人到店点餐付款并打包带走和店内人员送餐两种。随着手机、网络的普及,外卖行业得到迅速的发展。不同于传统外卖,顾客的选择范围在不断扩大,不局限于就近购买、点餐,饿了么还会发放各种满减优惠券,这对于多数属于价格敏感者的顾客来说是一福利。在用餐高峰时期,顾客不必担心送餐时间问题,在提交订单的界面有准时宝这一选项，顾客只需多付费几角钱，或者在商家为顾客投保的情况下，顾客便可按时取餐，解决了送餐不准时这一问题。在操作上，从打开app点餐到最后付款，过程非常简单流畅。

对网络顾客来说，饿了么已经不再单纯是一个送外卖的平台了，这种与顾客之间的深度互动，既有趣也十分有力。在这个全新的时代，成功的网络营销要求我们了解网络顾客的根本诉求、分析其行为特征、准确把握沟通渠道。以顾客为中心来规划企业行为无疑成为这个全新时代的制胜法门。

4.1 网络顾客概述

4.1.1 网络顾客的内涵

网络顾客是指通过网络进行消费和购物等活动的顾客人群。网络降低了信息收集、处理、传播的成本，增加了顾客流量，任何有兴趣、有动机的顾客都能担任那个过去可能需要庞大资源和组织力的角色，此时传统上顾客与企业间的失衡局面将被扭转。这种变化主要体现在以下几个方面。

1. 个性消费的复归

长期以来标准化和工业化的生产方式使顾客的个性被淹没在大量低成本、单一化的产品洪流中。然而，消费品市场发展到今天，多数产品无论在品种还是数量上都已极为丰富，顾客能够以个人愿望为基础挑选和购买产品或服务，而在网络营销中，顾客的主导权更是体现得淋漓尽致。网络的便利使得网络顾客足不出户、不受时间和空间的限制，就能了解与商品有关的一切信息，充分比对，并不断发现新奇有趣或是更加匹配其需求的产品。凭借网络的极大优越性，网络顾客不仅能做出选择，而且还渴望选择。从理论上看，没有哪两位顾客的心理是完全一致的，每位顾客都是一个细分市场，个性化消费已经成为消费的主流。

2. 对产品有关信息的了解更主动

生活中需要的产品成千上万，顾客不可能对于每一个产品都具备足够的专业知识去鉴别和评估。在传统市场中，顾客的这种知识缺乏大部分是由销售者的专业介绍与推荐来弥补的，然而这种带有销售目的的推荐常常使顾客产生一种不信任感。而网络市场中，商品通常会以详细的信息进行描述，各种参数一览无余，顾客在信息的客观性和选择的主动性上满意度大大提高。网络给予了网络顾客极速获取和处理信息的便利,这时的网络顾客不再满足于被介绍、被推荐,取而代之的,是他们希望通过自己对于该类产品的了解而做出自己的判断。例如针对一些价格较高的耐用消费品(如液晶电视、家用中央空调等)的购买,顾客会主动通过各种可能的途径获取与产品有关的信息并进行分析比较。这些分析也许不够准确和充分,但顾客却可从中获得心理上的平衡,降低风险感和购买后后悔的可能,增加对产品的信任和提升心理上的满足感。

3. 消费心理稳定性减小,产品更新淘汰快

现代社会科技和经济都在飞速发展,新生事物不断涌现。顾客心理受这种趋势带动,稳定性降低,过去一件产品流行十几年的现象不复存在。现在产品更新换代速度极快,品种样式层出不穷。人们对于一件产品使用的终结,不再意味着它使用价值的消失,更多时候,更换产品是由于新功能的出现、替代品的出现甚至仅仅因为新鲜感的丧失。尤其在网络时代,信息的流通速度之快使人们对于流行的追求有了更坚实的科技基础。这直接导致了产品生命周期不断缩短,产品生命周期的缩短反过来又会促使顾客心理转换速度进一步加快。例如,电视机由黑白发展为彩色经历了十几年的时间,但现在每年都有采用新技术、增加新功能的智能液晶电视机出现,以配合某些顾客求新、求变的需求。

4. 对消费便利性的需求与对购物乐趣的追求并存

网络消费的优势最初吸引人们的非便利莫属。现代社会人们的工作压力普遍增大,对很多忙碌的顾客来说,便利带来的时间和劳动成本的节约是突出的卖点。特别是对于需求和品牌选择都相对稳定的产品,这一点尤为突出。

然而另外一些可供支配时间较多的顾客,可能需要以购物来打发时间、寻找乐趣,或者从其购物过程中减少所谓的孤独感。这一点在一些自由职业者或家庭妇女中表现突出。因此他们愿意多花时间和体力去购物,但前提必须是购物能为他们带来乐趣,能满足其心理需求。这两种相反的心理将在今后较长的时间内并存和发展。

综上所述,可以看出信息时代的一种新的市场的实质——权力掌握在握鼠标的人手中。顾客可能在任何时候进入网站获取信息以及产品,具体的行动只不过是一次点击而已。网络营销者必须时时刻刻关注顾客的需求与动向,许多潜在的顾客可能只是因为一个信息或是一张图片而正想要离开或是进入你的网页。

4.1.2 网络顾客的类型

根据数字媒体评估公司（comScore）和麦肯锡公司对网络顾客所做的调查结论，网络顾客可以分成以下五类。

1. 简单型

简单型顾客需要的是直接、方便的网上购物。他们通常只花少量时间上网，但他们所进行的网上交易却占了一半。网络销售者必须为这一类型的顾客提供真正的便利，让他们有充分的理由觉得在你的网络上购买产品将会节约更多的时间，合理的搜索分类、简单的操作、快捷的物流都有可能吸引这类顾客。

2. 冲浪型

冲浪型顾客在网上花费的时间数倍于其他网民。冲浪型顾客对整个网络系统较之其他类型的顾客了解得更多，因此他们对常更新、具有创新设计特征的网页会更感兴趣。

3. 接入型

接入型顾客是接触网络的新手，那些有着著名传统品牌的企业应对这群人保持足够的重视，因为网络新手们更愿意相信生活中他们所熟悉的品牌以降低这一全新购买方式所带来的风险。

4. 议价型

议价型顾客有强烈的在交易中获胜的愿望，购买便宜产品是他们的一种本能，淘宝网相当多的顾客都属于议价型，他们喜欢讨价还价，同时各类促销信息都会吸引他们的目光。

5. 定期型和运动型

定期型和运动型顾客通常会浏览特定的网站内容。定期型顾客常常访问新闻和商务网站，而运动型顾客则喜欢运动和娱乐网站，选择在产品的相关领域投放广告往往会吸引到这类特定的顾客群。

4.1.3 网络顾客的特征

根据全球网络指数网站 GWI 2022 年的研究报告，互联网时代主流顾客群体的特征主要体现在以下几个方面。

（1）网络社交的主力军。相比于现实中的社交关系，Z 世代更愿意在网上展开社交活动。

（2）环保意识提升。Z 世代将气候变化列为影响世界可持续发展的首要风险因素。数据显示，45%的Z世代对短期的环境改善持乐观态度，但对长期的生态治理持悲观态度。① 出于安全感知，Z世代更加关注切身利益，养生类、营养类、娱乐类消费受到追捧。

（3）收入来源多样。相当部分的Z世代在获得正式工作前，拥有一份或数份兼职工作。Z世代是非常积极的"零工经济"参与者，网上送货、网络直播是从业人数最多的两类工作。除此之外，Z世代还积极参与各项投资来扩展自己的收入来源，从基金、股票、黄金到数字货币，Z世代都有广泛的参与。

（4）偏好流媒体平台。从2021年开始，Z世代的媒介使用偏好由电视媒体转为流媒体，以bilibili、YouTube为代表的短视频网站成为年轻一代最主流的视频收看渠道，这种趋势已经显著改变了他们获得信息的来源和途径。

（5）个性化消费崛起。相比较1960~1980年出生的人群较为稳定的消费理念，Z世代明显对探索世界和尝试新事物充满兴趣，对多元文化更加包容，喜欢在自由与热爱、主流与个性中寻找文化碰撞过程中最适合自己的要素，因而在消费购物过程中更加关注沉浸感、体验感、参与感以及认同感，而对产品或服务是否是知名品牌并不关心。

以Z世代为代表的网络顾客的这些特征，对于企业网络营销的决策和实施都是十分重要的。网络营销企业想要吸引顾客、保持持续的竞争力，就必须对本地区、本国以及全世界的网络顾客情况进行分析，了解他们的特点，制定相应的对策。

4.2　网络顾客购买决策的影响因素

4.2.1　社会因素

（1）角色。在社会中的"角色"主要是指周遭人对某人的职业、职位或身份所应具备行为方式的期待。一个人的角色会影响其消费行为。例如，大学生或者刚步入社会的青年可能会对品牌折扣十分感兴趣。

（2）家庭。在很多情况下，购买行为是以家庭为单位进行决策的，如家具的选购、房子的装潢等。另外，有些产品类型就是针对整个家庭的使

---

① 资料来源：全球网络指数网站（GWI）《2022年Z世代群体研究报告》，https://www.gwi.net/。

用来设计的，如色拉油、洗洁精等。所以，这类产品的营销策略或广告的设计，就应针对家庭购买决策来规划。

（3）相关群体。相关群体指能够影响网络顾客购买行为的个人或集体。相关群体内往往存在"意见领袖"，也就是群体中有影响力的人，这些人的行为会引起群体内追随者、崇拜者的效仿。那些网上消费的演员、网红自然更容易成为网络顾客的"意见领袖"，这也是网络直播营销发展迅速的原因之一。

4.2.2 文化因素

（1）文化。文化指人类从生活实践中建立起来的价值观念、道德、理想和其他有意义的象征的综合体；文化是决定人类欲望和行为的基本因素。文化的差异引起消费行为的差异，每一个网络顾客都受到网络文化的长期熏陶，同时又在一定的地域社会文化环境中成长。地域社会文化环境依然对网络顾客的消费行为产生重要的影响。比如，中国的网络顾客具有注重礼节的特点，过节的时候大多数子女都会为父母采购礼品，这和西方网民是有区别的。不过应当注意到的是，网络交流正在使文化的差异缩小。

（2）亚文化。在网络文化中又包含若干不同亚文化群，这些亚文化往往在更深层次上影响着网络顾客的购买行为。亚文化主要有以下四个方面的内容。

民族亚文化群。网络顾客来自不同的民族，每个民族都在漫长的历史发展过程中形成了独特的风俗习惯和文化传统。

宗教亚文化群。网络顾客分属于不同的宗教，每种宗教都有自己的教规或戒律。

种族亚文化群。网络顾客有不同的种族，不同的种族有不同的生活习惯和文化传统。

地理亚文化群。世界上处于不同地理位置的各个国家、同一国家内处于不同地理位置的各个省份和市县的网络顾客都有着不同的文化和生活习惯。

4.2.3 个人因素

（1）职业。职业会影响一个人在生活中关注的重点，从而影响其消费行为。例如，信息从业人员会对电子计算机零件感兴趣，而平面设计专家则可能会购买一些美工用具或设计书刊。另外，职务也会影响消费习惯：高级主管因为要经常出席正式场合，则需要买一些名牌西装。

（2）经济情况。经济情况决定了购买能力，不论顾客对于产品的喜好如何，最终其购买的产品一定是在其购买能力范围内的，在这时，不同经济情况的人会在其进行决策时考虑不同的侧重点。例如，经济较充裕的顾客，购买电脑时可能会比较重视电脑的性能指标和外观等多个方面，而经济能力有限的顾客则更重视其性价比和基本功能是否齐全。

（3）生活形态。我们常以 AIO 来描述一个人的生活形态。所谓的 AIO 包括活动（activity）、兴趣（interest）和选择（option）。生活形态会影响一个人的购买决策。例如，一个喜欢旅游的人可能会关注机票促销信息，一个常上酒吧的人就比较可能购买一些彰显个性的服装饰品等。

（4）性格。性格较谨慎保守者，往往十分关注在线支付的安全性和物流过程的稳妥性，并且他们通常不愿意因为网络购物而暴露隐私。

（5）年龄。人们在不同的年龄段会对不同的商品感兴趣，而且其购买力也不同，例如，小朋友喜欢玩具小汽车，但成年人则对跑车或越野车感兴趣。

（6）家庭生命周期。每个人都会经历不同的家庭阶段，我们称其为家庭生命周期，其包括下列的可能阶段：年轻单身、年轻已婚、年轻满巢、年轻单亲、中年单身、中年满巢、中年单亲、中年空巢、年长单亲、年长空巢等。在不同的家庭生命周期阶段，顾客会对不同的产品产生兴趣。例如，年长单身者常常关心医疗产品，而年轻者会对儿童用品等产生兴趣。

4.2.4 心理因素

（1）动机。当一个人的需求达到足够的强度水平时，就成了其动机。心理学家马斯洛将人类的需求依等级排列，提出需求层次理论：生理需求、安全需求、社会需求、尊严需求、自我实现需求。而赫兹伯格提出了双因素理论，将人类的动机分为维持因素和激励因素。维持因素用以预防不满足因子，激励因素则用以提供满足因子。

（2）知觉。我们可以用"信息输入"来说明知觉。总之，任何视觉、听觉、嗅觉、触觉等刺激，经过人类的筛选、解释、组织、整合后，都会形成知觉。人们对知觉的处理，具有下列三种倾向：选择性注意、选择性扭曲、选择性记忆。

（3）学习。所谓学习，是经由累积的经验来改变行为的过程。典型的学习过程为：线索→驱动力→反应→增强→记忆保留。网络营销人员无法创造驱动力，但可以掌握线索，所以应该增加线索的频率，以协助顾客进入学习的过程。

（4）能力。这里所指的能力主要有两类：学习能力和知识能力。对于产品技术的知识以及应用该产品的能力，其实都会影响顾客的购买决策。

（5）态度。所谓态度是一个人对某事物或观念长期抱持的正面或负面评价、情绪感觉或行动倾向。态度具有较低的稳定性，所以网络营销人员可借由了解顾客的态度、观念，以营销方式让顾客改变决策心理，同时网络营销企业也应借此修正产品，以满足顾客的预期。

4.3 网络顾客购买行为分析

4.3.1 网络顾客购买动机

网络顾客的购买动机，是指在网络购买活动中，能使网络顾客产生购买行为的某些内在驱动力。网络营销企业只有了解了顾客的购买动机，才能准确预测顾客的购买行为，制定有效的促销措施。

1. 网络顾客的需求动机

网络顾客的需求动机是指由需求引起的购买动机。要研究网络顾客的购买行为，首先必须要研究网络顾客的需求动机。在网络购物活动中，顾客主要存在以下三个方面的需求动机。

（1）方便型动机。方便型动机是为了减少劳动力与心理上的支出而出现的需求动机。上网购物不仅可以节省顾客往返商场、挑选商品和排队等候交款的时间，便利的商品物流配送还可以免去他们在实体商户购物的体能消耗，这些都可以满足顾客求得方便的动机。

（2）低价型动机。低价型动机是顾客追求产品低价格的一种消费动机。由于通过网络销售产品，中间环节少，库存成本低，所以其售价往往会比实体商铺价格低廉。因此，低价定位策略也是网络营销过程中十分有效的一种策略。淘宝商城每年11月11日（"光棍节"）的低价促销活动，就是针对持此类动机顾客的典型策略。

（3）表现型动机。表现型动机是指顾客通过产品来达到宣扬自我、夸耀自我的一种消费动机。网络顾客多以年轻、高学历顾客为主，年轻人通常追求标新立异，强调个性，而不愿"大众化"，其"与众不同"的消费心理较"追求流行"更为强烈。网上提供的产品包括很多新颖、时尚的产品，并且这些产品一般来说是在本地传统市场中暂时无法买到或不容易买到的产品，而网络购物能比较容易地实现他们的这一要求，实现他们展示自己的个性和与众不同品位的需要。

2. 网络顾客的心理动机

心理动机是由人们的认知、感情、意志等心理过程引起的购买动机。网络顾客购买行为的心理动机主要体现在理智动机、感情动机和信任动机三个方面。

（1）理智动机。理智动机具有客观性、周密性和控制性的特点。这种购买动机是顾客在反复比较各销售网站或购物 app 的产品和相关数据后才产生的。因此，这种购买动机比较理智、客观，很少受外界气氛的影响。在顾客需要购买价值较高的高档产品时很多是基于理智动机的购买。

（2）感情动机。感情动机是由人们的情绪和感情所引起的购买动机。这种动机可分为两种类型：一种是由于人们喜欢、满意、快乐、好奇而引起的购买动机，它具有冲动性、不稳定的特点；另一种是由于人们的道德感、美感、群体感而引起的购买动机，它具有稳定性和深刻性的特点。

（3）信任动机。信任动机是顾客由于对特定的网站、app、广告、品牌、产品等的特殊信任与偏好而重复、习惯性地进行购买的一种动机。这通常是由品牌的知名度、企业良好的信誉、贴心的服务等因素产生的。由信任动机产生的购买行为通常十分忠诚，一般网络顾客在做出购买决策时心目中已经确定了购买目标，并能够在购买时克服和排除其他同类产品的吸引及干扰，按原计划购买产品，比如很多网络顾客定期浏览淘宝的聚划算页面或者某个团购网站，就是出于信任动机。而淘宝网的信用评价机制，就是考虑到了顾客这一方面的需求。

4.3.2　网络顾客购买决策的参与者

顾客的购买活动主要涉及五种角色的参与，顾客自身可能扮演以下角色中的一种或几种。

（1）发起者：首先提出购买某种产品或服务的人。

（2）影响者：有形或无形地影响最后购买决策的人。

（3）决定者：最后决定整个购买意向的人，在是否买、买什么、买多少、什么时候买、在哪儿买等方面能够做出完全或部分的最终决策。

（4）购买者：实际执行购买决策的人。直接与卖方谈交易条件，进行付款和产品的交收等。

（5）使用者：实际使用或消费所购产品或服务的人。

顾客的购买一般以个人或家庭为单位，大部分时候以上五种角色分别由几个人担任，如住宅、耐用消费品及贵重物品等的购买。在以上五种角色中，决定者是最重要的，也是网络营销人员最为关注的，他直接决定该购买过程各方面的内容，故网络营销设计者要懂得辨认某项购买决策的决定者。比如，男性一般是电子类、机电类、烟酒类等的购买决定者；女性一般是化妆品、家庭日用消费品、厨房用品、婴幼儿用品、服装等的购买决定者；高档耐用消费品，如汽车、住房等则由多人协商决定；教育、旅游、储蓄等服务类产品一般由多人共同决定。

对顾客购买决策参与者的分析，使得企业能根据家庭各成员在购买决策过程中担任的角色进行有针对性的营销活动。

4.3.3　网络顾客行为类型

1. 复杂的购买行为

当网络顾客购买比较贵重的、不常购买的产品时，会全身心地投入购买当中，如果再加上这类产品品牌很多，差别明显，网络顾客就会经历一种复杂的购买行为。他们会在网站间游荡，大量获取有关产品质量、功能、物流、售后、价格等方面的信息，通过"学习"与该产品有关的知识来提升自己的选择能力，然后在不同的商家或同一商家的不同产品中挑选出合适的并成交。

对于购买这种类型产品的网络顾客，企业必须了解其学习过程的规律；同时，制定各种策略，宣传与该产品有关的知识、产品的有关属性等；还要设法让网络顾客知道和确信本企业的品牌特征及优势，并逐步建立起信任感。

2. 减少失调感的购买行为

有些产品虽然购买决策的风险大、价值高或者对使用者的利益影响很大，但品牌之间差别不大。对于这类产品，网络顾客是在不同网站随便看看，简单了解一下，便决定购买了。购买决策的重点依据是产品的价格和实际获得的便利程度，哪家的产品价格较便宜，购买方便易得，就买哪家的。例如，顾客欲在短租网站上求租，通常在基本条件相似时，只关心价格和交通的便利。

3. 简单的购买行为

价格低廉而又经常需要的产品，如果各品牌之间差异很小，网络顾客又比较熟悉，一般不会多花时间选择。例如，顾客想要购买一本杂志，由于其平时已经存在一定的阅读偏好，只要找到该杂志就不需要再挑三拣四。对于购买这类产品的网络顾客，企业可用各种价格优惠和其他营业推广方式鼓励顾客试用、购买和重购。由于顾客并不看重品牌，通常只是被动地去收集信息，企业要特别注意如何给网络顾客留下深刻印象。例如，在网络广告中突出视觉符号和形象，利用多媒体技术加强广告的效果，在网络上经常开展各种促销活动，给产品加上某种特色或色彩，突出产品的文化特色。同时，购物的便利性通常可以为商家培养忠诚的顾客。

4. 多样性的购买行为

对于那些产品价格低、对顾客利益影响不大，但是品牌之间差异较大的产品，网络顾客往往购买时采用低度投入，经常变换购物品牌，即寻求多样化的购买行为。这种类型的购买行为在食品和家居用品的购买上比较常见，例如，顾客需要购买一瓶沐浴乳，他往往不会在挑选中花费太多时间，而是经常会在下次购买时换一种品种，但不一定是因为对上次购买不满意，而是为了寻求新产品。面对这种购买行为，企业应该生产多种风格的同类产品，甚至可以采用多品牌的产品策略；从网络销售渠道策略上，采用多渠道促销，增加产品与顾客的见面机会；为了吸引顾客，推动低价格、免费试用、赠券、折扣及有关内容的广告等促销方式都是不错的选择。

营销事件

宝洁公司网络营销举措：顾客社区网络[①]

为了深入了解顾客的习惯和兴趣，消费品巨头宝洁公司在雅虎的健康频道创建了一个针对女性顾客的社会化互动社区 http://capessa.yahoo.com，让女性顾客在上面交流分享诸如保健、生活、事业等各种话题。

宝洁公司发言人称，该社区的目的不是销售宝洁产品，而是希望借此更好地了解顾客的需求和习惯，以推出更能满足其需求的产品。宝洁公司一直以来都是市场营销的领先者，尤其擅长通过电台及电视

---

① 资料来源：http://www.ldyx.cn/articleview/2007-4-24/article_view_1411.htm。

媒体的营销渠道与顾客保持紧密的接触。在网络营销方面，宝洁公司建立了诸如 Home Made Simple 这样提供实用知识的网站，还在 Myspace 上为不同的品牌开辟专门的主页空间等。

　　分析师认为，宝洁公司推出女性顾客社区这一营销方式是明智的举措，因为传统市场营销市场正在被网络营销蚕食而呈衰退态势，宝洁公司因此努力通过网络渠道和方式推广自己的产品，并借此与顾客建立起长期关系。

　　市场营销越来越趋向于和顾客进行互动沟通，而不只是单纯地传递信息，而社会化网络浪潮下的网络营销正是实现互动和深入沟通的极好方式。这一点，宝洁公司这个营销巨头显然已经意识到了。

4.4　网络顾客购买过程分析

　　网络消费的购买决策过程是一个复杂的心理认识和决策行为形成的过程及购买行为实现的过程，这一过程受到来自网络顾客自身、在线产品、购物环境等内外因素的多重影响。从结果来看，只表现为购买或不购买，但实质上这一复杂的过程要经历如图 4-1 所示的五个阶段。

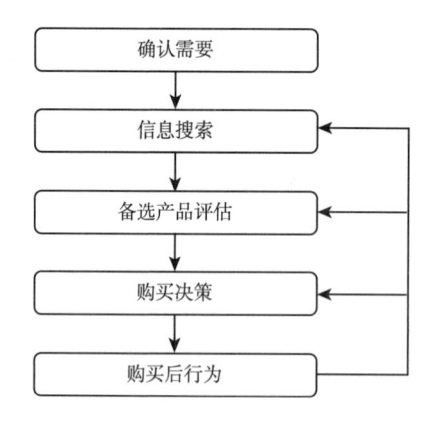

确认需要
↓
信息搜索 ←
↓
备选产品评估 ←
↓
购买决策 ←
↓
购买后行为

图 4-1　网络顾客购买过程

4.4.1　确认需要

　　网络顾客需求的确认是整个网络购买的起点。需求构成了顾客的购买动机，这是顾客购买过程中不可缺少的基本前提。只有当顾客对某一产品产生了兴趣时，才会想购买。如若不具备这一基本前提，顾客也就无法做出购买决定。

顾客的需求受内外部各种因素的影响。例如，人们想吃某种食品，不一定是由于饥饿，而可能是由于闻到了食品诱人的香味而产生的食欲。对于网络营销来说，目前诱发需求的动因只能局限于视觉和听觉。随着网络技术的不断发展，顾客的购买行为日趋理性化，简单的文字、图片和视频的刺激已经不再是唤起顾客需求的主导因素，而顾客的自身需要这一内在因素逐渐成为顾客需求的决定性因素。

从这方面讲，网络营销想要吸引顾客具有相当大的难度。商家被动迎合顾客的要求行不通，这就要求从事网络营销的企业或中介商注意了解与自己产品有关的实际需求和潜在需求，了解这些需求在不同时间的不同程度，了解这些需求是由哪些刺激因素诱发的，进而巧妙地设计促销手段去吸引更多的顾客浏览网页，诱导他们的需求。

4.4.2 信息搜索

在购买过程中，顾客收集信息的渠道主要有两个，即内部渠道和外部渠道。内部渠道是指顾客个人以往所保留的市场信息，包括顾客以往购买商品的实际经验、对市场的观察等；外部渠道则是指顾客可以从外界收集信息的通道。

与传统购买时信息的收集状况相比，网络顾客的信息收集带有较强的主动性。这就要求网络营销企业掌握顾客的信息渠道，并采用适当的方式给予顾客其所需要的信息，这种推广方式对企业来说既能达到效用的最大化也能降低推广成本。

不同的网络顾客，对于信息的需求有着不同的层次，主要有以下三个层次。

1. 普通信息需求

这一类信息需求的产生基础是顾客对其产生购买动机的产品或服务并没有深入的了解，也没有建立起严格的评判标准，只是对该产品或服务的类型或品牌产生了倾向。此时，顾客对于锁定的产品或服务有了一定的期许，比如对价格、售后、质量、品牌等各方面的期待。在这种情况下，网络营销企业应通过适当的渠道加强对产品或服务优势的宣传，加强顾客对于该产品或服务的兴趣。例如，一个顾客决定在某一图书销售网站上购买一些图书，在他对产品还没有详尽了解的情况下，网站上的一些促销信息和畅销排名等很可能影响他的购买倾向。

2. 有限的信息需求

处于该模式的顾客，对感兴趣的产品或服务已经产生了特定的评判标准，但还没有确定对网络商家或品牌的倾向。此时网络顾客会更有针对性地收集信息，例如，顾客打算上网购买一件正装，此时他已经对产品的类型有了比较严格的要求，在对特定类型的产品进行信息的收集后，可能最后会被其中某一套正装的价格、款式、质地、精美图片等吸引，并选择购买。

3. 精确的信息需求

在这种模式下，顾客对于产生购买动机的产品或服务已经产生了明确的购买倾向，对其已经有了较为深入的了解，并积累了一定的经验。此时他所需要的是更精确的产品和服务信息，他会从这些详细的信息中找出自己的真正需求所在。此时他所需要的信息也是最少的。因此网站或 app 除了提供大量对产品优点的描述、宣传图片等信息之外，还应该提供产品和服务的本质信息，以供此类顾客选择。例如，顾客打算购买一台空气净化器，他已经对某个品牌有了很强的购买倾向，对净化器类产品也有自己的深入了解，他对此类净化器的需求信息可能集中于吸附甲醛能力等各项功能指标等，也就是说，他更关心净化器的性能参数信息。

4.4.3 备选产品评估

顾客需求的满足是有条件的，这个条件就是实际支付能力，没有实际支付能力的购买欲望只是空中楼阁。为了使消费需求与自己的购买能力相匹配，评估选择是购买过程中必不可少的环节。顾客对各条渠道汇集而来的资料进行比较、分析、研究，了解各种产品的特点和性能，从中选择最为满意的一种。一般说来，顾客的综合评估主要考虑产品的功能、可靠性、性能、样式、价格和售后服务等。顾客购买评估过程见图 4-2。

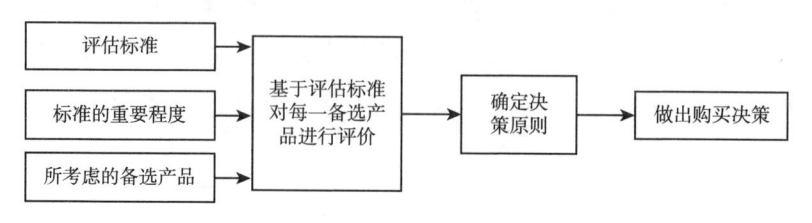

图 4-2 顾客购买评估过程

网上购物不直接接触实物，顾客对网上产品的比较依赖于厂商对产品的描述，包括文字的描述和图片的描述。网络营销企业对自己的产品描述不充分，就不能吸引众多的顾客。而如果对产品的描述过分夸张，甚至带有虚假的成分，则可能永久地失去顾客。

4.4.4 购买决策

网络顾客在完成对产品的比较选择之后，便进入购买决策阶段。与传统的购买方式相比，网络顾客的购买决策有许多独特的特点，网络顾客理智动机所占比重较大，而感情动机的比重较小；网络购买受外界影响较小，大部分购买决策是自己做出的或是与家人商量后做出的；网上购物的决策行为较之传统的购买决策要快得多。

网络顾客在进行产品购买决策时，良好的企业信用、可靠的支付方式、高品质的产品和便捷的配送方式，都是考虑的重点。因此参与网络营销的企业，需要制定相应的提升方案，有效促进顾客做出购买决策。

4.4.5 购买后行为

顾客购买产品并使用后，往往会对自己的购买选择进行检验和反省，重新考虑这种购买是否正确、效用是否理想以及服务是否周到等问题。这种购买后评价不仅决定了顾客今后的购买动向，也在很大程度上影响着其他潜在顾客的购买行为。因此企业建立科学的评价体系和方式，及时地知悉并认真研究顾客的反馈也就成了提高自身竞争力、最大限度地占领市场的重要手段之一。互联网为网络营销企业方便、快捷、便宜地收集顾客购买后的评价提供了得天独厚的优势。企业可以在订单的后边附上一张意见表，或者在网站上提供在线评价链接，顾客购买产品后，就可以及时填写自己对企业、产品及整个销售过程的评价。企业从网络上收集到这些反馈信息之后，通过信息数据的分析、归纳，可以迅速找出工作中的缺陷和不足，及时了解顾客的意见和建议，随时改进自己的产品性能和售后服务。

营销知识

互联网环境下的 AISAS 购买模型

2005 年日本电通广告集团提出了互联网环境下顾客购买的 AISAS 模型，用来表述顾客的决策过程。该模型由五个环节组成：（1）引起

> 注意（attention）；（2）产生兴趣（interest）；（3）展开搜索（search）；（4）购买行为（action）；（5）购后分享（share）。该模型认为顾客对广告和促销信息产生兴趣后，会主动利用搜索引擎，检索了解企业、产品和服务等有关信息。搜索的结果对其购买行为产生重要影响，产生购买行为只是完成了购买活动，整个购买行为并没有结束，顾客还会根据自己的体验对产品和服务进行评价。
>
> 资料来源：北京电通网络互动中心. AISAS，重构网络时代的顾客行为模式[J]. 现代广告，2007（2）：7-8.

【案例讨论】

天猫回忆超市[①]

2017年6月1日儿童节这天，天猫在北京北锣鼓巷以"快闪店"的形式开了一家回忆超市，活动为期3天，向大孩子们贩卖童年回忆。这家店的店长是人们耳熟能详的《大风车》主持人"金龟子"刘纯燕。店内陈设仿照二十多年前小卖店的样子，商品大多来自那个年代，4毛钱一只的巧克力威化，5毛钱一包的小浣熊干脆面，还有麦丽素、北冰洋汽水、九制陈皮、无花果，以及弹珠、皮筋、铁环等怀旧玩具，而且这些商品均可以用二十多年前的物价购买。

超市一开张便吸引了上万天猫粉丝，短短数小时就传出线上线下同时断货的消息。对于今天早已为人父母的80后来说，1块钱一瓶的北冰洋汽水、5毛钱一包的小浣熊干脆面和"大风车"一样，都是童年时光最珍贵、最美好的回忆。时光没法倒流，童心却能永驻！当万人齐唱《大风车》主题曲时，北锣鼓巷仿佛穿越回了二十年前。

当年的小孩已经有了自己的孩子。在这飞速发展的时代，尽管物质生活水平不断提高，但每一代人都有自己独特的童年，甚至许多成年人感慨，现在的小孩子童年越来越没意思了，因为他们的压力越来越大，各种各样的培训班压得他们喘不过气来，尽管他们能够玩的东西越来越多，健

---

① 资料来源：天猫在北京开的这家"回忆超市"，却刷爆了天津人的朋友圈，https://www.sohu.com/a/144935954_355447。

身、琴棋书画、现代技能（比如计算机、英语培训等）让孩子们完全无法自由支配自己的时间，这是孩子们的悲哀。

有顾客回忆："当时的我们没现在这样富裕，经济水平有限，当时没吃过什么高档零食，都是拿个一两块钱去小卖铺买一些零食，然后一路走一路吃喝，这是最好的回忆。如今，我们的孩子们都在天猫超市和淘宝商店上买零食，许多零食是我们那个年代没见过的。"天猫回忆超市所有的营业都将捐给金龟子的梦想基金，让她拿去帮助有需要的孩子们！

"天猫回忆超市"从店面形象、陈设、样品、互动、卖点打造都具有满满的儿童场景回忆，在这种场景下无疑让人回忆过去，产生极大的情绪反应，从而打开顾客内心深处世界的精神共鸣点，提升品牌的好感度与认可度。

问题：

1. 在此案例中，你认为天猫回忆超市成功的主要原因是什么？
2. 在网络时代下，顾客的要求越来越高，天猫此次营销给你怎样的启示？

本章小结

1. 网络顾客是指通过互联网在电子商务市场中进行消费和购物等活动的顾客群体。

2. 顾客群体的特征表现：年轻好胜，但缺乏耐心；自我意识强烈；头脑冷静，擅长理性分析；喜好新鲜事物，有强烈的求知欲。

3. 网络购买者的购买动机基本上可以分为两大类：需求动机（方便型动机、低价型动机、表现型动机）和心理动机（理智动机、感情动机、信任动机）。

4. 网络顾客行为类型：复杂的购买行为，减少失调感的购买行为，简单的购买行为，多样性的购买行为。

5. 网络顾客购买决策行为：网络渠道选择行为，网络顾客信息搜寻行为，网络顾客购买行为。

6. 网络顾客购买决策过程：确认需要，信息搜寻，备选产品评估，购买决策，购买后行为。

复习与实践

1. 复习题

（1）分析网络顾客与传统顾客的不同。

（2）举例说明网络顾客的类型。

（3）网络顾客购买决策中有哪些参与者？你认为其中哪个角色起决定性作用？

（4）网络顾客购买过程是什么样的？试举例说明。

2. 网络实践

（1）选择自己或别人的一次网购经验，分析该次购物的动机。

（2）调查周围人 10~20 次网购的信息来源并分类。

（3）调查周围同学在网络直播间购物时的购买决策和购买行为。

第 5 章
CHAPTER 5

网络营销的产品策略

教学说明

1. 理解网络营销中产品的概念与特征
2. 掌握网络营销中产品生命周期理论及相应的策略选择
3. 掌握常见的网络营销中的产品组合策略
4. 熟悉常用的网络产品包装策略
5. 掌握网络营销中的新产品开发策略

☞ **引导案例**

小米生态圈产品策略[①]

小米公司不仅搭建 MIUI 移动互联网平台,实现内部产品和服务的有效整合,更在外部对接整个移动互联产业生态链,通过产品和规则设计,让开发者在小米搭建的平台上创造和实现更大的价值。

由小米手机、小米盒子、小米电视和小米路由器所建构的智能硬件生态系统,以及由 MIUI 操作系统、应用商店、主题商店和游戏中心、云服

---

① 资料来源:https://new.qq.com/rain/a/20200926A06SRW00。

务等建构的移动互联网平台，组成了小米的产品生态——由智能终端架构的移动互联网平台系统。

小米在建构产品生态系统时遵循了三个主要原则。一是开放式，打破IOS的封闭格局，小米盒子、小米电视、华米手环等智能设备不但支持小米手机，而且支持iPhone、iPad。二是不结盟，广泛地与各个产业生态链中实力强大的伙伴探讨合作可能，而不卷入它们之间的竞争。三是有边界，目前只专注于智能手机和平板、机顶盒和电视、路由器和周边这三大类产品，未来的扩展和延伸都与生态系统的布局密切关联。跳出传统企业比拼单品销量和品牌认知的比拼，导入全产业生态链的竞争。

小米核心产品的设计研发采取虚拟社区用户创新的模式。从小米联合创始人到产品经理、研发工程师，每天都在社区论坛、社交媒体中直接与用户沟通，随时接受和处理他们的意见和建议，共同探讨产品需求和实现方式。

小米公司以手机为入口，以性价比赢得客户，建立自己的销售渠道。然后开始寻找利润高的单品，贴上小米的品牌，运用自己的渠道优势进行销售，形成了小米生态圈产品。小米生态圈的本质就是互联网产品孵化平台，借助小米的品牌，找到利润丰厚的产品，把握品质，发挥渠道优势进行营销。本章主要对网络营销产品的构成、组合、包装及开发等进行介绍。

5.1 网络营销中的产品

5.1.1 网络营销中产品的概念

市场经济条件下，企业持续经营的核心是产品。产品是向市场提供的能满足人们某种需要的任何东西，包括无形的服务和有形的物品。产品具有两方面的特点。首先，产品并不仅仅是具有物质实体的物品，还包括能够满足人们某种需要的劳务与信息，如咨询、运输、安装修配服务、存储服务、保险、网络音乐、网络新闻、金融服务等。其次，产品不仅仅是具有一定用途和形状的实物本身，还包括随实物出售时所提供的服务。

在传统市场营销中，都是厂商拉动顾客，由厂商设计、制造、定价促销等，即使产品是针对顾客需求而生产的，产品的设计、包装、促销方式等方面也由厂商主导，最终顾客只能被动选择或接受他们"所需"的产品。在网络营销活动中，顾客个性化需求更加突出，并且借助于网络的优势，购物的主动性、选择性也大大加强，顾客的个性化需求更加易于实现。因此，网络营销的产品概念不应再停留在"企业能为顾客提供什么"上，而应关注"顾客需要什么，顾客想要得到什么"，真正以顾客需求为导向。基于此，网络营销产品的概念可以概括为：网络营销活动中，顾客所期望的能满足自己需求的所有有形实物和无形服务的总和。

5.1.2 网络营销中产品的整体层次

经典营销理论认为，产品满足的主要是顾客的一般性需求，因此产品相应地分成三个层次，即核心产品、有形产品和附加产品三个层次。这三个层次在网络营销产品中仍然起着重要作用，但产品设计和开发的主体地位已经从企业转向顾客，企业在设计和开发产品时必须满足顾客的个性化需求，因此网络营销产品的整体概念在传统产品中的三个层次（核心产品、有形产品和附加产品）上还需要更加重视两个层次，即期望产品层次和潜在产品层次，如图 5-1 所示。

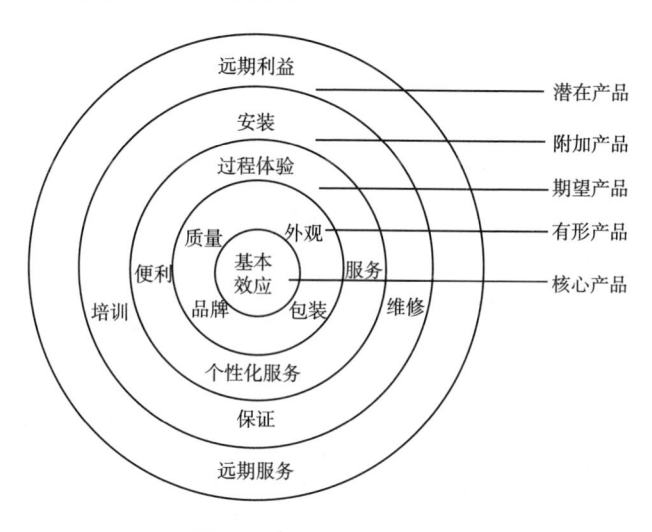

图 5-1 网络产品的层次

1. 核心产品层

核心产品是指产品能够提供给顾客的基本效用或益处，是顾客真正想要购买的效用，核心产品是产品整体的中心。没有核心产品带给顾客的核心利益，就不会有顾客购买。

企业网络营销在这一层次中的目标是揭示隐藏在产品中的各种特征，

并出售利益。由于网络营销是一种以顾客为中心的营销,因此企业在设计和开发产品核心利益时要从顾客的需求角度出发,以实现顾客最大利益为目标。

2. 有形产品层

核心产品必须通过一定的载体表现出来,这个层次就是有形产品。它包括质量水平、特色、品牌和包装等方面。首先,由于网络交易的非接触性,顾客难以对网络中的有形产品进行感官判别,产品质量是顾客考虑的主要要素,也是网络营销企业需要展示的重要信息。其次,因不受地域限制,产品的供给异常丰富,同类产品竞争激烈,网络营销企业应在产品样式、款式上下功夫,特色鲜明才能被顾客关注。再次,必须注重产品的品牌,因为网络顾客对产品的认识和选择主要是依赖品牌。最后,网络营销的产品一般需要配送,范围是全球性的,因此包装必须标准化,而且要适宜全球运输。本产品层将核心利益和形式利益结合起来,但是如果只有这两层产品,将不足以吸引多数的顾客。

3. 附加产品层

附加产品是指由产品的生产者或经营者为购买者提供的附加服务。在网络营销中,对于物质产品来说,附加产品层次要注意提供令顾客满意的送货、安装、售后服务等。如网络营销企业可以在提供无理由退换货物承诺、快捷的物流配送、免费的上门安装调试以及24小时在线客服支持等方面下功夫,在最大限度地提高顾客满意度的基础上实现自身的竞争优势。

4. 期望产品层

期望产品是指顾客在购买该产品时期望能得到的东西。如顾客在购买产品前对所购产品的质量、使用方便程度、特点等方面的期望值在产品上的反映就是期望产品。在网络营销中,顾客处于主导地位,消费呈现出个性化的特征,不同的顾客可能对产品的要求不一样,因此产品的设计和开发必须满足顾客个性化的消费需求。为满足这种需求,对于物质类产品,要求企业的设计、生产和供应等环节必须实行柔性化的生产及管理。如海尔公司为满足顾客对所购买家电的期望,允许顾客通过互联网在网上组装和设计自己满意的家电(配置、款式、颜色、价格等),然后以订单方式送到海尔公司的生产部门进行生产,并由配送公司将家电送给顾客。对于无形产品如服务、软件等,要求企业能根据顾客的需要来提供服务。如许多软件在销售给顾客后,允许顾客通过技术支持和服务对产品进行二次开发,以满足顾客独特的需要。达到这一层的产品往往可以使顾客对其产生偏爱。

5. 潜在产品层

潜在产品是指由企业提供能满足顾客潜在需求的产品层次，主要是指产品的增值服务。在高新技术发展日益迅猛的时代，许多潜在需求和利益还没有被顾客认识到，这需要企业通过引导和支持，更好地满足顾客的潜在需求。满足了顾客的潜在利益，才能为企业带来忠诚的顾客。

5.1.3 网络营销中产品的特征

在网络环境下，顾客无法像线下市场那样先接触产品的外观和实体，而是首先接触到网络信息，无论网络提供的信息多么翔实，都无法代替顾客接触产品实体时的真实感受，结果是顾客缺乏安全感而顾虑重重，这会使其谨慎地做出购买决策，因而决策的周期就会延长。特别是当顾客通过网络购买过产品而感觉非常不满意之后，就有可能完全放弃这个平台，因此，网络营销对企业提出了更高的要求。与传统实体销售产品相比，网络营销产品还具有一些特殊需求。

1. 产品性质规范化

网络的虚拟性使得顾客可以突破时间和空间的限制实现远程购物或远程订购，但无法使顾客完全重复在传统市场营销中已经习惯了的购买过程和形式，无法产生感官直接接触产品所得到的感受，无法进行充分的挑选、评估与比较。因此，适合在网上营销的产品一般属于规范性强、产品之间差别小的产品或非选购品，顾客可以从网上获得这类产品的信息，根据这些信息来确定和评价产品质量。还有一些无形产品主要指通过网络看得到、听得到或想象得到的产品，一般包括IT类产品、远程服务产品、信息类产品等。

2. 产品质量标准化

标准化产品的特点在于产品质量有明确统一的指标。只要能够确定某个产品的型号，顾客就可以在网上方便地查到关于这个产品的信息，确定这个产品的功能、特性等质量指标。当顾客购买非标准化产品时，会存在色差、质量等问题，从而导致质量纠纷。而标准化网络产品即使发生产品质量纠纷，由于有统一的衡量标准，问题相对容易明确，也易于售后服务工作的开展，对企业和顾客都较为有利。为了增强顾客的信心，网络上的产品必须能保持很稳定的质量。

3. 产品式样多样化

网络市场的全球性，使得产品在网上销售面对的是全球性市场。因此，通过互联网对各个国家和地区营销的产品要符合该国家或地区的风俗习惯、宗教信仰等。同时，由于网络顾客的个性化需求日益增多，网络营销产品的式样还必须考虑顾客的国籍、民族、教育水平、收入水平、消费习惯、兴趣爱好等人文因素差异，尽可能地满足顾客的个性化需求。

4. 产品品牌重要化

在网络营销中，一方面，要在网络浩如烟海的信息中获得浏览者的关注，只有拥有明确醒目的品牌，才能增加被选择的概率；另一方面，顾客在网上无法感知实物的品质，难以判别优劣，而品牌的背后是企业的诚信，品牌就是质量的保证，因此网络顾客对品牌比较关心，故在网络营销中，产品的实物品牌与网上品牌同样重要，制造商与经销商的品牌同样重要。

5. 产品价格低廉化

互联网作为信息传递的工具，在发展初期是采用共享和免费策略发展而来的。一方面，网络顾客比较认同网络产品价格低廉的特性；另一方面，由于通过互联网进行销售减少了流通环节，其成本低于其他渠道的产品。因此，一般情况下，在网上销售产品都应该采用低于实体销售价格的方式来定价。低价是对网络顾客最具有吸引力的因素之一。需要注意的是，网络定价的低廉是以本身销售成本降低为基础的，但这不等于网络销售的产品都是低价位产品，产品价位的高低除受到供求关系约束以外，还受到企业信誉、产品品牌和企业定价策略等多种因素的影响。

6. 产品包装专业化

作为通过互联网经营的针对全球市场的产品，其包装必须适合网络营销的销售要求。对于无形产品，如通过网络传送的软件、游戏、信息等本身可以通过网络直接传递，可以没有任何实物包装，但要注意做好产品界面的包装，使顾客不仅使用方便，更能在购买和使用产品过程中感到身心愉悦。实体产品除了重视传统包装的特征外，由于产品配送的地域广泛，还要求包装既能有效保护商品，又便于携带搬运，以确保运输过程的便捷性和安全性。

5.1.4 网络营销中产品的分类

由上述网络营销产品的特征可以看出，网络营销产品的范围已经越来越广，从实体的一般用品扩展到了软件、音乐、视频以及某些远程医疗、远程教育等服务层面。在此有必要对网络营销产品进行分类，了解其各自的特点。

1. 按产品的性质和形态分类

按产品的性质和形态分类，网络产品可以分为实体产品和虚体产品两大类（即有形产品和无形产品），如表 5-1 所示。

表 5-1　　　　　　　　　　　网络实体产品与虚拟产品

产品形态	产品品种		产品
实体产品	普通产品		消费品、工业品、农业产品等实体产品
虚拟产品	数字化产品		电脑软件、手机软件、电子游戏、电子图书、电子新闻、电子报刊、研究报告、论文等
	网络服务	普通服务	远程医疗、法律救助、航空火车订票、入场券预定、饭店、旅游服务预约、医院预约挂号、网络交友、电脑游戏等
		信息咨询服务	法律咨询、医药咨询、股市行情分析、金融咨询、资料库检索等

有具体物理形状的物质产品均可以划归为实体产品，如书籍、电子产品、生活用品、化妆品、食品等。网络营销中的实体产品销售与传统销售有所不同，顾客不能够亲自体验，仅仅是通过在线浏览考察产品的各项性能指标并做出选择；交货方式也从面对面的交货改为邮寄或者送货上门。

网上销售的虚体产品一般还可以分为两大类，即数字化产品和网络服务。数字化产品是将其内容数字化，直接在网上以电子形式传递给顾客，而不再需要某种物质形式和特定的包装。它跨越时空，突出体现了网上销售的优势，所以生命力强大。网络服务可以分为普通服务与信息咨询服务两种，这是根据所获信息的专业性来分类的。通过网络这种媒体，顾客能够尽快得到所需要的服务，免除了排队等候的时间成本。同时，顾客能够得到更多更快的信息，享受到网络提供的各种娱乐方式。顾客上网的最大需求就是寻求对自己有用的信息，网络是一种最好的媒体选择，信息服务正好提供了满足这种需求的机会。

2. 按产品的数字化程度分类

按照产品的数字化程度分类，网络营销产品可以分为数字化产品、可数字化产品、描述数字化的产品、标准化产品，如表 5-2 所示。

表 5-2　　　　　　　　网络产品按数字化程度分类

产品分类	特点	举例
数字化产品	本身以数字化形式存在，可以提供在线试用，降低不确定性，节省物流成本	游戏、数字动漫、数字音乐、数字广告等
可数字化产品	容易数字化的产品，降低交易成本	电子书、电子杂志、电子报刊、数字金融与保险等
描述数字化的产品	就其规格进行描述实现数字化	在线旅游、汽车、电子产品等
标准化产品	不能数字化，也不能直观描述	钻石、珠宝等

理论界通常认为，数字化程度越高的产品越适合在网上进行销售。但在实际情况中，那些无法数字化或者数字化程度很低的产品却占据着很大的市场份额。

5.1.5　网络营销产品的生命周期

产品生命周期的长短主要取决于市场的需求和新产品的更新换代过程。网络营销产品仍然遵循传统市场营销理论当中产品生命周期的划分方式，即网络营销产品生命周期划分为四个阶段：投入期、成长期、成熟期和衰退期。网络营销产品的特殊性，如技术的更新换代和信息的进一步对称化，使得网络营销产品在生命周期的不同阶段有不同的特点，不同阶段采取的营销策略也有差异，如表 5-3 所示。

表 5-3　　　　　不同产品生命周期的市场特征和营销策略

生命周期	市场特征	营销策略
投入期	不为顾客所了解，需求有限，销量很少，增长缓慢；生产批量小，制造成本高，销售费用高，销售价格也偏高；市场上竞争者很少	尽可能快地向顾客提供足够的信息或搜索信息的渠道，让顾客能够快速了解关于该产品的特点以及优势所在
成长期	产品已经基本定型，顾客对产品已经熟悉并接受，销售量迅速上升，产品成本下降，利润不断增加。但是，在这一阶段竞争者大量涌入，竞争趋向激烈	利用互联网自由开放和全球化的特点，强化产品的市场地位，树立产品形象，建立品牌偏好，针对竞争者的情况，适时采用产品差异化策略，扬长避短，突出自身优势

续表

生命周期	市场特征	营销策略
成熟期	产品的工艺、性能较为完善,质量相对稳定,产品被大多数顾客接受,市场趋于饱和,销售量增幅缓慢,并呈下降趋势。在成熟期后期,产品出现过剩,竞争加剧,价格竞争激烈,销售费用不断提高,产品销售量和利润开始下滑,消费需求开始转移	利用互联网的信息交互性了解顾客的产品满意度和潜在需求状态;对现有产品进行恰当的调整,最大限度地满足顾客的个性化需求。同时,利用互联网的开放性,发掘新的产品特性,开拓新的市场需求,并且利用互联网渠道的高效率来控制营销费用,尽可能获得最大利润
衰退期	产品销售量急剧下降,甚至出现积压;同时,替代品逐渐占领市场,市场竞争突出表现为价格竞争	利用互联网尽快销售完库存产品,尽可能减少损失,收回资金

5.2 网络营销中的产品组合策略

5.2.1 网络产品组合的概念

网络产品是一个复合的、多维的、整体的概念,企业要根据市场需求和自身能力条件,确定网络经营的规模和范围。企业利用网络向网络目标市场上提供的所有产品、服务或业务的组合搭配就是网络产品组合。与传统市场营销学一样,产品组合通常由产品线和产品项目构成,即根据企业的现实情况、营销决策,将若干条产品线中的若干种产品项目按照一定比例进行搭配。

产品线是指产品组合中所有产品根据某一分类标准划分成的产品大类。产品组合中的产品可以依据产品功能相似、消费上具有连带性、供给相同的顾客群、有相同的分销渠道、属于同一价格范围进行分类。产品项目是指每一产品大类中所包括的每一种产品,即产品组合中各种不同品种、档次、质量、价格或其他属性的特定产品。

在网络营销活动中,为了满足顾客的需要、扩大销售、降低风险,往往要销售多种产品,这就意味着企业提供给目标市场的产品一般不是单一的,而是若干种产品、品牌、包装、服务等构成的产品组合。企业要想在竞争中脱颖而出,不但要在产品的品牌、包装、服务和配送等方面做出决策，而且要从整体上对产品组合、产品线和产品项目做出决策。如上海可得光学科技有限公司（简称可得眼镜），是著名的眼镜行业电子商务网站，主要经营国内外优质的眼镜及相关附件产品，其产品组合涵盖透明隐形眼镜、彩色隐形眼镜、护理用品、近视眼镜、太阳眼镜、功能眼镜以及美妆个护等。

5.2.2 网络产品组合决策

借助网络的特性，网络营销可以做到"零库存""先销售、后生产""虚拟店铺"，企业可以比较灵活地从产品组合的广度、深度和关联度等方面对产品组合进行调整。

1. 产品组合的广度

产品组合的广度，也称为宽度，主要反映企业网络营销活动中所涉及的产品或业务面的宽窄问题，是指企业内有多少条不同的生产线，多则称为宽，少则称为窄。

2. 产品组合的深度

产品组合的深度，反映了企业在网络营销活动中所经营的产品项目内容的多少，是指每一产品线上平均拥有的产品品种数或每条产品线内不同规格的产品数量，多则称为长，少则称为短。从实际情况来看，产品组合的深度指的是网络顾客在网页上能够看到的产品品种数、不同规格的产品项目的数量。

3. 产品组合的关联度

产品组合的关联度是指各条产品线在生产条件、分销渠道、最终用途等方面相互关联的程度。

企业产品组合选择和评价的依据是：有利于促进销售和增加企业的总利润。要从深度、广度、关联度三个要素入手，考虑企业的综合实力以及经营战略，进行适合企业发展的网络产品组合决策。这时要考虑的因素有：企业的生产条件，即资金占用情况、技术水平、设备状况、原材料供应情况等；市场需求量和市场需求的增长量；市场竞争状况。

一般来说，拥有自己的网站的部分企业，对于产品组合的决策主要侧重于传统的产品组合决策。而另一部分企业，如淘宝、京东商城、当当网等零售类网站，在其产品组合决策时要着重于产品组合深度、广度的控制，一般来说，要选择那些知名度高、信誉好的品牌，使各产品线更加适应越来越广泛的顾客需要，吸引顾客，扩大销售量。

5.2.3 网络产品组合策略

企业在调整自己的产品组合时，根据情况的不同，可选择以下三种策略。

1. 产品组合扩充策略

产品组合扩充策略主要包括增加企业网络营销产品组合的宽度或深度，从而增加产品组合的长度等策略。具体来讲，增加产品组合宽度就是在原有的产品组合中增加一个或几个产品线，扩大企业网络营销产品的范围。例如阿里巴巴耗资 5.86 亿元收购新浪微博股份、以 2.94 亿元换取高德地图 28% 的股份就是为了布局 O2O 市场，扩展产品宽度。增加产品组合宽度有助于扩大企业网络营销的范围，可以充分发挥企业各项资源的潜力，提高效益，降低风险。增加产品组合的深度是指在原有产品线内增加新的产品项目，它可以使产品线更加丰满充实，可以迎合网络顾客的不同需要和爱好，以吸引更多的顾客，从而占领同类产品的更多细分市场。如淘宝是 C2C 个人网上交易平台和平台型 B2C 电子商务服务商，淘宝的商品项目从汽车、电脑到服饰、家居用品，分类齐全，除此之外还设置了网络游戏装备交易区、虚拟货币交易区等，创造了网络最大销售量的奇迹。

2. 产品组合缩减策略

产品组合缩减策略是指将那些获利很少甚至没有利润的产品从产品组合中剔除，以使企业将各项资源、原材料等合理利用在获利较多或有潜力的产品大类和产品项目上。如旅游公司，在其产品经过评价之后，某些获利少、耗费大的旅游线路将会被取消，这会表现为该公司在网络上的产品介绍中产品的项目有所减少。著名的零售巨头苏宁易购在大力发展新零售、抵抗新冠疫情带来的不利影响的背景下，大胆砍掉 PP 体育、足球俱乐部等低价值业务；好时巧克力退出中国市场等都属于此类型策略。

3. 产品线延伸策略

突破企业原有经营档次和范围，使产品线加长的策略就是产品线延伸策略，它实际上是一种实现产品组合扩充策略的重要途径。一般来说，根据企业经营战略的不同，产品线延伸策略可以有不同的选择。

(1) 向上延伸策略。向上延伸策略是指企业从只经营低档产品，逐步增加中档、高档产品。向上延伸可提高企业及现有产品的声望。但是采取向上延伸策略也要冒一定风险，如可能引起生产高档产品的竞争者进入低档产品市场进行反攻、未来的顾客可能不相信企业能生产高档产品、企业的销售代理商和经销商可能没有能力经营高档产品导致高档产品难以推广等。

（2）向下延伸策略。向下延伸策略是指经营或生产高档产品的企业逐步增加一些较低档次的产品。如果企业生产经营的高档产品由于种种原因不能再提高销售增长速度，而且企业具备生产经营低档产品的条件，可增加一些较低档的产品。向下延伸也可吸引受经济条件限制的顾客，扩大企业的市场规模。如总资产和年销售额都曾创造过世界第一的美国通用汽车公司的网站上不仅销售新车，同时还提供旧车交易。想购买二手车者，可进入网页进行选择。另外，随着网上金融服务体系的逐步建立，网络银行的业务也由传统的银行业务延伸到电信、税务、水电、交通等业务，为普通用户提供代收电话费、水电费、税费、交通罚款等业务。企业在采取向下延伸策略时，会遇到一些风险，诸如企业原来生产高档产品，后来增加低档产品，这样就可能使名牌产品的质量形象受到损害。所以，低档产品最好用新的商标。

（3）双向延伸策略。经营中档产品的企业在一定条件下，逐渐向高档和低档两个方向延伸，称为双向延伸策略。双向延伸可使企业同时获得向上和向下两种延伸所产生的效果。需要说明的是，对于开展网络营销的企业来说，产品不但包括要出售的货物，还包括各种服务、各种商业过程以及配套的信息服务，双向延伸不仅仅是增加传统意义上的高档或低档产品，而是要在产品的各个组成部分中进行延伸。例如，企业可以为每个产品的客户制订一种相应的服务方案，包括送货服务方式、安装和培训服务以及维修服务等，以增加服务的价值；可以为所有顾客提供一系列可增值的信息，如供应商的生产能力、产品前景预测、产品设计、保修、交易和送货条款等。通过这些不同的延伸策略，可以最终达到提高产品的附加值和市场占有率的目的。采取双向延伸策略可以同时具有向上延伸及向下延伸决策的优点：一方面，向上延伸可提升公司形象；另一方面，向下延伸可使消费者容易接纳新产品。但是采取该决策的风险是可能同时具有向上延伸和向下延伸决策所带来的风险，易造成品牌形象混淆，而且公司同时多方向发展，资源能力是否能支持是一个很值得考虑的问题。

企业网络产品线的延伸要和企业市场的发展相结合，同时，产品线的延伸意味着网络市场定位的调整，需要仔细分析不同策略的利弊。

5.3 网络产品包装策略

"包"即包裹,"装"即装饰。产品包装是产品实体的重要组成部分,通常是指对某一品牌产品制作容器或包装物及对其进行设计装潢的一系列活动。作为产品策略的重要组成部分,产品包装是营销的无声推销员,是市场竞争的有力武器。

5.3.1 网络产品包装的作用和特征

1. 网络产品包装的作用

(1) 产品包装具有保护产品的作用。这一作用是包装最基本的作用,它在产品的运输和销售过程中起到防止或减少意外损坏的作用。

(2) 宣传、美化产品。通过对包装的颜色及图案的精心设计,可以使产品得到美化,同时也可起到宣传产品的作用。

(3) 提高产品身价。设计典雅、图案精美、做工精细的产品包装,与优质产品相配合,可以使产品的身价得到大幅度的提高。

(4) 便于携带、运输和使用。在大多数情况下,裸产品不便于携带、运输和使用。通过包装可以使产品便于携带、方便运输和使用。

2. 网络产品包装的特征

一般而言,网络产品包装主要是针对网络实体产品而言的,网络实体产品包装与传统市场营销中的产品包装相比,既有共性,也有特殊性。

(1) 在包装展示方面。网络实体产品的包装并不是仅仅在网络上展示原有产品的包装图案,而是要充分利用网络和多媒体技术,包括图片、动画、声音、交互工具等,通过整合化的信息载体给顾客造成视觉冲击和心灵震撼,强化消费信心,刺激购买欲望。

(2) 在包装工具方面。网页或手机页面也是实体产品的包装工具。精良和专业的页面设计,如同制作精美的印刷品,会大大刺激顾客(访问者)的购买欲望。逻辑清晰的产品目录或创意独特的广告能使顾客在一定程度上对有关的产品形成一种好感,即使不购买,也必然对这些产品形成一定程度的认同。利用引人入胜的图形界面和多媒体特性,企业可以全方位地将产品的外观、性能、品质以及产品的内部结构一层层解剖出来,使顾客对产品有一个客观、冷静、不受外界干扰的理性了解。

5.3.2 网络产品包装的层次

网络产品的包装可以分为三个层次,即使用包装、销售包装和储运包装。

(1) 使用包装,是指直接用于包装产品的容器或器物,如牛奶盒子、香烟纸盒等,其主要作用是方便顾客使用。网络营销中,同样需要对其进行精细设计,使其符合产品的特点、性质以及目标顾客需求偏好等。

(2) 销售包装,是指能够保护使用包装、方便销售甚至促进销售的包装物,如酒瓶外的包装纸盒等。销售包装通常会被顾客在购买产品后、使用产品前或是产品完全消耗完之后抛弃。由于销售包装这一特点及网络营销的无店铺销售形式,包装用于促销的作用已经减弱,这就意味着企业可以省略华美精致的销售包装,实现降低营销成本、降低价格的目的,从而增加产品在网络营销中的优势。

(3) 储运包装,是指用于产品储存和运输过程中的包装物。较之于传统店铺,网络营销对产品的储存、运输以及配送有着更高的要求,这是由跨地区营销决定的。例如,传统市场营销中,产品分销遵循从批发到零售的模式,产品物流量常常是由多到少,对大批量产品的包装要求较多。而网络营销中,产品分销单件小批日渐增多,对单件小批产品的外包装提出了更高的要求。

5.3.3 网络产品包装策略

合理的产品包装策略对企业的产品营销活动有着十分重要的影响。在网络营销中,虚拟产品在产品形式上与实体产品有很大区别,其包装主要强调销售界面的美化和与用户的交互性方面。例如,对游戏和应用软件而言,提供友好的界面对产品的销售非常重要。对实体产品而言,其包装策略与传统市场营销基本是一致的,但也有以下特殊之处。

1. 设计方向不同

顾客在实体店购物时,往往根据商品的包装进行选择,因此要求包装在保证保护性能的前提下,拥有促销功能,对包装设计中的视觉元素(图形、色彩、文字及其构成形式)都有严格的要求,旨在通过优秀的包装设计来激发消费者的购买欲。网购包装则不然,在网购模式下,所售商品通过详尽的文字以及细节全面的图片展示出来,顾客可以自行获知商品的相关信息,甚至还可与卖家通过网络对欲购商品进行咨询,获取更详尽的信息。这里，顾客关注的是商品自身的实用功能，对其包装的要求只限于能够保证商品安全到家。因此，网购商品的包装设计重点在于网上的商品展示设计以及流通过程中的安全设计。

2. 陈列展示和包装设计不同

通常，顾客在百货商场、超市购物时，看到的都是货架上展示的包装好的商品，且商品的正面图像会面向顾客，因此商品包装的正面一般会设计得吸引消费者眼球。顾客可以通过具体的商品陈列和外包装上的信息了解商品，也可以将商品拿在手中反复查看，进行比较、选择和购买。网购模式下，商家通过网页上商品或商品包装各个角度的图片，把商品的细节展现给消费者。而且，当顾客搜索某种商品时，不同商家的同类商品往往会排列在同一页面上，每件商品只有展示一张图片的机会，只能依赖单幅图片吸引顾客的视线。商品包装呈现在网上的效果实际上是印刷效果、电子效果与摄影效果的综合反映。因此，基于网络销售的商品包装，在设计时还要考虑其经过摄影处理后置于电脑或手机屏幕上陈列展示时的效果。

另外，某些商品图片在网页上陈列展示时，会因为网页分辨率的限制而模糊不清，致使顾客对商品的某些细节无法及时了解。对此，网店商家可以把商品放大后的效果置于网页上，更利于顾客了解商品。为了方便顾客查看商品实物，传统的商品包装常常采用透明包装、开窗式包装等。网购商品因为可以大量直接展示实物图片，其包装就没有必要这样设计。基于同样的理由，传统包装设计中使用商品实物摄影图片作为主画面的设计方法，在网购包装设计中也将失去意义。这一变化，将会使网购商品的包装造型与传统包装造型在视觉效果上形成极大的差别。

无论是购物形式、商品展示形态，还是顾客的购买行为，网上购物与实体店购物均大相径庭，两者商品的包装设计自然也有很大不同。

3. 包装材料的变化

为保证网购商品经过长途跋涉最终安全地运输到顾客手中，网购包装应足够坚固，防止在运输过程中发生包装破裂、内容物漏出、散失，防止因摆放、摩擦、震动等作用或因阳光、气压、气温变化而引起商品的损坏或变质，防止伤害操作人员或污染运输设备、地面设备及其他物品。因此，网购商品的包装材料除了要适应网购包装的性质、状态和重量外，还要整洁、干燥，没有异味和油渍；包装外表面不能有凸出的钉、钩、刺等，还要便于搬运、装卸和摆放。网购包装除了其结构要更加合理，所用包装材料的选择也要考虑很多因素，除了商品的原始包装外，会根据快件商品的尺寸、重量和特性选择适宜的外包装及填充物。

4. 客户体验不同

网购包装设计要考虑的因素很多。网店比传统实体店更能吸引回头客。传统实体店往往由于地域、时间的限制而无法服务于某些希望再次消费的客户，如旅游点、车站、码头等地的商店较少有回头客。而网店不受时间和地点的限制，只要顾客建立了对网店的好感，就有可能成为回头客并能影响其他网购顾客。要想让顾客建立对网店的好感，包装设计的作用不可忽视。因此，鼓励再次消费对于网店的业务拓展非常重要。在网购商品的包装中放上一张小小的感谢卡、优惠卡、欢迎光临卡等，会让顾客心里顿感温暖，也会提升对商品及网店的好感。

5.4　网络营销中的新产品开发

5.4.1　网络营销中新产品的概念

市场营销学中所说的新产品，是从产品的整体概念来理解的。任何产品只要能给顾客带来某种新的满足和新的利益，都可以视为新产品。新产品包括以下类别。

（1）全新产品，指市场上从未出现过的，运用了新概念、新技术、新工艺制成的产品，如付费电子报刊、电子书籍以及电子游戏。

（2）革新产品，指在原有产品的基础上，部分采用新技术或新材料制作，性能有所提升的产品，如微软公司的办公软件从 Office 2000 升级到 Office 2021。

（3）改进新产品，指在材料、结构、款式、包装等方面对原产品进行改进。

（4）仿制新产品，又称企业创新产品，指企业仿制市场上已有的产品，并进行创新，标上自己的品牌而形成的产品。

（5）新进入产品，首次在网络上进行销售的产品，均可称为新产品。如生活用品、电子产品、某些咨询服务等首次在网上进行销售时，均可称为新进入市场的网络新产品。

对网络市场而言，第一次出现的产品即可称为网络市场的新产品。可见，网络营销中新产品的范围进一步扩大了。

5.4.2 网络营销中的新产品开发策略

在网络时代，由于信息和知识的共享，科学技术扩散的速度加快，企业的竞争从原来简单依靠产品的竞争转为拥有不断开发新产品能力的竞争。企业在进行网络新产品的开发时，要注意以下几个方面。一是随着时间的推移，传统的优势产业，如汽车、电视机、计算机等领域内值得投资并切实可行的新技术微乎其微，企业需要适应网络时代的需求构思和开发未来产品。二是市场竞争愈发激烈，导致市场不断分裂，企业新产品不能选择整个市场为目标市场，应该将目标对准较小的细分市场。三是新产品更新换代的速度越来越快，企业需要采用计算机辅助设计和合作开发，加快进行产品概念试验及先进的市场营销规划等，才能抢占先机、取得优势。四是企业面对的是全球化的市场，要有国际化创新理念。要利用互联网的全球性与快速性，结合企业的实际情况，选择最优的新产品开发策略。

与传统新产品开发一样，网络新产品开发策略也有多种类型，但策略制定的环境和操作方法不一样，下面分别予以分析。

（1）开发新产品，即向网络市场推出一种全新的产品。第一个网站创建软件、第一个调制解调器、第一个购物代理商、第一个搜索引擎都属于这一类。与传统的市场营销相同，网络市场上全新产品的开发通常需要投入大量的资金，而且需要具有足够的需求潜力，企业承担的风险也较大。这种策略一般主要由创新公司采用。同时，网络经济使得市场需求、顾客观念与消费心理发生了极大的转变，因此，如果有很好的产品构思和服务理念，就会吸引更多的风险投资资金进入网络市场，从而使得产品概念成为现实。

（2）模仿和研制。互联网的技术扩散速度非常快，利用互联网迅速模仿和研制开发出已有产品是一条捷径，只有新产品尽快形成新产品线，才能先发制人，占取优势，但因为新产品开发速度非常快，所以这种策略只能作为一种防御性策略。

（3）在现有产品线外新增加产品，以补充企业现有产品线。由于市场不断细分，市场需求的差异增大，因此这种新产品策略是一个比较有效的策略。它能满足不同层次的差异性需求，也能以较低风险进行新产品开发，因为它是在已成功产品上进行的再开发。

（4）现有产品的改良品或更新，即提供改善了的功能或较大感知价值并且替换现有产品的新产品。在网络营销中，由于顾客可以在更大范围内挑选产品，因此顾客具有很大的选择权。企业在顾客需求层次日益提高的驱动下，必须不断改进现有产品并进行升级换代，否则很容易被市场抛弃。

（5）降低成本的产品，即提供同样功能但成本较低的新产品。网络时代的顾客虽然注重个性化消费，但个性化消费不等于高档次消费。个性化消费意味着顾客根据自己的个人情况包括收入、地位、家庭以及爱好等来确定自己的需要，因此顾客消费意识更趋向于理性化，更强调产品给顾客带来的价值，同时考虑所花费的代价。在网络营销中，产品的价格总的来说呈下降趋势，因此提供相同功能但成本更低的产品更能满足日益成熟的市场需求。

（6）重新定位产品，即以新的市场或细分市场为目标市场的现有产品。这种策略是网络营销初期应该考虑的，网络营销面对的是更加广泛的市场空间，企业可以突破时空限制以有限的营销费用去占领更多的市场。在全球的广大市场上，企业重新定位产品，可以取得更多的市场机会。例如，国内的中档家电产品通过互联网进入其他发展中地区市场，可以将产品重新定位为高档产品。

企业网络营销产品策略中采取哪一种具体的新产品开发方式，可以根据企业的实际情况决定。但结合网络营销的市场特点和互联网的特点，开发适应新市场的新产品是企业竞争的核心。对于相对成熟的企业来说，采用后面几种新产品策略是一种短期稳妥策略，但不能作为企业长期的新产品开发策略。

5.4.3 网络新产品的开发流程

网络营销中新产品的开发过程与传统市场营销相比，有其共同点，也有其不同之处。通常，新产品的开发过程由八个阶段构成，即形成构思、筛选构思、形成产品概念、制定营销战略、进行商业分析、研究试制、市场试销、正式投放市场。网络市场深入开发过程中的各个阶段都有所变化，从而导致了网络营销新产品开发阶段的侧重点各有不同，本书从网络新产品构思与概念形成、研制、试销与上市三个角度着重进行介绍。

1. 网络新产品构思与概念形成

网络营销的一个重要特征是与顾客的交互性，它可以通过网络信息技术来记录、评价和控制营销活动，掌握市场需求情况。同时，顾客的参与也使得新产品构思与概念形成过程有了本质的区别。新产品的构思可以有多种来源，可以是顾客、科学家、竞争者、公司销售人员、中间商和高层管理者，但最主要的还是依靠顾客来引导产品的构思。

在产品开发中，企业可以利用网络征集顾客对产品设计的构想，然后迅速地向顾客提供产品的结构、性能等各方面的资料，并进行市场调查；顾客可以及时将意见反馈给企业，从而提高企业开发新产品的速度，降低企业开发新产品的成本。企业还可以利用网络电视会议等工具与其他公司协作共同开发新产品，以提高企业的竞争力和灵活性，减少企业本身开发新产品的复杂性和创新风险。

2. 网络新产品研制

在网络营销中，顾客可以全程参与概念形成后的产品研制和开发工作，顾客参与新产品研制与开发不再是简单被动地接受测试和表达感受，而是主动参与、协助产品的研制与开发工作。与此同时，与企业关联的供应商和经销商也可以直接参与新产品的研制与开发。通过互联网，企业可以与供应商、经销商和顾客进行双向沟通和交流，可以最大限度地提高新产品研制与开发的速度。戴尔公司采用的定制生产、大众汽车采用的网上试驾与性能比较订货，都是企业以顾客需求为导向进行新产品研制与生产的例子。

3. 网络新产品试销与上市

通过网络营销来推动新产品试销与上市是一种有效的策略和途径。网络市场作为新兴市场，其顾客群体一般具有很强的好奇心，较愿意尝试新的产品。因此，通过网络营销来推动新产品试销与上市，是比较好的策略和方式。但要注意的是，网络顾客群体还有一定的局限性，目前的消费意向比较单一，所以并不是任何一种新产品都适合在网上试销和推广。一般而言，与技术相关的新产品在网上试销和推广效果比较理想。这种方式一方面可以比较有效地覆盖目标市场，另一方面可以利用网络与顾客直接进行沟通和交互，有利于顾客了解新产品的性能，还可以帮助企业对新产品进行改进。

通过互联网，企业还可以迅速建立和更改产品项目，并应用互联网对产品项目进行虚拟推广，从而高速度、低成本地实现对产品项目及营销方案的调研和改进，并使企业的产品设计、生产、销售和服务等各个营销环节能共享信息，互相交流，促使产品开发从各方面满足顾客需要。例如，企业可以展示尚未试制的虚拟产品，而不用像传统市场营销活动中那样试制一小批样品，从而降低了新产品开发的费用和风险。

【案例讨论】

唯品会产品策略——100% 正品[①]

广州唯品会信息科技有限公司（NYSE：VIPS）成立于 2008 年 8 月，总部设在广州，旗下网站于同年 12 月 8 日上线。唯品会主营业务为互联网在线销售品牌折扣商品，涵盖名品服饰鞋包、美妆、母婴、居家等各大品类。2012 年 3 月 23 日，唯品会在美国纽约证券交易所（NYSE）上市。2018 年 9 月，中国科技互联网公司市值排名出炉，唯品会排名第 20 位。截至 2019 年第三季度，唯品会已经实现连续 28 个季度盈利，打破了电商行业纪录。

唯品会在中国开创了"名牌折扣＋限时抢购＋正品保障"的创新电商模式，并持续深化为"精选品牌＋深度折扣＋限时抢购"的正品特卖模式。每天早上 10 点和晚上 8 点各准时上线超过 200 个正品品牌特卖商品，以最低至 1 折的折扣实行 3 天限时抢购，为消费者带来高性价比的"网上逛街"愉悦购物体验，既满足了高消费人群对品牌的挑剔要求，又满足了中低收入人群对品牌的向往。唯品会的明智之举在于舍弃了一线顶级奢侈品牌，瞄准了阿迪达斯、耐克、菲利浦、ESPRIT、安莉芳、欧时力等中国消费者更熟悉的二线品牌，对于熟悉的品牌，消费者在挑选时比较方便。品牌的出现能够代表购买者的品位和地位，彰显时代的气息和魅力。唯品会所提供商品均为正品，保证每个品牌提供多种的时尚单品和搭配商品，满足消费者对时尚的要求。同时，每天多品牌同时上线，极大地吸引了消费者，激发了其购买欲望。在时尚方面，包括产品时尚感和包装时尚感两个方面，唯品会也尽力体现了心理产品的概念。

唯品会采用线上销售模式，通过唯品会自营的网络平台直接销售厂商的商品，省去了中间多级销售渠道，同时由于唯品会与品牌方、厂商之间，经过长期合作建立了合作信任关系，同时彼此间又有许多的合作模式，如跨季度的商品采购、计划外库存采购、大批量采购、独家专供等，能够实现价格优惠化。

产品种类较齐全，范围覆盖服装、鞋帽、儿童用品、小家电、化妆品、

[①] 资料来源：网易《唯品会正品策略放大招　多重举措打造正品电商概念》，https：//www.163.com/dy/article/D2BLR9H60512D03F.html。

潮流配件、家居用品等多种商品，同时满足消费者的多种需求，一站式购物，方便快捷。消费者在网站停留的时间越长，所选购的商品越多，越会发现潜在需求的商品，这样统一下订单，统一发货，免去了重复收件的麻烦。

问题：

1. 试分析唯品会的产品策略。
2. 请分析唯品会能取得成功的原因。

本章小结

1. 网络产品的概念可以概括为：在网络营销活动中，顾客所期望的能满足自己需求的所有有形实物和无形服务。网络营销产品的整体概念包括核心产品、有形产品、附加产品、期望产品和潜在产品五个层次。

2. 网络产品有性质规范化、质量标准化、式样多样化、品牌重要化、价格低廉化及包装专业化等主要特征。

3. 网络产品生命周期划分为四个阶段：投入期、成长期、成熟期和衰退期。不同时期网络市场的特征与适用的营销策略相对有所区别，企业在选用时，应当注意产品所处的阶段，分别制定营销策略。

4. 企业利用网络向网络目标市场提供的所有产品、服务或业务的组合搭配就是网络产品组合。与传统市场营销学一样，网络产品组合通常由产品线和产品项目构成，需要根据企业现实情况做出营销决策。

5. 产品包装有三个层次，即使用包装、销售包装和储运包装。网络营销产品包装策略主要有同一包装、等级包装、复用包装、配套包装、附赠品包装等。

6. 任何产品只要能给顾客带来某种新的满足和新的利益，都可以看作网络新产品。由于网络市场的不断深入开发，网络新产品开发过程的各个阶段都有所变化，从而导致了网络营销新产品开发各阶段的侧重点有所不同，本书侧重于网络新产品构思与概念形成、研制、试销与上市三个阶段。

复习与实践

1. 复习题

（1）如何理解网络产品的整体概念？

（2）试述网络产品生命周期各阶段的特点和营销策略。

（3）试述网络产品的特点及其与传统意义上产品的区别。

（4）试述网络新产品开发的步骤及其关键点。

2. 知识运用

我国网上商城的发展日益迅猛，出现了京东商城、淘宝、唯品会、盒马、拼多多、顺丰优选、中粮优选等众多网上商城。请总结这些网上商城的产品策略，分析其相同点与不同点，以此分析我国现阶段网络营销产品策略的现状并进行展望。

第 6 章
CHAPTER 6

网络营销中的定价策略

教学说明

1. 理解网络营销中定价的内涵与特征
2. 熟悉决定网络营销定价的主要因素
3. 掌握常用的网络营销定价策略
4. 了解常用的网络营销报价模式

☞ **引导案例**

Uber 动态定价策略[①]

在美国，消费者首选的打车 app 是优步（Uber）。Uber 的运营人员在分析运营数据的时候发现，每到周五和周六的凌晨 1 点左右，城区就会出现大量无人响应的叫车需求。因为凌晨 1 点，大部分 Uber 司机都已经收工回家，而恰恰这时候，在各种聚会上"嗨"完的人刚刚准备回家，他们醉醺醺地没法开车，只能选择打车。这就造成了打车市场上的供需不平衡，每到这个时候，用户的抱怨就会接踵而至。

---

① 资料来源：https://www.jianshu.com/p/0aa6b27296cb。

于是，Uber 的运营人员决定从价格入手进行优化，在夜间高峰期（一般是夜里 12 点到凌晨 3 点）的时间段里，上浮里程单价。

优化的效果是显著的，夜间时段的车辆供应增加了 70%~80%，满足了 2/3 的需求缺口，司机有钱赚，用户有车坐，这可以说是一个重大的突破。

这个成功尝试，开启了 Uber 动态定价的先河，之后他们把这个策略应用到了所有的高峰时段。不是简单地提价，而是利用算法，制定出智能的动态定价策略，在某个时间或某个地点，用户需求有比较陡峭的上升趋势的时候，便会触发这个算法，由系统自动加价。

这一方面可以过滤掉一部分需求，很多对价格敏感的用户就去选择其他交通工具了；另一方面，可以激励司机在高峰时段上线服务，也就是增加了供给量。

以 Uber 为代表的 O2O 服务商一直以来都是采用动态定价的方法来平衡供给与需求，这类根据需求波动进行定价的策略被认为是网络时代营销模式的主要特点。

6.1 网络营销中的定价概述

价格是企业进行竞争的重要手段，关系着经营利润、经营目标的实现。在网络营销组合中，与产品、渠道和促销相比，价格是企业促进销售、获取效益的关键因素。企业在定价时，既要考虑自身情况，如经营目标、资源配置以及资金运用情况，又要考虑顾客对产品的需求以及对价格的接受程度。网络营销定价一般具有买卖双方双向决策的特征。

6.1.1 网络营销价格的内涵

产品价值决定价格，价格是价值的货币表现。产品价格构成的四个要素为生产成本、流通费用、国家税金和企业利润。西方经济学和营销学通常将价格定义为"顾客为得到一单位产品或劳务而必须支付的货币数量"，也是产品或劳务的提供者为其提供的产品或服务所收取的费用。网络营销价格是指在网络营销过程中买卖双方成交的价格。

企业的销售收入与盈利水平直接受产品价格高低的影响。产品价格对顾客的购买决策有着重要影响，当价格在顾客能够接受的区间内时，企业可以运用不同的定价策略将价格定到最优水平；但如果价格超过顾客所能够接受的心理界限，顾客就很容易改变原先的购物计划。

在理解网络营销价格的内涵时，必须要注意到，网络时代的需求方地位在显著提升。在传统的营销模式下，需求方（顾客）由于信息不对称，并受市场空间和时间的阻隔，在议价方面不得不处于一种被动地位。而在网络营销中，这种不对等的买卖关系大为改观。网络的开放性和主动性为顾客理性的价格选择提供了可能，顾客可以在全球范围内迅速收集到与购买决策有关的信息，对价格及产品进行充分比较，因此顾客对价格的敏感性大大增强。这意味着，市场的主动权不再属于供应方而是属于需求方，由需求引导的市场资源配置是网络时代的重要特征。价格作为资源的配置杠杆，它的主动权是由需求方把握和决定的，供应方只有生产出能满足需求方理想价值的产品，才可能占领市场，获得发展机会。

6.1.2 网络产品价格特征

网络产品价格主要呈现透明化、全球性、低价位、逆向化、弹性化等特征，如图 6-1 所示。

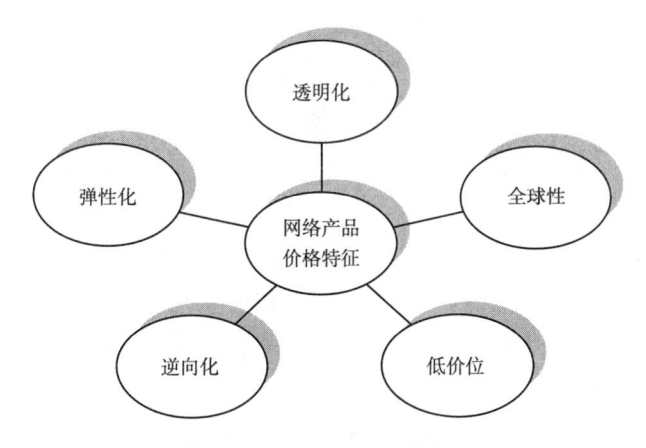

图 6-1 网络产品价格特征

1. 透明化

在网络营销过程中，由于互联网的交互性以及获取信息的及时性、低成本化，顾客拥有更加丰富的信息资料，这就使得网络营销产品价格有透明化的特征。顾客可以通过浏览各个公司网站、某些电商网站以及专业报价网站，来全面掌握同类产品的不同价格信息，甚至是同一产品在不同地区或不同零售店的价格信息。另外，还有类似大众点评网的网站，提供各种价格信息、产品服务评价以及分类排行榜，顾客可以做到对产品的价格心中有数，能够选择符合自己需要、价格与质量又相匹配的产品。

2. 全球性

当产品的来源或销售渠道是在国内，或者说是在一定区域范围内时，就可以采用传统的定价方法。而当企业面对的是全球市场，即企业的目标市场是不同国家、地区时，网络市场的顾客可以不用考虑国家或地区的差距，在世界各地通过互联网进行直接购买，这就要求网络营销产品定价时必须考虑全球市场范围内的变化给定价带来的影响。

3. 低价位

网络产品的定价一般低于实体市场中产品的定价，这是由于网络营销的产品从采购到销售减少了许多中间环节费用，相关广告费用、公关费用等都较低，产品可以通过邮寄方式直接到达顾客的手中。另外，互联网使用者的主导观念是，网上的信息是免费的、开放的、自由的，企业应当注意到互联网的免费原则与间接收益原则。同时，互联网的发展从诸多方面帮助企业降低了成本费用，从而使企业的降价空间变大。

4. 逆向化

逆向化也称为顾客主导化，指的是顾客根据自己的需求，通过充分地分析市场信息来选择购买或者指定生产自己满意的产品或服务，并以最小代价来获得这些产品或服务。简单地说，就是顾客的价值最大化，顾客以最小成本获得最大收益。顾客主导定价的策略主要有顾客定制生产定价和拍卖市场定价。根据调查分析，由顾客主导定价的产品并不比由企业主导定价的产品获取的利润低。根据国外拍卖网站易趣网（ebay）的分析统计，在网上拍卖产品，只有20%的产品拍卖价格低于卖者的预期价格，50%的产品拍卖价格略高于卖者的预期价格，剩下30%的产品拍卖价格与卖者的预期价格相吻合，在所有拍卖成交产品中有95%的产品成交价格使卖主比较满意。因此，顾客主导定价是一种双赢的发展策略，既能更好地满足顾客的需求，同时企业的收益又不会受到影响，而且可以对目标市场了解得更充分，使企业的经营生产和产品研制开发更加符合市场竞争的需要。

5. 弹性化

由于网络营销具有互动性，顾客可以就价格与企业进行协商，同时，顾客可以完全做到货比多家，这就使得网络产品的价格弹性很大。因此，企业可以根据顾客的需求以及顾客的消费心理，区别定价。同时，企业应当及时监测市场动态,了解市场行情,及时调整本企业产品的价格。

6.1.3 网络营销定价的方法

传统的定价方法可以分为三种:成本导向定价法、需求导向定价法和竞争导向定价法。传统市场营销定价的基本原理也同样适用于网络市场,但是,在网络营销环境中,由于网上信息的公开性以及网络定价中需求方的地位不断上升,从企业的角度出发,以成本为导向来确定产品价格的定价法将逐渐被淡化,而以需求为导向来确定价格的方法将成为企业确定价格的主要方法,同时,竞争导向定价法中的投标定价法和拍卖定价法将不断被强化。

1. 需求导向定价法

需求导向定价法是指企业在制定产品价格时,主要根据市场需求的大小和顾客的反应,分别确定产品价格。在网络市场上,通过网络顾客跟踪系统,企业可以实时关注顾客的需求,时刻注意潜在顾客的需求变化,以保持企业网站朝着顾客需要的方向发展。需求导向定价的各类方法在网络营销中得到了充分的应用。

(1)认知定价法。认知定价法是指企业以顾客对产品价值的理解度为定价依据。也就是企业对某样产品进行定价时,不是企业自身想卖多少钱,而是考虑顾客认为此产品值多少钱,或者愿意花多少钱来购买。采用这种定价方法的关键是获得顾客对有关产品价值认知和理解的准确资料。在网络营销中,企业可以据此有效地提高对价值评估的准确性。利用互联网的互动性和快捷性,企业可以及时准确地掌握和了解顾客的预期价格,进而确定产品的价格,避免因定价过高而影响销量,或定价过低使企业盈利减少。

(2)需求差异定价法。根据不同的市场需求制定不同的产品价格,是定价中极普遍的一种定价法。这种定价的基础是顾客心理的差异、产品式样的差异、出售时间和地点的差异等。在网络市场中,企业可以通过网站的统计资料和顾客的互动交流,较为准确和动态地把握顾客的差异性需求,避免定价发生误差或过时。此外,在传统市场营销中,价格的确定往往忽视了顾客的个性化和多样化需求,而主要依据几个简单的固定标准来确定。在网络营销中,对于同种产品来说,企业可根据不同顾客的不同需求,让顾客来自行设计产品,实现完全定制化的设计和生产,并依次确定产品的价格,更好地满足顾客个性化和多样化的需求。

（3）逆向定价法。逆向定价法是指企业依据顾客能够接受的最终销售价格，计算出自己从事经营的成本和利润后，逆向推算出产品的批发价和出厂价。这种定价方法不以实际成本为主要依据，而是以市场需求为定价的出发点，力求价格能为顾客所接受。在网络环境中，顾客可以通过网络提出可以接受的价格，企业根据顾客的价格提供柔性的产品设计和生产方案供顾客选择，获得顾客认同后，企业就可以组织生产和销售。所有这一切都是顾客在企业服务器程序的导引下完成的，并不需要专门的人员，因此交易成本非常低廉。国外的许多公司，如美国通用汽车公司，顾客在其网站上通过有关导引系统可以自行设计和组装自己需要的汽车。顾客首先确定可以接受的价格，然后系统根据顾客的预算显示满足顾客要求式样的汽车，顾客还可以进行适当的修改，公司最终生产的产品能更好地满足顾客对价格和性能的要求。

2. 竞争导向定价法

竞争导向定价法是以市场上竞争者的类似产品的价格作为本企业产品定价的参照系的一种定价方法。在互联网上，企业会将服务体系和价格等信息公开在其网站上，这就为注意竞争对手的价格提供了方便。企业可以随时掌握竞争者的价格变动，及时调整自己的竞争策略，时刻保持产品的价格优势。因此网络市场的价格竞争从深度和广度上都远远超越了传统市场。竞争导向定价主要有两种方法：一是招标投标定价法，二是拍卖定价法。

（1）招标投标定价法。招标投标定价法是招标单位通过网络发布招标公告，由投标单位进行投标，进而择优成交的一种定价方法。招标投标定价法充分体现了"公开、公平、竞争、效益"的原则。对于招标单位来说，招标投标定价法不仅降低了招标成本，节省了时间，更重要的是扩大了投标单位的选择范围，使企业能在更大范围内进行最优选择。对于投标单位来说，招标投标定价法不仅增加了投标的营销机会，而且使企业能获得更加公平的竞争环境，为企业的发展创造了良机。招标投标定价法一般适用于大型工程买卖和承包、产品或劳务贸易等项目。例如，某集团通过网上采购，在短短时间内吸引网络供应商1700多家，网上累计成交金额达34.8亿元，节约采购资金1.87亿元。

（2）拍卖定价法。拍卖定价法是传统市场中常用的一种定价方法。它是指拍卖行受卖方委托，在特定场所公开叫卖，引导多个买方报价，利用买方竞争求购的心理，从中选择最高价格的一种定价方法。网上拍卖是利用网络对传统拍卖进行的成功创新。网络提供了一个交易平台，它改变了传统拍卖的低效率，同时大大降低了交易成本。目前，许多拍卖行开始在网上进行有益的尝试，一些网上商店也以拍卖的方式来销售产品。网上拍卖的产品也已经从古董、珍品、工艺品以及大宗商品扩展到其他产品，无论是谁，无论他身在何地，只要能上网，就可以在网上竞拍任何物品，并且可以随时交易。互联网使得拍卖定价法在网络营销中得到了较快的发展。

6.2 网络营销中影响定价的因素

与传统市场营销相同，影响网络营销中定价的一般因素包括企业内在因素、市场需求因素、竞争因素、顾客心理因素、国际市场价格因素等。不同的是，在网络营销环境下，这些影响因素的影响方式、程度及具体内容可能会发生变化。

6.2.1 内在因素

影响企业产品定价的企业内在因素主要包括企业自身因素、企业定价目标和企业产品因素。

1. 企业自身因素

企业自身因素主要包括企业的经济实力和经营能力两方面。

所谓经济实力，是指企业的有形资产（设备、资金、厂房等）与无形资产（商标、商誉、专利技术等）的总和。经济实力是企业定价的物质支柱，经济实力越强的企业在定价时越能占据主动地位。

经营能力是指企业的经营观念与经营战略，也包括企业经营人员的素质高低。网络营销也是关系营销，企业应当及时把握新的营销理念，企业定价时受经营战略的限制与制约，这主要表现为在定价目标的指导下进行产品定价。

2. 企业定价目标

企业的定价目标是指企业通过制定产品价格所希望达到的目标，它是企业选择定价策略与制定价格的依据。不同企业有不同的定价目标，同一企业在不同发展阶段也有不同的定价目标。虽然网络营销中企业对价格的控制程度下降，但是这并不意味着企业完全放弃对价格的管理，企业的价格策略一定要同企业经营目标一致，选择合理的网络定价模式。

(1) 以维持企业的生存为目标。由于网络的开放性，无论是实体企业还是个人都可以参与网络销售活动，造成了竞争十分激烈的局面，甚至很多网络经营的产品远远超过市场的需求，出现了生存危机。为确保继续运营或使存货尽快出清，这些企业通常选择保本价或低价策略，并希望网络目标市场的需求随着价格的降低而大幅度增加。有的甚至向网络市场提供大量低价或免费的产品，以求在迅猛发展的网络市场中寻求立足机会。

(2) 以获取当前最大利润为目标。一般来说，需求价格弹性较大的产品能够做到薄利多销，从而选择制定低价格来获得利润最大化；同时，对那些需求价格弹性较小的产品则应选择高价策略来满足企业目标。例如，有些企业能够向网络市场提供一些独具特色的产品，考虑到产品生命周期可能较短，或者企业希望能使当期利润最大化，在估计需求和成本的基础上，选择实施高价策略，使之能产生最大的当期利润、现金流或投资报酬率。这样的定价目标称为当期利润最大化目标。

(3) 以市场占有率最大化为目标。这主要是指某些企业以获得某一产品市场最高占有率、赢得该产品市场绝对竞争优势为目标，从而制定尽可能低的价格。网络市场是一个发展潜力巨大的市场，各行各业都认准了这一点，都希望在市场还处于成长阶段时就抢占有利地位，为此有些企业想通过定价来使市场占有率最大化。很明显，在这些企业的心目中，较低的价格能够赢得网络顾客的青睐；扩大生产规模，降低生产成本，低利润甚至没有利润的行业经营状况，会使没有进入网络市场的企业望而却步。实行该种定价目标的企业需满足以下条件：首先，产品的需求价格弹性较大，低价能够扩大市场份额占有率，同时阻止现有或潜在竞争对手；其次，该产品规模经济效益明显，产品成本会随销量增加而下降，利润却会上升；最后，企业能够承担短期内低价造成的经济损失。

(4) 以应对和防止竞争为目标。为了实现阻止竞争者进入自己的市场的目标，某些企业采取低价或者高价的策略，但这一目标可能会导致价格战或国际价格纠纷的产生，在制定策略时要考虑各方面因素，遵守市场规则，遵守法律法规。

(5) 以产品质量最优化为目标。有的企业，尤其是高技术领域内的一些领头企业，为了保持技术上的领先地位和长期的竞争优势，不得不投入大量的资金从事产品研究和基础研究。从财务原因出发，它们往往采用高定价的策略。这种维护产品领先质量的定价目标称为产品质量最优化的定价目标。确定这种目标的企业，其产品质量是赢得市场的根本因素。

3. 企业产品因素

企业产品因素包括产品生命周期、产品质量、产品成本三个方面的因素。

产品处于不同的生命周期，企业面对的市场环境也不同，相应地采取的价格策略也不尽相同。产品处于投入期时，成本费用高，又要考虑需求情况，定价时应当认真分析。成长期销售量增加，成本下降，但竞争又加剧，应当制定适当的价格水平。成熟期时，应当采用竞争性的低水平价格来维持企业的市场份额。在衰退期，企业可以大幅度降低产品的价格，来收回资金。

产品质量是区分产品价值的重要因素。在网络市场中，顾客无法直接感受产品的质量，故企业应当实行分级定价和优质定价。

产品成本是制定价格的基础。在网络市场上，企业不能随心所欲地制定价格。一个产品的最高价格取决于市场需求，最低价格则取决于这种产品的成本费用。从长远来看，任何产品的销售价格都必须高于成本费用，只有这样，才能以销售收入来抵偿生产成本和经营费用，否则就无法经营。企业采用低价或免费的策略来占领网络市场是有条件的，那就是网络销售的产品份额占企业总销售的比例很低、企业具有强大的实力、实行的时间较短等，达到既定目标以后就要调整定价。如果企业在第三方电商平台上销售产品，除了要支付平台使用费以外，平台往往会根据卖家销售的不同的产品，收取不同比例的佣金。这部分的费用，企业也要考虑在产品定价中。总体说来，企业制定价格时必须估算成本。

6.2.2 市场需求因素

企业在成本价格以上能把产品价格定多高，主要取决于网络市场的价格承受能力，而价格承受能力主要是由需求的水平来控制的，主要通过需求量、需求能力、需求程度、需求弹性等反映出来。市场价格偏高会刺激需求量下降，而企业则会因高价的吸引增加供给量，使市场出现供给大于需求的状况，产品发生积压，企业之间竞争加剧，结果迫使价格下降。当市场价格偏低时，低价会导致购买量的增加，但企业会因价格低利润少而减少供给量，使市场出现供给小于需求的状况，购买者之间的竞争加剧，价格上涨。依据这种供求规律，当市场需求小于市场供给时，产品可定较低的价格；当市场需求大于市场供给时，产品可定较高的价格。

市场需求能力主要指顾客的支付能力。企业在制定价格时，必须将顾客的收入水平和支付能力充分考虑进去，使产品价格能被特定的顾客接受。价格水平高出顾客的承受能力，产品就要被顾客拒绝，价格的制定就是失败的。

需求程度是指顾客想获取某种产品的愿望程度。如果顾客对某种产品的需求比较迫切，则会对价格不太敏感，产品价格可定得高些；反之，可定得低些。

产品需求的价格弹性理论对企业制定产品价格有重要的参考价值。一般说来，对需求富有弹性的产品，可通过采取较低价格，刺激需求量的大幅度增加，达到增加盈利的目的；对需求弹性小的产品，采用较高价格往往能增加企业的利润。对诸如网络中销售的书籍、CD等弹性充足的产品，适当调低价格，可广泛吸引顾客，扩大销售，获得较多的利润，但调高价格要慎重；对网络定制生产的产品，由于其弹性不足，企业可在保证质量的前提下适当调高价格，既可增加利润，又不至于对销售产生太大影响。

6.2.3　竞争因素

竞争因素对价格的影响，主要考虑产品的供求关系及变化趋势、竞争对手的产品定价目标和定价策略以及变化趋势等。网络市场上的竞争是最直接、最激烈的竞争。网络营销是在信息共享、顾客消费知识丰富且追求实利的条件下开展的。竞争者如果提供的是相同的产品，则定价只能根据竞争者的定价来决定；而如果提供的是相似的产品，则定价只能依照产品的实际价值差异，对比竞争者的价格进行。企业应该及时掌握竞争者定价与价格变动的有关信息，并做出明智的反应。在实际营销过程中，以竞争者为主的定价方法主要有三种：一是低于竞争者的价格，二是与竞争者同价，三是高于竞争者的价格。购物平台经常会将其服务体系和价格等信息公开声明，这就为了解竞争者的价格策略提供了方便，能够让企业随时掌握竞争者的价格变动，调整自己的竞争策略，时刻保持同类产品的相对价格优势。

6.2.4　顾客心理因素

在网络中，顾客处于交易的主动方，他们付出货币，希望交换能带给他们最大利益的产品，因此企业在进行定价时必须要考虑顾客心理因素。顾客心理因素对价格有三个方面的影响：第一，逆反购买，其中一种是由于"便宜没好货"的心理暗示导致的购买，另一种是由于政治局势、社会安定发生变化时引起的逆反购买。第二，期望价格，指的是顾客根据产品给自己提供的效用大小来判断该产品的价格，一般是在一定区间内，如果高于或低于该范围，就会产生不好的影响。第三，价值观念变化。新产品出现时，会导致顾客对同类旧产品的估值下降，从而使产品跌价；或者由于收入的提高，人们对奢侈品的定义改变，从而导致购买高价物品的行为。

6.2.5 国际市场价格因素

互联网企业面对的是全球性网络市场，不能以统一市场策略来面对差异性极大的全球性市场，必须采用全球化和本地化相结合的原则进行市场定价。同时，关税、经济周期与通货膨胀、汇率变动等因素会非常明显地影响价格制定。

6.3 网络营销中常用的定价策略

随着网络经济的发展，为了适应网络环境，很多传统市场营销的定价策略在网络营销中得到应用，同时也得到了创新，一些新的适合于网络环境的定价指导思想、新的定价策略也开始出现，从而使得企业可以采用多种价格手段面对新的环境。下面对近几年来网络市场中出现的一些新的定价策略进行探讨。

6.3.1 个性化定制定价策略

定制生产就是按照顾客需求进行生产，以满足网络时代顾客个性化的需求。定制定价策略是在企业能实行定制生产的基础上，利用网络技术和辅助设计软件，帮助顾客选择配置或者自行设计能满足自己需求的个性化产品，同时承担自己愿意付出的价格成本。戴尔公司的顾客可以通过其网页了解本型号产品的基本配置和基本功能，根据实际需要，在能承担的价格内，配置出自己最满意的产品。在配置电脑的同时，顾客也相应地选择了自己能接受的价格，因此对产品价格有比较透明的认识，增加了企业在顾客面前的信用。

6.3.2 使用定价策略

这一策略是类似于租赁、按使用次数进行定价。所谓使用定价，就是顾客通过互联网注册后可以直接使用某公司产品，顾客只需要根据使用次数进行付费，而不需要完全购买该产品。使用定价策略的优点是，节省顾客购买产品、安装产品、处置产品的麻烦，还可以节省不必要的开销，同时为企业节省生产和包装费用。这一策略主要针对数字化程度较高、能够通过互联网进行传送的产品。

例如，百度公司推出的百度文库和百度网盘等产品，用户在网上注册后在网上直接付费下载所需文档，而无须购买软件，也不用担心软件的升级、维护等麻烦。其他产品如音乐、电影、视频等，许多网站都可按次收费下载。

6.3.3 拍卖竞价策略

网上拍卖是目前发展得比较快的领域，经济学认为，市场要形成最合理的价格，拍卖竞价是最合理的方式。网上拍卖使顾客通过互联网轮流公开竞价，在规定时间内价高者赢得。网上拍卖竞价方式有下面几种。

（1）竞价拍卖。竞价拍卖一般用于二手货、收藏品的拍卖，也可以用于普通产品的拍卖。

（2）竞价拍买。是由顾客提出求购产品价格范围，由商家出价，顾客与报价最低或最接近的商家成交。

（3）集体竞价。这是普通顾客利用互联网进行集体议价从而购买产品或服务的竞价方式。提出这一模式的是美国著名的 Priceline 公司。

上述拍卖竞价方式是最市场化的方法。随着互联网市场的发展，将有越来越多的产品会通过互联网拍卖竞价。采用网上拍卖竞价的产品，可以是一些库存积压产品，也可以是企业的一些新产品，通过拍卖展示起到促销作用。许多企业将产品以低廉价格在网上拍卖，以吸引消费者的关注。

6.3.4 免费价格策略

在传统的市场营销环境下，企业采用免费价格策略的目的主要是促销和推广产品，这种免费一般是短期和临时性的。但在网络营销中，免费价格策略不仅是一种促销策略，而且还是网络企业广泛采用的产品和服务定价策略。免费价格策略是指网络营销企业将产品和服务以零价格的形式提供给顾客使用，以达到某种经营目的的策略。互联网上最早出现的免费产品是网景的浏览器，随后越来越多的产品都开始采取免费价格策略。免费价格策略的主要特征如下。

（1）产品和服务完全免费，各个环节均免费。

（2）产品和服务实行限制免费，这主要是指次数的限制。

（3）产品和服务实行部分免费，如下载某些文献、在线小说等，需要支付一定的费用。

（4）产品和服务实行捆绑式免费，某些产品或服务购买时免费获得其他产品或服务。

这一策略能够使企业扩大其知名度。当然，并不是所有的产品都适合免费价格策略，免费产品应该满足以下特征：易于数字化，实现零成本配送；无形化，可通过数字技术进行传输；零制造成本，即开发成功后只需复制就可以实现无限制的生产；成长性，即利于企业占领市场；冲击性，即对市场产生一定的冲击；间接收益，可通过其他渠道获取利益。如互联网和安全服务提供商 360 提供了多项永久免费服务，但并不意味着这些业务不能盈利。

6.3.5 自动调价、议价策略

由于网络使信息传播的速度大大提高，网上价格随时都可能受到很多因素的冲击，所以企业在网上应建立价格自动调节系统，根据时间、季节的变动，工厂库存情况，市场供需情况，竞争产品价格变动，促销活动，以及其他同类企业的价格变动等情况，在计算最大盈利的基础上设立自动调价系统，对实际价格进行调整，同时还可以开展市场调查，及时获得有关信息，对价格进行自动调整。智能型网上议价就给顾客创造了一个在网上直接协商价格的环境，以满足其心理需要。网络企业可以提供能让顾客准确表达其需求意愿和产品性能预期的区域或者系统。在议价过程中，顾客可以利用该系统，根据产品的不同性能和品质对价格进行"微调"。同时，还应辅助以价格监测系统，使自动调价系统得到全面控制，以避免其受到错误干扰而做出错误指令。这类定价充分表现了网络营销比传统市场营销更人性化的一面。在这种定价方式下，产品的价格不是固定的。它又表现在如下两个方面：一是对特定的产品，顾客可以通过电子邮件和企业议价，有的网站专门设立了价格讨论区，并在网上通过智能化议价系统直接议价；二是顾客可以提出自己对产品的要求，并给出可以接受的价格，企业可以在考虑顾客信用、产品供求的基础上，根据顾客对产品服务的不同要求，与顾客就价格进行讨论，协商出相应的价格，直至为顾客定制该产品。

6.4 网络营销中的报价策略

6.4.1 报价模式

企业在制定出适合自身情况的价格之后，还要考虑报价策略，这是因为不同的报价模式可能导致产品在推向市场后得到不同的反应，对产品价值实现也有很大的影响。通常采用的报价模式主要有以下几种。

1. 固定报价

固定报价即一口价，指的是产品价格由企业在网上标明之后便不可浮动，顾客与企业只能以该价格成交。

2. 统一报价

统一报价是指企业统一制定其产品的价格。无论在网上销售还是通过传统市场营销渠道销售，无论在企业网站还是在电商平台上出售，均采用统一报价。这种网上网下统一报价的最大优点就是，保证整体市场运作规范，避免市场上的价格混乱，对顾客的最终购买提供最大的清晰度和方便。同时这种模式也使得企业较容易把握和控制整个渠道的利润。其缺点是不能反映销售方式不同导致的成本差异。这种报价方法适用于顾客比较熟悉的商品。

3. 区间报价

区间报价是指企业对产品价格做出区间范围限定，顾客可以在范围内与企业讨价还价。这种方法可以使用在对产品系列的报价上，企业针对一个产品系列制定出区间价格，顾客利用企业所提供的信息对产品系列中的某个产品项目提出一个自己能接受的价格，取得企业认同后成交。

4. 分解报价

分解报价是指将产品的组成部分分开标明，这一报价模式能够使顾客了解价格形成过程与形成要素，从而对产品产生信任，并采取购买行为。需要注意的是，网络营销中企业没必要对分解价格进行加总，加总工作应由顾客自己完成。例如，对于有物流费用的产品采取"产品价格＋物流费用"的分解报价方法。

5. 比较报价

网上商店在标示某件产品价格时常常标示出会员价、市场价、折扣价、优惠价、折扣率、原价、节省金额等信息，以帮助顾客进行决策。有些商务网站还提供比价服务，顾客只要把有关产品信息输入搜索栏，网站就可以在一定价格范围内搜索出所有同一产品的不同标价，供顾客进行比较。这也为企业了解竞争者的产品定价水平提供了方便，有助于随时掌握竞争者的价格变动，调整自己的价格策略，以保持在同类产品中的相对价格优势。

6. 不公开报价

企业将产品网上销售信息链接到零售合作伙伴的网站，不直接公开产品的价格，从而让定价以及直接的营销风险由零售商来承担。

7. 分步报价

分布报价与传统市场营销中的讨价还价类似，是指企业不通过网络传递任何产品的价格信息，而是与有意购买者在传统的议价中完成交易。

8. 自动出价

自动出价是指在竞买过程中，竞买方选择自动出价工具并输入愿意支付的最高金额后，计算机按系统的设定以最小的加价幅度出价。这使得买方能以尽可能低的价格买到想买的产品，而最高出价金额只有在其他买家也出到这个价格后才会显示出来。

6.4.2 个性化报价策略

个性化报价策略也称为差异化报价策略，是指企业利用互联网的互动性与顾客的个性化需求特征，对同一种产品制定不同价格的一种策略。顾客的个性化需求，比如根据产品功能、款式、样式、颜色等的不同，愿意支付不同的价格，是企业进行个性化报价的基础；网络的互动性能够使企业及时获得顾客的需求信息，使个性化报价进而实施差异化销售成为可能。在网络营销条件下，网络为企业满足这种个性化需求提供了强有力的技术支持，企业在技术条件允许的前提下，可以最大限度地为顾客提供一对一的个性化产品与服务。显然，个性化产品与服务的成本和其他影响价格的因素会有很大不同。

6.4.3 特殊品报价策略

特殊品是特定品牌或具有特色的产品，或为特定顾客群专门供应的物品，如高档乐器、名牌钟表、供收藏的邮票和古董等。在网络营销中，对特殊品的报价可以根据该产品在网上的需求状况来制定。一般来说，特殊品有稀缺性和垄断性的特点，所以，当某种产品有其特殊需求时，几乎不用考虑竞争因素，只要认真分析需求状况，制定出合适的价格就可以了。在网络营销中，具有典型意义的特殊品主要有两种类型：一种是创意独特的新产品（"炒新"），它利用网络沟通的广泛性、便利性，满足了那些品位独特、需求特殊的顾客的需要；另一种是有特殊收藏价值的产品（"炒旧"），如古董、纪念物、邮票、文物或其他有收藏价值的产品。对于这些产品，企业可以考虑采用网上拍卖或其他定价策略。

6.4.4　网络营销报价系统

网络营销报价系统是针对网络营销而言的，能够提供自动调价、智能议价的报价系统。企业在网络营销中如果不能及时监测到产品市场的变动，就不能快速、有效地做出调价反应，从而会失去市场地位。

网络营销有其专门的、完整的报价系统，主要包括两个系统：一是自动调价系统，能够根据季节变动、市场供求状况、竞争产品价格以及企业自身经营发展方向等因素对实际价格进行调整，使价格能够控制在最大盈利点上。二是智能型议价系统，主要是针对那些需要在网上进行价格协商的企业而设计的，能够使企业与顾客及时、方便地进行交流，充分进行产品议价。

【案例讨论】

大数据"杀熟"下的价格策略[①]

大数据"杀熟"是指一个新用户和一个老用户买同样的一样东西或者同样的一样服务，但是互联网上面显示的价钱老客户会比新客户还要贵。

企业是怎么使用大数据"杀熟"的呢？企业会在后台通过后台数据记录用户消费，通过数据分析用户的消费习惯。如果后台数据显示用户对服务很满意，或者经常在同一家店消费，再次使用时，app 会自动减少优惠，提高支付价格。然而，对于消费者来说，想要避开大数据杀熟却没有特别有效的办法。相对来说，用户的消费习惯较为固定。只要你在店铺消费，就难免会被大数据杀熟。

电子商务 app 是否存在"大数据杀熟"行为，早已引起广泛讨论。文

---

① 资料来源：https：//www.sohu.com/a/439241341_161795。

化和旅游部制定、2020 年 10 月 1 日实施的《在线旅游经营服务管理暂行规定》中指出，在线旅游经营者不得滥用大数据分析等技术手段，基于旅游者消费记录、旅游偏好等设置不公平的交易条件，侵犯旅游者的合法权益。

但另一方面，对于"大数据杀熟"行为的界定还有待明晰。北京大学法学院教授薛军曾表示，"在商业实践中，基于多方面因素的考虑，在不同时间段以及不同地域范围中，针对几乎完全相同的商品或者服务，商家都会设置不同的价格。很难说消费者的公平交易权就因此受到了侵害"。

问题：
1. "大数据杀熟"行为是价格歧视吗？为什么？
2. 请结合"大数据杀熟"行为分析网络定价过程中应注意的问题。

本章小结

1. 网络营销价格是指在网络营销过程中买卖双方成交的价格。在理解网络营销价格的内涵时，必须要注意到，网络时代的需求方地位在显著提升。网络产品价格主要呈现透明化、全球性、低价位、逆向化、弹性化等特征。

2. 在网络营销中，企业更加注重需求导向定价法、竞争导向定价法的应用。

3. 与传统市场营销相同，影响网络营销中产品定价的一般因素包括企业内在因素、市场需求因素、竞争因素、顾客心理因素、国际市场价格因素等。

4. 企业的定价目标是指企业通过制定产品价格所希望达到的目标，主要有：以维持企业的生存为目标，以获取当前最高利润为目标，以市场占有率最大化为目标，以应对和防止竞争为目标，以产品质量最优化为目标。

5. 网络营销中常使用的定价策略有：个性化定制定价策略、使用定价策略、拍卖竞价策略、免费价格策略以及自动调价、议价策略。

6. 企业选择了定价策略后，还应当确定报价模式，常用的报价模式主要有固定报价、统一报价、区间报价、分解报价、比较报价、不公开报价、分步报价、自动出价。另外还应当关注个性化报价策略和特殊品报价策略。

复习与实践

1. 复习题

（1）网络营销中，影响产品定价的主要因素有哪些？

（2）网络营销中，企业的定价目标有什么不同？

（3）网络营销定价策略都有哪些？与传统定价策略有什么不同？

（4）网络营销中常用的定价方法有哪些？

2. 知识运用

（1）价格水平的高低不仅关系企业的盈利，同时也关系消费者的利益。如何进行产品定价？实际网络经济中的价格怎样确定？在 CPI 波动十分明显的情况下，网络营销中的产品价格会受到怎样的影响？

（2）试分析影响网络营销中产品定价的因素，以及在新冠疫情前后我国网络产品价格的变化情况。

第 7 章
CHAPTER 7

网络营销中的渠道策略

教学说明

1. 理解网络营销中渠道的内涵与特点
2. 掌握网络营销中直接渠道的内容
3. 掌握网络营销中间接渠道的内容
4. 了解网络营销中物流渠道模式的选择
5. 熟悉网络营销渠道建设的方法

☞ **引导案例**

拥抱新零售　宜家构建多元化营销渠道[①]

2020 年 3 月 10 日，宜家家居（IKEA）正式入驻天猫，开设全球首个第三方平台的线上官方旗舰店。

签约仪式上，天猫家装事业部总经理吹雪表示，宜家入驻天猫，前前后后准备了差不多 6 个多月，筹备中双方讨论的焦点集中在消费者体验

---

① 资料来源：东方财富网《拥抱新零售　宜家线上渠道多元化、线下尝试新商场模式》，https://finance.eastmoney.com/a2/202003101412898750.html。

上。"宜家是一个非常有影响力的品牌，有足够大的粉丝基数，而天猫有大量的活跃的年轻用户。站在用户的角度上，我们双方更多地讨论如何去打通用户和会员，这也是双方共同努力的主要方向。"

首期，宜家天猫旗舰店上架 3800 余款产品，包括客厅、卧室等品类的畅销商品。初期服务上海、江苏、浙江、安徽的消费者，并逐步拓展至全国。

发布会当天，宜家旗舰店直播首秀，开播半小时，吸引了 30 多万人围观，并有超过 7 万名天猫用户注册成为宜家的粉丝。

中国是宜家在全球最大的市场之一，2018 年，宜家面向全国上线了线上销售渠道，公布了史上最大的战略转型计划，推广电商、加强对物流方面的投入与建设、开快闪店……2019 年，在中国首次举行的战略发布会上，宣布渠道拓展和数字化转型成为其最重要的方向。在线上，宜家通过数字化策略实现线上渠道多元化，线下也在尝试新的商场模式，例如在上海即将开业的小型商场。

宜家中国区总裁安娜·库丽佳（Anna Pawlak-Kuliga）称，加入天猫是宜家中国战略的重要里程碑，也是宜家在渠道拓展方面的又一突破。

7.1 网络营销渠道概述

7.1.1 网络营销渠道的概念

营销渠道是指与提供产品或服务以供使用或消费这一过程有关的一整套相互依存的机构，涉及信息沟通、资金转移和事务转移等。

网络营销渠道是借助互联网将产品从生产者转移到消费者的中间环节，一方面，它要为消费者提供产品信息，方便消费者进行选择；另一方面，在消费者选择产品后要能完成"一手交钱一手交货"的交易手续，当然，交钱和交货不一定要同时进行，而是利用互联网提供可利用的产品和服务，以便使用计算机、手机或其他能够使用技术手段的目标市场通过电子手段进行和完成交易活动。

7.1.2 网络营销渠道的特点

1. 用途多元化

与传统的营销渠道相比，网络营销渠道的用途则是多方面的。首先，网络营销渠道是信息发布的渠道。可以通过网络营销渠道将企业概况以及产品的种类、质量、价格等详细直观地告诉消费者。其次，网络营销渠道是销售产品、提供服务的快捷途径。顾客可以通过网络营销渠道浏览产品、快速付款以及查看物流情况。最后，网络营销渠道是企业间洽谈业务、开展商务活动的场所，也是进行客户技术培训和售后服务的理想园地。

2. 结构简单化

互联网的发展和商业应用，使得传统市场营销中间商凭借地域原因获取的优势被互联网的虚拟性取代，互联网高效率的信息交换，改变着过去传统市场营销渠道的诸多环节，将错综复杂的迂回关系简化为单一直接关系，即只有一个信息中间商（商务中心）来沟通买卖双方的信息，不存在多个批发商和零售商的情况。

减少或消除中间环节，将交易由间接变为直接，是网络营销渠道的最大特点，利用好这一特点可以大大降低营销成本，提高营销效率，方便消费者，树立企业形象。

3. 交易成本节约化

网络营销渠道的结构比较简单，无论是直接渠道还是间接渠道，都大大减少了流通环节，有效地降低了交易成本。

通过直接渠道，企业可以通过互联网直接受理世界各地传来的订单，然后直接将货物寄给购买者。这种方法所需的费用仅仅是企业雇用的管理员的工资与上网费用，人员的差旅费和外地仓储费用都不需要了。

另外，网络营销渠道能够通过网络强大的信息传递功能，完全承担起信息中介机构、批发商、零售商的作用。这样使得间接销售的层次降到了最低，从而使产品流通的费用有效下降。

4. 功能多元化

一个完善的网络营销渠道应有四项主要功能：交易功能、结算功能、配送功能和服务功能。

（1）交易功能。交易功能提供满足消费者需求的产品，同时方便供应商获取市场的需求信息，以求达到供求平衡。一个完善的交易系统可以最大限度降低库存，减少销售费用。利用互联网实现在线交易最大的优势就是信息丰富，检索方便，为顾客认识产品、进行交易过程的沟通和设施交易提供良好的环境，不足之处在于实体产品难以实现客户的现场亲身体验。

（2）结算功能。顾客或终端用户购买商品时，厂商应有多种方式实现支付和结算。随着电子商务的发展，目前国内外支持网上支付结算的方式多种多样，其中流行的有银行卡、电子货币、银行转账、第三方支付等。此外，邮局汇款、货到付款等传统的支付方式也在使用。

（3）配送功能。目前任何可以数字化的产品一般都可以通过互联网直接从生产者传送到消费者。有的网站甚至在进行通过网络传送数字味觉的实验。在线销售的有形产品仍然是通过线下渠道进行配送，但在线销售可以大大降低营销成本。

（4）服务功能。作为渠道成员的责任，提供额外服务的渠道成员将承担各种服务，这不仅是渠道对制造商的承诺，也是渠道中间商的重要经营方式。传统环境下的服务功能比较单一，主要是渠道成员所承担的各种辅助功能和服务功能，以提高渠道效率和更好地服务客户为主要目的。网络营销中的渠道成员和功能都有了新变化，服务功能也有了新的拓展。

7.1.3 网络营销渠道的类型

网络营销渠道可以分为直接渠道和间接渠道两大类。

一类是通过互联网实现从生产者到消费（使用）者的网络直接渠道（简称网络直销），这时不再需要传统中间商来充当与消费者的沟通渠道，需要的可能是为直销渠道提供服务的中介机构，如提供货物运输配送服务的专业配送企业、提供货款网上结算服务的网上银行、提供产品信息发布和网站建设的 ISP 和电子商务服务商等。网上直销渠道的建立，使得生产者和最终消费者直接连接或沟通成为现实。

另一类是通过融入互联网技术后的中间商机构提供网络间接渠道。传统中间商由于融合了互联网技术，大大提高了自身的交易效率、专门化程度和规模效益。同时，新兴的中间商也对传统中间商产生了冲击，如家电零售巨头国美电器为抵抗互联网对其零售市场的侵蚀，于2011年开设网上商城。互联网的新型间接网络营销渠道与传统间接分销渠道有着很大的不同，传统间接分销渠道可能有多个中间环节，如一级批发商、二级批发商、零售商，而网络间接营销渠道最多只需要一个中间环节。

传统分销渠道与网络分销渠道的分类如图 7-1 和图 7-2 所示。

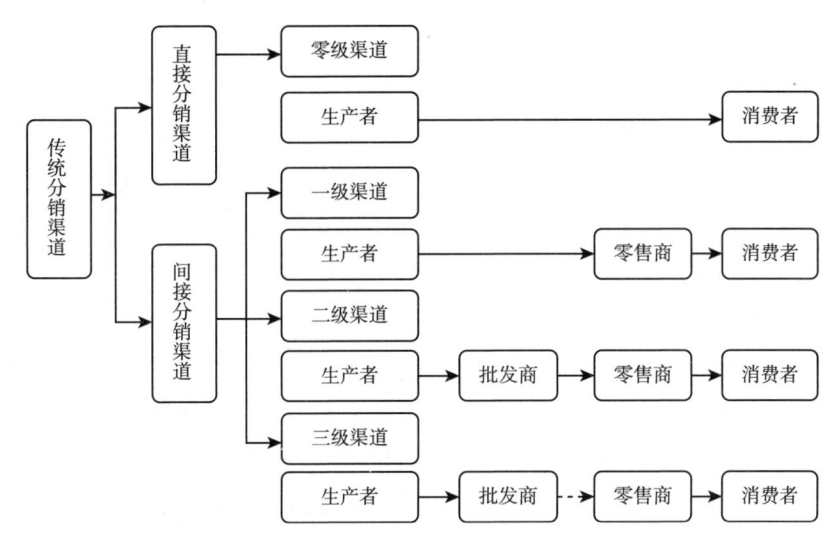

图 7-1 传统分销渠道的分类

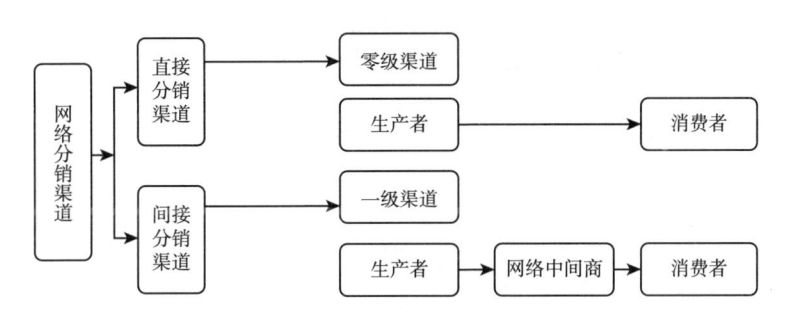

图 7-2 网络分销渠道的分类

7.2 网络营销直销渠道

7.2.1 网络直销的概念

网络直销与传统直接分销渠道一样,都没有中间商。网络直销同样也要具有上述营销渠道中的订货功能、支付功能和配送功能。与传统直接分销渠道不一样的是,生产企业可以通过建设网络营销网站以及在新兴社交媒体平台开设官方账号,让顾客直接从网站等入口订货。通过与一些电子商务服务机构如网上银行合作,可以通过网站直接提供支付结算功能,简化过去资金流转繁复的问题。至于配送方面,网络直销可以利用互联网技术来构造有效的物流系统，也可以通过互联网与一些专业物流企业进行合作，建立有效的物流体系。

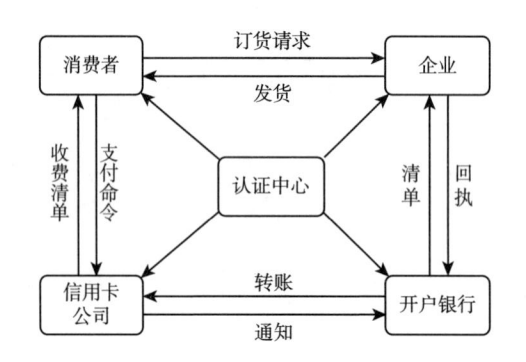

7.2.2 网络直销的交易过程

网络直销的交易过程如图7-3所示，可以分为以下六个步骤。

（1）消费者进入互联网，查阅企业的网页。

（2）消费者通过购物对话框填写购货信息，包括姓名、地址、所购产品名称、数量、规格和价格。

（3）消费者选择支付方式，如信用卡、电子货币、电子支票、借记卡等。

（4）企业的客户服务器检查支付方服务器，确认汇款额是否认可。

（5）企业的客户服务器确认消费者付款后，通知销售部门发货。

（6）消费者的开户银行将支付款项的信息传递给信用卡公司，信用卡公司发给消费者收费单。

图7-3 网络直销的交易过程

7.2.3 网络直销的优缺点

与传统直销渠道相比，网络直销有许多更具竞争优势的地方。

第一，互联网的交互性使得信息的传递从过去的单向变为双向沟通，加快了信息的传播速度，提高了信息的使用效率。

第二，网络直销可以提供更加便捷的相关服务。一是企业可以通过互联网提供支付服务，顾客可以直接在网上订货和付款，然后就等着送货上门，这一切大大方便了顾客。二是生产者可以通过网络营销渠道为顾客提供售后服务和技术支持，特别是为一些技术性比较强的行业如IT业提供网上远程技术支持和培训服务，企业可以以最少的成本为顾客服务。

第三，网络直销减少了过去传统分销渠道的中间环节，提高了效率，有助于降低成本。例如，根据订单生产，可以实现零库存管理，减少库存堆积，从而减少存货成本；另外，能够减少推销员、营业员的相关费用，减少广告、宣传等大额资金支出，最大限度地控制销售费用。

第四，降低了成本后，企业能够以较低的市场价格销售产品，使得顾客能够买到低于当前市场价格的产品，因而有助于企业扩大销售。

第五，网络直销使企业能够及时了解用户对产品的意见、要求和建议，从而使企业针对这些意见、要求和建议向顾客提供技术服务，解决疑难问题，提高产品质量，改善企业经营管理。

当然，网络直销也有其自身的缺点。由于越来越多的企业和商家开展互联网营销，面对大量分散的域名和 app，网络顾客很难有耐心一个个去访问。

7.3 网络营销的中介渠道

7.3.1 网络间接渠道的概念

为了克服网络直销的缺点，网络交易中介机构应运而生，这类机构成为连接买卖双方的通道。网络间接渠道是指生产者通过融入了互联网技术后的中间商把产品销售给最终用户，一般适合小批量商品的销售，它是通过融入互联网技术后的中间商提供网络间接营销渠道，也是商品由中间商销售给消费者或使用者的营销渠道。传统间接渠道可能有多个中间环节，而由于互联网技术的运用，网络间接渠道只需要网络中间商这一中间环节即可。

7.3.2 网络间接渠道的交易流程

网络间接渠道交易是通过网络商品交易中心，即网络虚拟市场进行的商品交易。其交易流程如图 7-4 所示。

(1) 买卖双方将各自的供求信息提交给网络交易中介机构，网络交易中介机构通过信息发布服务向参与者提供详细的交易数据和市场信息。

(2) 买卖双方根据网络交易中介机构提供的信息，选择自己的贸易伙伴。网络交易中介机构从中撮合，促使买卖双方签订合同。

(3) 买方在网络交易中介机构指定的银行办理转账付款。

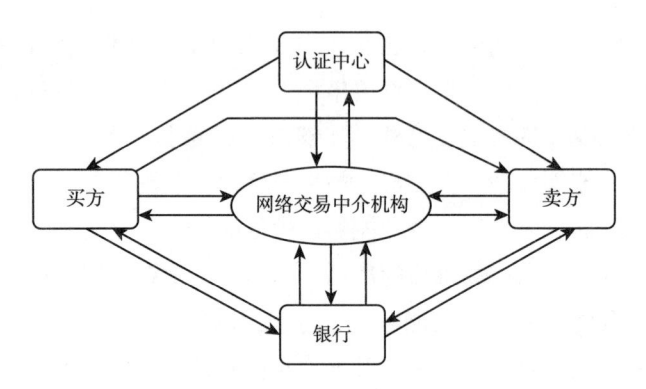

图 7-4　网络间接渠道交易流程

（4）各地配送部门将卖方的货物送交买方。

7.3.3　网络营销中间商

1. 网络营销中间商的概念与类型

中间商是指在企业与消费者之间参与商品交易业务、促使买卖行为发生和实现、具有法人资格的经济组织和个人。

由于网络信息资源丰富，信息处理速度快，企业与消费者面对众多的网站和大量的信息资源时常常感到茫然。此外，企业对于大多数实体产品的分销网络的搭建，却难以实现。在此情况下，出现了许多基于网络提供信息服务中介功能的新型网络营销中间商，这些中间商主要提供以下服务。

（1）目录服务，即利用互联网上目录化的 Web 网站提供菜单驱动进行检索。目录服务的收入主要来源于为消费者提供互联网广告服务。

（2）搜索引擎。与目录服务不同，门户网站（如新浪、搜狐等）提供搜索引擎为用户提供基于关键词的检索服务，门户网站利用大型数据库分类存储各种网站介绍和页面内容。门户网站不允许用户直接浏览数据库，但允许用户向数据库添加条目。

（3）网上出版。由于网络信息传输及时而且具有交互性，网络出版网站可以提供大量有趣且有用的信息给消费者，联机报纸、联机杂志均属于此类型。出版商利用网站做广告或提供产品目录，并根据广告访问次数进行收费。

（4）网上商店。网上商店不同于虚拟商业街，它拥有自己的货物清单并直接销售产品给消费者。通常这些虚拟零售店是专业化的，定位于某类产品，它们直接从生产者进货，然后折价销售给消费者（如亚马逊网上书店)。

（5）网站评估。消费者在访问企业网站时，由于内容繁多、网站庞杂，往往难以抉择。提供网站评估的网站可以帮助消费者根据以往数据评估等级，选择合适的网站进行访问。有的目录服务和门户网站也提供一些网站评估服务。

（6）电子支付。电子商务要求在网络上交易的同时实现买方与卖方之间的授权支付。许多中介服务网站对各种电子支付手段提供支持并对每笔交易收取一定佣金来维持运转。目前，我国的商业银行纷纷在网络上提供电子支付服务。

（7）虚拟交易市场和交换网络。虚拟交易市场提供一个虚拟场所，任何符合条件的商品都可以在虚拟市场网站上进行展示并销售，消费者可以在网站中任意选择和购买，网站主持者收取一定的管理费用。

（8）智能代理。随着网络的飞速发展，消费者在纷繁复杂的网站中难以选择。智能代理是这样一种软件，它根据消费者的偏好和要求预先为消费者自动进行初次搜索，软件在搜索时还可以根据消费者自己的喜好和别人的搜索经验自动学习优化搜索标准。消费者可以根据自己的需要选择合适的智能代理网站为自己提供服务，同时支付一定的费用。在社交媒体时代，越来越多的手机应用如头条、哔哩哔哩等，基于不同的顾客圈层形成了相对稳定的虚拟商业圈，未来网络营销的一个主要方向就是对这些虚拟商圈进行充分的市场资源挖掘，通过圈层营销形成圈层消费，建立相对稳定的商业生态体系。

2. 网络营销中间商的评估与选择

在评估、选择电子中间商时，必须考虑成本、信用、覆盖面、特色和连续性五大因素。

（1）成本。成本是指企业使用电子中间商时所要支付的费用，主要分为两大类：一类是在电子中间商网站上建立主页时的费用，如各大品牌在淘宝开设的旗舰店；另一类是维持正常运行时的成本支出。通常，企业选取不同的电子中间商所花费的费用也有所不同。

（2）信用。信用是指电子中间商的信用度高低。在评估电子中间商时，信用往往被忽略。通过电子中间商建立一个网络服务站所需的投资相对于其他基本建设所需资金较少，因而信息服务商的数量很多。从近几年的发展情况来看，我国对电子中间商的信用评级也在不断完善。在选择电子中间商时，应当看重他们的信用等级高低，以免盲目选择，造成不必要的损失。

（3）覆盖面。覆盖面指网站能够影响到的市场区域，即网络宣传所能够波及的地区和人数。对于企业来说，并不是覆盖面越大越好，还要看市场覆盖面是否合理、有效，是否能够最终给企业带来经济效益。要根据企业的实际情况、经营能力来选择电子中间商覆盖面的范围大小。

（4）特色。电子中间商的总体规模、财力、文化素质影响着网站站点的设计与更新，并表现出不同的特色。这种特色也将影响网站的访问群。企业应研究这些访问群的特点、购买习惯、频率等，进而选择不同的电子中间商。

（5）连续性。企业必须考虑与电子中间商的关系，必须选择具有连续性的网站，同时让电子中间商将本企业的产品放在经营的主要位置，使网络营销持续稳定地运行，以在消费者中建立品牌信誉、服务信誉。

7.4 网络营销的物流渠道

7.4.1 网络营销中的物流

1. 物流与网络营销的关系

一个完善的网络营销渠道应有三大功能：订货功能、结算功能和配送功能。消费者只有看到购买的产品时，才能够正确评估产品的质量、性能。因此，在网络营销渠道的具体建设中，关键是建立快速有效、完善的配送系统。

（1）物流是网络营销的基石。生产是产品流通之本，无论是原材料、半成品还是余料、可重复利用物资、废弃物的运输，都需要有快速有效的物流支撑。在销售过程中，如何能够在约定的时间把订购的产品送到正确的地点，也是完善的物流系统才能解决的问题。可见，整个经营过程实际上就是系列化的物流活动。合理化、现代化的物流，通过降低费用从而降低成本、优化库存结构、减少资金占压、缩短生产周期，保障了现代化生产的高效进行。相反，缺少现代化物流，生产将难以顺利进行，无论网络营销是多么便捷的贸易形式，都将是无米之炊。

（2）物流是实现网络营销的保证。在网络营销下，消费者通过上网点击购物，完成了产品所有权的交割过程，即商流过程。但网络营销活动并未就此结束，在这个流程中，"送货"，即卖方办理寄送手续、由快递公司等进行寄送、买方签收的过程，是与物流分不开的。物流是实现网络营销的重要环节和基本保证，快速、准确、有效的物流有利于缩减交易活动的时间，提高企业的知名度、扩大影响力，使企业获得更大的消费群体。对于美妆、大家居、定制珠宝文玩、运动户外、家电等品类来说，顾客在物流方面的体验评价几乎和商品本身的体验评价同等重要。

2. 现代物流的特点

为配合网络营销的顺利实施，不管是依靠自己的物流系统，还是利用外部的专业物流服务公司，基于互联网技术的现代物流系统一般都具有以下特点。

（1）过程一体化。现代物流具有系统综合和总成本控制的思想，它将经济活动中供应、生产、销售、运输、库存及相关的信息流动等活动视为一个动态的系统，关心的是整个系统的运行效能与费用。

（2）技术专业化。表现为现代技术在物流活动中得到了广泛的应用，如条形码技术、EDI 技术、自动化技术、网络技术、智能化和柔性化技术等。运输、装卸、仓储等也普遍采用专业化、标准化、智能化的物流设施设备。

（3）管理信息化。现代物流高度依赖于对大量数据、信息的采集、分析、处理和及时更新。在信息技术、网络技术高度发达的现代社会，从客户资料取得和订单处理的数据库化和代码化、物流信息处理的电子化和计算机化，到信息传递的实时化和标准化，信息化渗透至物流的每一个领域。

（4）服务社会化。突出表现为第三方物流与物流中心的迅猛发展。随着社会分工的深化和市场需求的日益复杂，生产经营对物流技术和物流管理的要求也越来越高。企业往往采用资源外包的方式，将不擅长的物流环节交由专业物流公司，或者在企业内部设立相对独立的物流专业部门，而将有限的资源集中于自己真正具有优势的领域。专业的物流公司或部门由于具有人才优势、技术优势和信息优势，可以采用更为先进的物流技术和管理方式，取得规模经济效益，从而达到物流合理化——产品从供方到需方的全过程中，环节最少、时间最短、路程最短、费用最省。

7.4.2　网络营销物流渠道的模式

网络营销物流渠道的具体实施有多种模式可以选择。完整的网络营销应该完成商流、物流、信息流和资金流四方面，在商流、信息流、资金流都可以在网上进行的情况下，物流体系的建立应该被看作网络营销的核心内容之一。网络营销物流渠道体系可以有以下几种组建模式。

1. 自营物流

企业可以搭建自营物流渠道模式。企业下设物流部门或单设物流子公司，以完成营销活动中的物流环节。例如京东物流就是国内最典型的自营物流体系之一。

2. 外包物流（第三方物流）

现代物流理论认为，现代物流服务的核心目标是在物流过程中以最低的综合成本满足消费者需求。第三方物流企业所追求的最高境界应该体现为物流企业对于其所面对的可控制资源与可利用资源进行合理化开发与利用。企业选取外包物流有如下优势。

（1）能够降低成本、提高运作效率。对于企业来说，不管是否从事网络营销，自营物流都会有很多隐性成本。如果把物流的隐性成本核算出来，把外包与自营的物流总成本加以对比，一般来说外包物流的成本是相对低廉的。另外，供应链通过生产企业内部、外部及流通企业的整体协作，大大缩短了产品的流通周期，加快了物流配送的速度，并将产品按消费者的需求生产出来，快速送到消费者手中。

（2）提高市场信息获取能力，改进对消费者服务的水平。现代企业均把消费者奉为上帝，而消费者要求提供产品的前置时间越短越好。为此，网络营销企业与第三方物流公司进行供应链的优化组合，使物流服务功能系列化；在传统的储存、运输、流通加工服务的基础上，增加市场调查与预测、采购及订单处理、配送、物流咨询、物流解决方案的选择与规划、库存控制的策略建议、贷款的回收与结算、教育培训等增值服务。这种快速、高质量的服务，有助于塑造良好的企业形象，提高企业的信誉，提高消费者的满意程度，使产品的市场占有率提高、消费者增加。

（3）增加企业柔性。外包物流服务可以使企业集中力量于自己的核心能力，扬长避短，且有利于企业的柔性化发展。

3. 物流联盟

物流联盟指货主企业选择少数稳定且有较多业务往来的物流公司形成长期互利的、全方位的合作关系，如聚盟物流网（https：//www.jumstc.com/）。货主企业与物流企业优势互补，要素双向或多向流动，相互信任、共担风险、共享收益。

物流联盟一方面有助于货主企业的产品迅速进入市场，提高竞争力，占领较大市场份额；另一方面使物流企业有了稳定的资源。当然，物流联盟的长期性、稳定性会使货主企业改变物流服务供应商的行为变得困难，货主企业必须对过度依赖某个供应商的局面有所考虑。

7.4.3 影响网络营销物流模式选择的因素

对于投身于网络营销的企业，在物流配送方面除了采取传统的自营方式之外，还可考虑逐渐规范的外包模式或寻找理想的物流企业建立物流联盟。企业到底选择何种物流模式，需综合考虑以下几方面的因素。

1. 企业的规模和实力

大中型企业在资金充裕的情况下可以建立自己的物流配送体系，"量体裁衣"，制订适合本企业的物流需求计划，保证物流服务的高质量。同时，过剩的物流网络资源还可以提供给其他企业。小型企业受资金、人员及核心业务的限制，物流管理效率低下，则适合将物流配送业务交予第三方专业物流代理公司。目前国内大多数经营网络购销的企业规模较小，许多都采用外包物流的形式。另外，物流管理水平低的大中型企业，还可以采用外协物流或组建物流联盟，如联合利华与友谊集团储运公司的合作。

2. 核心与非核心业务

按照供应链的理论，将不是自己核心业务的物流管理外包给从事该业务的专业公司去做。这样从原材料供应到生产，再到产品的销售等各个环节的各种职能，都是由在同一领域具有专长或核心竞争力的专业公司互相协调和配合来完成的，这样所形成的供应链具有最大的竞争力。

3. 目标消费者的空间分布

一般来说，营销活动的销售网点都是按照销售区域来配置的，一般在一个特定区域的市场设立一个配送中心，负责向若干个销售网点送货。销售网点向配送中心订货和补货，配送中心则在规定的时限内将货物送达。但是，由于网络营销的目标消费者可能在地理分布上是十分分散的，要求送货的地点也不集中，致使企业无法经济合理地组织送货。因此，目标消费者的空间分布就决定了网络营销必须对不同区域采取不同的分销方式。

4. 产品的特性

不同的产品有不同的消费特点和流通特点，故而需要不同的物流方式。完全数字化的产品与不能数字化的产品在物流配送上是完全不同的；对于普通产品与贵重物品，采用的物流配送方式也是不同的。企业在选择时应当考虑自身产品的特点，分层次、分类别进行物流配送，以节省物流费用、提高物流效率。

5. 服务技能

不同类型的企业，如 ISP/ICP、传统零售商店、传统批发企业、制造企业等均有条件开展网络营销，但不同的企业对商流、物流、信息流、资金流的组织和服务技能是有差异的。从物流的角度来看，传统的零售商、批发商的物流能力要优于纯粹的网络企业，也优于一般的制造商，但从商流、信息流和资金流的角度来看可能正好相反。因此，要根据企业服务技术和能力的不同，扬长避短，发挥各自的优势，形成各具特色的企业物流新模式。

6. 物流成本的控制与管理

网络营销的物流具有多品种、小批量、多批次、短周期的特点，很难单独考虑物流的经济规模，因而会有较高的物流成本。因此，企业必须扩大在特定销售区域内的销售规模，以降低物流成本，而能不能有效降低物流成本，就成了选择网络营销中物流模式的重要指标和主要影响因素。

7.5 网络营销的渠道建设

7.5.1 企业网络营销渠道的选择

企业的网络营销活动中，选择营销渠道的最佳方案就是企业同时使用网络直销渠道和网络中介销售渠道，以达到销售量最大的目的。尤其在买方市场为主导的情况下，通过两条渠道销售产品比通过单一渠道更容易实现"市场渗透"。

1. 建立企业的网络直销渠道

企业建立自己的网站，一方面为自己打开了一个对外开放的窗口，另一方面也建立了自己的网络直销渠道。对于中小企业而言，网上建站更具有优势，因为在网络上所有企业都是平等的，网页制作精美，信息经常更换，才能吸引越来越多的消费者光顾。

2. 选择网络中介销售渠道

企业除利用自己的网站进行网络直销外，还可积极利用网络中介渠道销售自己的产品，通过电子中间商的信息服务、广告服务与撮合服务，扩大企业的影响，开拓企业产品的销售领域，降低销售成本。因此，对于从事网络营销活动的企业来说，必须熟悉、研究国内外中间商的类型、业务性质、功能、特点及其他有关情况，以便能够正确地选择网络中介渠道，顺利地完成产品从生产到消费的整个转移过程。

7.5.2 网络营销物流渠道结构的选择

对消费者产生有益影响的物流服务潜力直接与物流渠道的结构设计有关，而无论各地市场情况如何，现行物流渠道结构呈现三种形式：物流分层结构系统、物流直接结构系统和物流复合灵活结构系统。

1. 物流分层结构系统

所谓物流分层结构系统，就是指产品从原产地向终点的移动是通过企业分级设施的安排进行的。它意味着在供应链上各个环节的合理库存。

典型的物流分层结构系统是利用散货仓库与集装仓库进行的，散货仓库通常从许多供应商处接收大批物资，然后根据消费者的要求对存货进行分类和配送。集装仓库以相反的方式运作，拥有不同地理位置工厂的生产商通常要求集装发运，它允许厂商用一张票据在单程存货中将所有货物混合运送给消费者。物流分层结构系统通过对仓库分门别类而获得与大批量运送相同的集装经济性，根据消费者的要求迅速调配来达到专业化的高服务质量。图7-5描述了典型的分层结构物流。

供应商 → 产品配送或集装仓库 → 生产商 → 产品配送或集装仓库 → 消费者

图 7-5 物流分层结构系统

2. 物流直接结构系统

物流直接结构系统，就是指从一个或有限数量的中央仓库，直接将产品运送到消费者目的地的物流运作。在物流直接结构系统中，供应商直接向消费者发运，减少中间环节，缩短在地理空间上与消费者的距离，它通常用于生产商在原材料、部件的供应过程中，见图7-6。

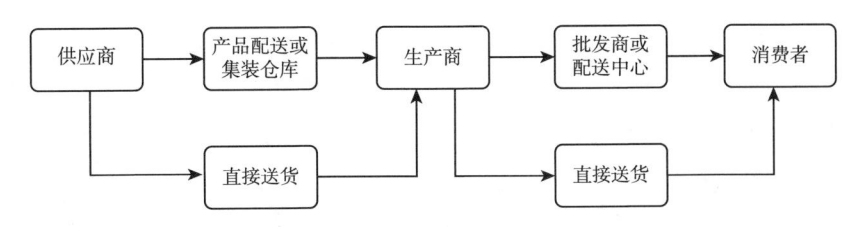

图 7-6 分层结构与直接结构相结合送货的物流系统

3. 物流复合灵活结构系统

理想的物流运作系统是将分层运送和直接运送的优势结合在一起的结构系统。企业希望各阶段库存量尽可能少，库存分布趋于科学合理，高风险和高成本的物品应贮藏于中央仓库中，以便直接发运给消费者。

交货时间短的零部件通常储存在距分销商较近的地方，例如，汽车制造商通常采用一种灵活物流战略来配送部件。周转率和需求变化大的部件一般都放置于中央仓库；周转率和需求量少的部件通常储存在一个便于服务消费者的地方。每一个企业都会面临处理特定消费者的情况，并利用一种与众不同的灵活物流战略来取得竞争优势。事先建立灵活的物流规则和决策程序，根据不同的情况分别采用不同的策略和结构，是复合灵活结构系统的特征，其结构内容见图7-7。

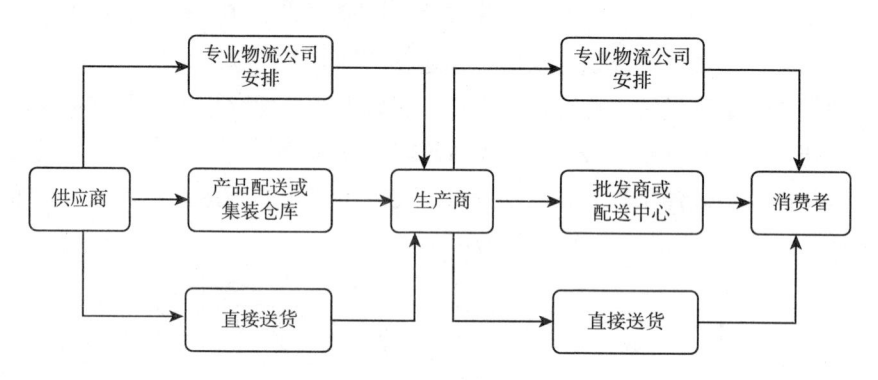

图7-7 物流复合灵活结构系统

7.5.3 网络营销物流渠道的优化与整合

电子商务是现代服务业中的重要产业，人流、物流、资金流、信息流"四流合一"是对电子商务核心价值链的概括。在全球信息化大势所趋的影响下，各国的电子商务不断地改进和完善，更加注重电子商务与物流供应链之间的对接。

1. 强化信息化技术与电子商务之间直接的耦合

随着网络信息技术的发达和电子商务贸易规模的不断发展，越来越多的电子商务企业看到了网络信息技术发展所带来的便利和利润空间。较发达的信息技术的应用和较高的电子商务的普及是物流发展的基本条件，物流的供应链整合也依赖于信息技术与电子商务。当前我国物流信息化水平整体较低，电子商务企业信息化整体程度也不高。因此，我国物流企业要想迅速发展壮大、抢占市场，不得不依靠集成信息技术的大力支持，只有这样才能将卖方的产品安全、及时、准确地送达买方指定地点，让消费者在最短的时间内得到他所需要的产品信息，同时也使得物流实现了区域共享、全球物流信息一体化。

2. 建立跨区域的物流信息化共享平台，加快新型物流人才的培养

理想的物流是各个物流环节信息流的整合与共享，以最快、最有效率地为消费者或企业提供物流信息服务。物流业可利用互联网的力量建立一个公共信息平台，实现跨区域的物流信息资源共享，使得整个物流信息能解决从卖方、中间托运人到买方、物流供应商资源的整条供应链过程的问题，并且提供最佳方案。此外，物流的发展需要大量人才，目前我国新型物流人才相对匮乏，因此，各大高校要加大力度培养高素质的物流和供应链管理人才，打造一支适应现代物流产业发展水平的物流管理队伍。

【案例讨论】

罗莱家纺布局全渠道零售[①]

罗莱生活科技股份有限公司是集研发、设计、生产、销售于一体的专业经营家用纺织品的公司，是国内最早涉足家用纺织品行业的企业，2005～2015年，连续11年居国内同类市场占有率第一，公司拥有10多家子公司，原创品牌及国际代理品牌20多个，连锁店3000家，销售网络遍及全国。

家纺行业作为传统产业，近年来面临着利润下滑、消费升级、行业洗牌加速等问题，但同时"互联网+"的时代，也给家纺行业提供了新技术、新机会。罗莱作为业内龙头企业，积极探索线上线下新零售转型，完成从生产到终端逐步全面升级。

罗莱生活在全国范围内聚焦优势区域，通过百货、品牌旗舰店、社区专卖店、购物中心、平台电商、直营电商（官网、小程序）、团购等线上、线下各销售渠道，推出覆盖高端市场（廊湾、莱克星顿、内野）、中高端市场（罗莱、罗莱儿童）和大众消费市场（乐蜗LOVO、恐龙）的多品牌产品，满足不同类型的消费需求。

---

① 资料来源：CFW时尚《传统行业"不传统"，罗莱家纺布局全渠道零售》，https://cxo.cfw.cn/view/254708-1.htm。

根据罗莱发布的 2020 年业绩报告：罗莱生活实现营业收入 49.11 亿元，同比增长 1.04%。疫情期间能取得这样的业绩与罗莱"线上-线下新零售"的模式密不可分。由于家纺产品标准化程度相对较高，适于线上销售，加上龙头品牌的知名度和电商流量倾斜，使线上业务得到迅猛发展。线上线下全方位的组合，既增加了曝光率又为罗莱生活带来了销量的增长。

（1）官网商城、微商城、小程序、门店、第三方平台，全渠道零售满足客户多元需求。不同的终端触点作用会有侧重，网页版满足品牌需求，更好地展示罗莱品牌；微商城是网页版的补充，满足粉丝营销诉求；小程序是延展，满足多种营销功能和即时消费客群，第三方平台实现品牌引流。

（2）多触点线上+线下双线发展，互相引流，积极互动。增强黏性对于零售企业来讲，普遍面临的问题是流量越来越贵和客户难留存，无法挖掘客户生命周期价值。在传统实体店的快消式销售中，店铺于消费者而言，只是简单的钱货关系，没有深层链接。在第三方电商平台引来的流量也归属于第三方平台，并没有累积下自己的客户资产。第三方平台则可以通过全渠道的布局，将门店+官方商城+第三方平台的优势结合起来，达到最大化的效果，实现流量+品牌+互动+留存的综合发展。

通过对公众号、微商城、小程序的运营，不再是单方面的钱货关系，也不是等着客户哪天突然想起过来光顾的随机消费，而是增加客户的黏性，挖掘客户潜在的消费需求，培养忠实的消费者，将客户沉淀在自己的渠道里。用"线上引流-线下体验"和"线下活动-线上直播"的方式更广泛地触达用户群体，线上线下火力全开，驱动业务整体提升。

（3）利用小程序拼团、优惠券等营销功能实现复购+老带新。基于微信平台的小程序，受众群体广，可以依赖于公众号，也可以独立推广，不需要关注，即用即走。入口更简单，直接扫码。被记录下的访问记录，任务栏下拉、我的小程序等多种入口方便消费者二次访问。利用拼团、优惠券、积分等营销玩法实现精准裂变，不仅可以将门店顾客变成微信粉丝，实现用户留存，通过促销实现复购+老带新。

罗莱家纺充分利用小程序拼团模式，抢占小程序微信流量红利，利用社交分享促进传播迅速裂变。在后台灵活针对促销商品发起拼团活动，个性化设置拼团玩法，包括拼团价格、时间、参团人数等。用户通过将拼团购物链接转发给微信好友、微信群，或分享拼团海报到朋友圈等方式邀请好友参团。不仅能在短时间内快速成单，还能让品牌快速传播到更多用户面前。这种裂变式的社交拼团模式，以极低的成本不断地带动用户增长。

罗莱以新零售的思维布局全渠道零售体系，构造移动、PC、实体三位一体的终端服务，全天候、全链路、在线化链接消费者。同时积极布局网络直播、社群营销、品牌小程序等新兴销售渠道，并不断探索各类新营销方式。利用不同渠道的特性，优势互补，融合线上线下打造消费闭环。

问题：

1. 请结合罗莱家纺特色网络渠道的设计，分析线上线下渠道策略的优缺点。

2. 请结合罗莱公司全渠道零售体系的优点，分析网络营销渠道整合的重要性。

本章小结

1. 营销渠道是指与向消费者提供产品或服务这一过程有关的一整套相互依存的机构，它涉及信息沟通、资金转移和事物转移等。其特点主要有：用途多元化、结构简单化、交易成本节约化和功能多元化。

2. 根据互联网信息交互的特点，网络营销渠道可以分为两大类：一类是通过互联网实现从生产者到消费（使用）者的网络直接营销渠道（简称"网上直销"），另一类是通过融入互联网技术后的中间商机构提供网络间接营销渠道。了解不同类型的交易过程并合理选择，有利于企业的产品顺利完成从生产到消费的转移，促进产品销售，并有利于企业获得整体网络营销上的成功。

3. 中间商是指在企业与消费者之间参与产品交易业务、促使买卖行为发生和实现、具有法人资格的经济组织和个人。在评估、选择电子中间商时，必须考虑成本、信用、覆盖面、特色和连续性五大因素。

4. 网络营销物流渠道体系可以有以下几种组建模式：自营物流、外包物流（第三方物流）、物流联盟，企业应当结合自身特点进行选择。

5. 现行物流渠道结构有三种形式可供选择：物流分层结构系统、物流直接结构系统和物流复合灵活结构系统。要从强化信息化技术与电子商务之间直接的耦合、建立跨区域的物流信息化共享平台、加快新型物流人才的培养等方面对网络营销物流渠道进行优化与整合。

复习与实践

1. 复习题

(1) 网络营销渠道有什么特点？如何对其进行分类？

(2) 网络直销渠道的优缺点是什么？网络间接渠道的优缺点是什么？

(3) 试简述网络直销渠道与网络中介渠道的流程。

(4) 网络营销中的物流有什么特点？有哪些模式可供选择？

(5) 如何对网络营销中的物流渠道进行优化整合？

2. 知识运用

(1) 通过收集资料考察一家公司的网络营销渠道建设及实施情况，分析其特点与优势。

(2) 结合本章所学知识，思考电子商务的迅猛发展给物流业的发展带来的压力以及两者之间的交互影响，考虑如何更好地实现物流与电子商务的完美结合。

第 8 章
CHAPTER 8

网络促销策略

教学说明

1. 理解网络促销的内涵与特点
2. 掌握网络促销的基本流程
3. 了解信息发布类网络促销的常用策略
4. 了解社交沟通类网络促销的常用策略
5. 了解在线娱乐类促销的常用策略

☞ **引导案例**

《人民的名义》社会化营销①

2017年，一部名为《人民的名义》的电视剧收视火爆，以下从社会化营销的角度来解读一下该剧热播的原因。

1. 稀缺。在这之前近十年的影视剧中，鲜有涉足反腐题材，即使2016年热播剧《人民检察官》，主题也是以官员刑事案件为主。国内第一反腐畅销书作家做编剧，熟悉反腐题材。

---

① 资料来源：https://www.toutiao.com/i6405485667014410754/。

2. 窥探心理。反腐作为敏感话题，更多出现在小说之中，该剧第一次破天荒、大力度地将近几年的反腐成果以尽可能接近原型的巧妙手法（比如回避奢靡过程）呈现出来，满足了社会大众的好奇心理。

3. 社会化营销成功引爆。社会化媒体快速地让该剧火遍全国，一系列的社会话题引起社会的强烈反响，热点话题层出不穷。该剧的热播掀起了网友的热议，各种猜想、演绎参与到话题的制造之中，各种热点话题频上热搜。

8.1 网络促销概述

8.1.1 网络促销的内涵

1. 网络促销的含义

促销是指企业利用多种方式和手段来支持企业的各种市场营销活动，而网络营销中的促销是指利用网络信息技术，向网络虚拟市场传递有关产品和劳务的信息，以激发市场需求，引起顾客购买欲望和购买行为的各种活动的总称。促销是网络营销中极为重要的一项内容，具有很强的现实意义。网络促销的主要类型有信息发布类促销、社交沟通类促销、在线娱乐类促销等。

网络促销突出表现为以下三个明显的特点：

（1）通过网络技术传递产品和劳务的存在、性能、功效及特征等信息；

（2）在虚拟市场进行；

（3）将所有企业推向了一个统一的市场。

2. 网络促销与传统促销的区别

虽然网络促销是促销的一种，但是和传统促销又有很多不同之处。传统促销和网络促销的作用都是让消费者认识产品，引起消费者的注意和兴趣，激发他们的购买欲望，并最终实现其购买行为。但由于互联网强大的通信能力和覆盖面等特点，网络促销在时间和空间、信息沟通方式、消费群体和消费行为上与传统的促销活动相比都发生了较大的变化，具体如表 8-1 所示。

表8-1　　　　　　　　网络促销与传统促销的区别

项目	传统促销	网络促销
时间和空间	地理半径有限、时间有限	全球范围、任何时间
信息沟通方式	单向、迟缓、面对面	双向、快捷、互不见面
消费群体	大众	网络购物者
消费行为	脱离生产和商业流通	直接参与生产和商业流通循环

对于网络促销，一方面应当站在全新的角度去认识这一新型的促销方式；另一方面则应通过与传统促销的比较去体会两者之间的差别，吸收传统促销方式的整体设计思想，采取行之有效的促销技巧。

3. 网络促销的作用

网络促销的作用主要表现在以下五个方面。

（1）信息告知。网络促销能够把一个企业的产品、服务、价格等信息传递给目标公众，引起他们的注意，这是网络促销最直接也是最基本的作用。例如京东商城经常在今日头条页面发布促销信息，告知顾客各类年货节、年中大促的开始以及各类满减、优惠、换购、赠送会员年卡等促销项目。

（2）说服诱导。网络促销的目的在于通过各种有效的方式，解除目标公众对产品或服务的疑虑，说服目标公众购买。例如，在同类产品中，许多产品往往只有细致的差别，使消费者难以察觉。企业通过网络促销活动，宣传自己产品的特点，使消费者认识到本企业的产品可能给他们带来的特殊效用和利益，进而乐于购买本企业的产品，达到促销目的。2022年科大讯飞在全网发布广告，广告简要说明了该品牌将全部产品整合为AI人工智能导向的特点，扫描下方二维码后，会详细介绍科大讯飞系列产品融入大众生活的技术特征，具有说服诱导的功能。

（3）激发需求。广大受众都能看到网络广告，通过点击便可轻松了解产品信息。具有吸引力的网络促销手段，可以发掘潜在消费者，扩大销量。2022年冬奥期间，盼盼食品在小红书app上持续发布促销信息，推动消费者购买或多购买。

（4）稳定销售。一个企业的产品销售量，可能因为市场地位不稳等原因，时高时低，波动很大，这时企业通过适当的网络促销活动，树立良好的产品形象和企业形象，往往有可能改变消费者对本企业产品的认识，使更多的用户形成对本企业产品的偏爱，达到稳定销售量的目的。如2021

年 7 月河南郑州发生特大自然灾害时，鸿星尔克低调宣布捐赠 5000 万元，不料成了最大热度的话题活动，被网友推上热搜，引发了热烈的品牌关注及销售狂潮。

（5）反馈作用。网络促销能够通过电子邮件等方式及时地收集、汇总消费者的需求和意见，迅速反馈给企业管理层。网络促销所获得的信息基本上都是文字资料，信息准确，可靠性强，对企业经营决策具有较大的参考价值，有利于企业的成长和发展。

8.1.2 网络促销的实施过程

网络促销的实施程序一般分为六个步骤，如图 8-1 所示。

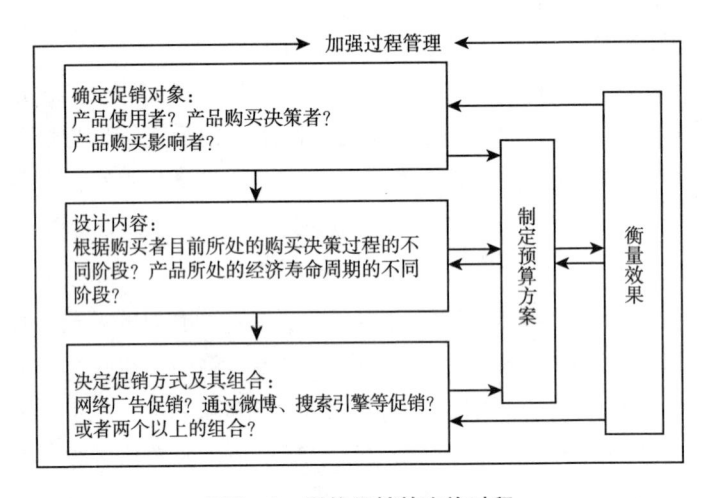

图 8-1　网络促销的实施过程

1. 确定促销对象

网络促销对象是针对可能在网络虚拟市场上产生购买行为的消费者群体提出来的。随着网络的迅速普及，这一群体在不断扩大。这一群体主要包括五类人员：产品购买的发起者、产品购买的使用者、产品购买的决策者、产品购买的采购者、产品购买的影响者。

2. 设计内容

网络促销的最终目标是引起购买行为，这个最终目标要通过设计具体的内容来实现。消费者的购买是一个复杂的、多阶段的过程，促销内容应根据购买者目前所处的购买决策过程的不同阶段和产品所处生命周期的不同阶段来决定。

3. 决定促销方式及其组合

促销组合是一个非常复杂的问题。网络促销活动可以通过网络广告、微博、搜索引擎等展开。但由于企业的产品种类不同，销售对象不同，促销方法与产品种类和销售对象之间会产生多种网络促销的组合方式。企业应当根据多种促销方法各自的特点和优势，根据自己产品的市场情况、消费者情况，扬长避短，合理组合，以达到最佳促销效果。

4. 制订预算方案

在制订预算方案时需要考虑以下内容。

（1）网络促销的方法及组合的办法。选择不同的网络中间商，宣传价格可能相差极大。所以，企业应当认真比较他们的服务质量和服务价格，从中筛选适合本企业的、质量与价格匹配的信息服务站点。

（2）网络促销的目标。是树立企业形象，宣传产品，还是宣传售后服务？确定了这些目标，再来策划投放内容的多少，包括文案的数量、图形的多少、色彩的复杂程度；投放时间的长短、频率和密度；广告宣传的位置、内容更换的时间间隔以及效果检测的方法等。

（3）网络促销对象。一般来讲，侧重于学术交流的站点或平台的服务费用较低，专门从事产品推销的费用则相对较高，而某些综合性的网络中间商费用最高。在宣传范围上，单纯使用中文促销的费用较低，使用中英文促销则费用较高。企业促销人员应当熟知自己产品的销售对象和销售范围，根据自己的产品选择适当的促销形式。

5. 衡量效果

对促销效果的评价主要依赖于两个方面的数据。一方面，要充分利用互联网上的统计软件，及时对促销活动的成效做出统计。这些数据包括主页访问人次、点击次数、千人广告成本等。在网上，企业可以很容易地统计出站点的访问人数，也可以很容易地统计广告的阅览人数。利用这些统计数字，企业促销人员可以了解自己在网上的优势与弱点，以及与其他促销者的差距。另一方面，效果评价要建立在对实际效果全面调查的基础上，通过调查市场占有率的变化情况、产品销售量的增加情况、利润的变化情况、促销成本的降低情况，判断促销决策是否正确。

6. 加强过程管理

在衡量网络促销效果的基础上，对偏离预期促销目标的活动进行调整是促销取得良好效果必不可少的程序。同时，在促销实施过程中，不断地进行信息沟通的协调，也是保证企业促销连续性、统一性的需要。

8.2 信息发布类促销策略

8.2.1 网络广告

1. 网络广告的含义

网络广告是指以网络为媒体，在网络上播放的广告。主要包含合约广告、搜索与竞价广告、程序化交易广告和原生广告等类型。网络广告可以定义为：在互联网上，以网站为媒体，使用文字、图片、声音、动画或是影像等方式，来传达广告所要表达的信息。

2. 网络广告与传统广告的比较

（1）交互性和纵深性。网络广告不同于传统媒体的信息单向传播，网络广告是信息的互动传播。通过链接，消费者只需简单地点击鼠标，就可以从企业的相关站点中得到更多、更详尽的信息。消费者可以通过广告直接填写并提交在线表单信息，企业可以随时得到宝贵的消费者反馈信息，进一步拉近消费者和广告客户之间的距离。同时，网络广告可以提供进一步的产品查询需求。

（2）广泛和开放性。网络广告可以通过互联网把广告信息全天候、24 小时不间断地传播到世界各地，这是传统媒体无法做到的。另外，报纸、杂志、电视、广播、路牌等传统广告都具有强迫性，而网络广告的过程是开放的、非强迫性的，这一点与传统传媒有本质的不同。

（3）多维性和体验性。传统媒体是二维的，而网络广告则是多维的，能将文字、图像和声音有机地组合在一起，传递多感官的信息，让消费者身临其境地感受产品或服务。网络广告的载体基本上是多媒体、超文本格式文件，消费者可以对感兴趣的产品信息进行更详细的了解，能亲身体验产品、服务与品牌。这种图、文、声、像相结合的广告形式，将大大增强网络广告的实效。

（4）易统计和可评估性。在传统媒体上做广告，很难准确地知道有多少人接收到广告信息。而网络广告可以详细地统计被浏览的总次数、每个广告被点击的次数，甚至还可以详细、具体地统计出每次访问的访问时间和 IP 地址。另外，提供网络广告发布的网站或平台一般都能建立用户数据库，包括用户的地域分布、年龄、性别、收入、职业、婚姻状况、爱好等。这些统计资料可帮助广告主统计与分析市场和受众，根据广告目标受众的特点,有针对性地投放广告,并根据消费者特点做定点投放和跟踪分析,对广告效果做出客观准确的评估。

(5) 实时和可控性。网络广告可以根据消费者的需求快速制作并进行投放,而传统广告制作成本较高,投放周期固定。而且,在传统媒体上做广告,发布后很难更改,即使可以改动往往也需付出很大的经济代价,而网络广告则可以根据消费者的需要及时变更广告内容,这样,企业的经营决策变化就能及时实施和推广。

(6) 灵活和快捷性。在传统媒体上做的广告发布后很难更改,即使可改动往往也需付出很大的经济代价。这是因为在传统广告媒体上,从策划、制作到发布需要经过很多环节,广告一旦发布,内容就很难改变而且费用昂贵,因而难以实现广告信息的及时更改;而在互联网上做广告则能根据需要及时变更广告内容,当然包括改正广告的错误。这就使企业经营决策的变化可以及时地实施和推广。网络广告的信息反馈也非常快捷,消费者可以直接与企业进行沟通,企业也可以从广告的统计情况了解网络广告的效果。

3. 网络广告的分类

网络广告一般有四种类型:合约广告、搜索与竞价广告、程序化广告和原生广告。

合约广告,顾名思义是一种按照合约规定的计费方式支付广告费用的网络广告形式。主要有广告位合约、受众定向合约及展示量合约等三种类型。

搜索与竞价广告是通过关键词查询进行受众定向,并按照竞价方式售卖和按照点击量进行结算的广告产品。

程序化广告是指利用技术手段进行广告交易和管理的广告。企业可以程序化采购媒体资源,并利用算法和技术自动实现精准的目标受众定向,只把广告投放给特定的广告对象。

原生广告是指广告商在用户体验中通过提供有价值的内容试图抓住用户的眼球,以此降低普通展示广告的侵入性,增加转化率的一种广告形式。原生广告的形式多种多样,可以是视频、图片、文章、音乐或者其他媒体形式。

4. 网络广告实施过程

(1) 网络广告目标群体分析。首先要确定网络广告的目标群体,简单来说就是确定网络广告希望让哪些人来看,确定受众是哪个群体、哪个阶层，位于哪个区域。只有让合适的目标群体来参与广告活动，才能使广告有效地实现目标。

（2）确定网络广告的沟通目标。网络广告沟通目标的作用是通过信息沟通使消费者对品牌的认识、情感、态度和行为发生变化，从而实现企业的营销目标。在公司的不同发展时期有不同的广告目标，比如说是形象广告还是产品广告，对于产品广告，在产品的不同发展阶段，广告的沟通目标可分为提供信息、说服购买和提醒使用等。AIDA法则是网络广告在确定广告沟通目标过程中的规律。

第一个字母A是"注意"（attention）。在网络广告中意味着消费者通过对屏幕上广告的阅读，逐渐对广告主的产品或品牌产生认识和了解。

第二个字母I是"兴趣"（interest）。网络广告浏览者注意到广告主所传达的信息之后，对产品或品牌产生了兴趣，想要进一步了解广告信息，他们可以点击广告，进入广告主发布在网上的营销站点或网页中。

第三个字母D是"欲望"（desire）。感兴趣的广告浏览者对广告主通过产品或服务提供的利益产生"占为己有"的企图，他们必定会仔细阅读广告主的网页内容，这时就会在广告主的服务器上留下网页阅读的记录。

第四个字母A是"行动"（action）。最后，广告浏览把浏览页面的行为转换为符合广告目标的行动，可能是在线注册、填写问卷参加抽奖或者是在线购买等。

（3）网络广告信息设计。网络广告是信息型的广告，网络广告的浏览者是各类信息的寻求者，他们不会单凭某种印象就做出网上购买的决定。他们习惯于对信息进行理性分析，所以网络广告应能向他们提供足够详尽的具有逻辑和说服力的信息，才能最终促成购买决策。可见，广告信息设计是网络广告中非常重要的一个环节。

根据网络广告沟通目标的要求，网络广告信息设计既要传达大众化的信息，又要传达个性化的信息，实现大众沟通和个体沟通的统一。企业网页是大众沟通的主要手段之一，企业网页的内容应做到全面、层次清晰，提高内容的吸引力和信息表达程度；其次要设计合理的信息结构，即企业的各类信息和页面上的架构、相互关系及链接，如果提供的信息路径烦琐，连接和传输速度很慢，可能会造成许多不耐烦的浏览者离开网页；最后还要设计信息的格式，即信息的标题、文字、图像、菜单等，使得企业网页的界面友好，易于导航。

（4）选择网络广告中介。企业设计制作和发布网络广告离不开各类网络广告中介，网络上有众多信息服务商，但这些信息服务商在资金、技术、市场、速度与出口等方面差别很大，进行网络广告策划必须慎重选择信息服务商，否则会给企业造成难以想象的损失。

（5）制定网络广告预算。正确编制网络广告预算是网络广告活动得以顺利进行的保证，要正确编制预算，首先要了解网络广告的主流收费方式。由于目前网络广告市场还不成熟，广告主对网络广告知之甚少，因此许多信息服务商为获得客户只好采取客户能够认可的以点击量作为收费标准的收费模式，但有一些信息服务商是利用广告主缺乏网络广告的知识和经验，为了获得更多的利润而故意采取这样一种误导性收费模式。

（6）广告实施。网上发布广告的渠道和形式众多，各有长短，企业应根据自身情况及网络广告的沟通目标，选择网络广告发布渠道及方式。目前，可供选择的主要渠道和方式如下。

企业自己建立主页发布。建立自己的主页，对于企业来说，是一种必然的趋势。它不但树立了企业形象，也是宣传产品的良好工具。在互联网上做广告的很多形式都只是提供了一种快速链接企业主页的途径，所以，建立企业的主页是最根本的。企业的主页网址也像企业的地址、名称、电话一样，是独有的，是企业的标志，是企业的无形资产。

通过网络内容服务商（ICP）发布。如新浪、头条、网易、微信、微博等，它们提供了大量互联网用户感兴趣并需要的免费信息服务，包括新闻、评论、生活、财经等内容，因此，这些网站及社交媒体的访问量非常大，是网上最引人注目的站点，这样的服务商是网络广告发布的主要阵地。

网络报纸或网络杂志。随着互联网的发展，国内外一些著名的报纸或杂志纷纷在互联网上建立了自己的主页；更有一些新兴的报纸或杂志，放弃了传统的"纸"媒体的形式，完完全全地成为一种"网络报纸"或"网络杂志"。其影响非常大，访问的人数不断上升。对于注重广告宣传的企业来说，在这些网络报纸或网络杂志上做广告，也是一个较好的传播渠道。

新闻组。新闻组是人人都可以订阅的一种互联网服务形式，阅读者可成为新闻组的一员。成员可以在新闻组上阅读大量的公告，也可以发表自己的公告，或者回复他人的公告。新闻组是一种很好的讨论和分享信息的方式。广告主可以选择与本企业产品相关的新闻组发布公告，这将是一种非常有效的网络广告传播渠道。

类销售网。这是一种专业类产品直接在互联网上进行销售的方式。进入这样的网站，消费者只要在一张表中填上自己所需产品的类型、型号、制造商、价位等信息，然后按一下搜索键，就可以得到所需要产品的各种细节资料。

免费的电子邮件服务。在互联网上有许多服务商提供免费的电子邮件服务，利用这一优势，能够帮助企业将广告主动送至使用免费电子邮件服务的消费者手中。

企业名录。是指由一些互联网服务商或政府机构将一部分企业信息融入它们的主页中。如香港商业发展委员会的主页中就包括汽车代理商、汽车配件商的名录，只要消费者感兴趣，就可以通过链接进入选中企业的主页。

黄页。在互联网上有一些专门用以查询检索服务的网站，这些站点就如同电话黄页一样，按类别划分，便于消费者进行站点的查询。采用这种方法的好处，一是针对性强，查询过程都以关键字区分；二是醒目，处于页面的明显位置，易于被查询者注意，是消费者浏览的首选。

(7) 网络广告效果监测。对网络广告投放前、投放中、投放后的效果实施监测和评估，并不是个孤立的过程，需要对监测到的数据进行整理，并建立一个系统的数据库。这样不仅会对本次广告进行一个系统的评估，同时它的评估结果将会被记录在历史投放效果中，便于下次的广告投放进行借鉴和参考。

广告投放前分析。广告投放前分析主要包括历史投放效果分析、竞品广告投放策略分析、目标消费者行为分析、媒体选择策略分析。

广告投放中分析。对广告投放中的情况实施监测，例如，企业可以根据各媒体的用户曝光量推算出在哪个媒体的广告投放效果最好，哪些原因让企业的网络广告被消费者关注的程度增加。

广告投放后分析。广告投放后分析就是对广告效果做一个全面的评估，企业可以通过投放后分析了解到本次广告投放的效果怎样、本次广告投放覆盖的规模有多大、本次投放是否有效覆盖企业/产品的核心目标群体、本次投放有效覆盖了哪些区域的群体、本次投放有效传播过程怎样、本次投放的效率如何、本次投放的资源是否得到有效利用等。

广告投放前的媒体选择是有偏差的，但通过监测可以及时调整。精准的网络广告效果监测，可以挖掘网络消费者更细致的数据，创造出广告的最大价值，为广告主在前期提供更好地选择媒体的根据，减少广告投放的浪费。而广告投放完成后的整体评价，也能对下次广告投放有更好的准备。

8.2.2 社交媒体平台促销

1. 官方博客

由于沟通方式比电子邮件、讨论群组更简单和容易，博客已成为家庭、公司、部门和团队之间盛行的沟通工具。以公关和营销传播为核心的博客应用已经被证明是商业博客应用的主流。

2. 微博

微博是指一种基于用户关系信息分享、传播以及获取的通过关注机制分享简短实时信息的广播式的社交媒体、网络平台，允许用户通过 Web、Wap、Mail、app、IM、SMS 以及 PC、手机等多种移动终端接入，以文字、图片、视频等多媒体形式，实现信息的即时分享、传播互动。微博营销，就是借助微博这一平台进行的包括品牌推广、活动策划、形象包装、产品宣传等一系列的营销活动。微博运营工具包括以下类别。

（1）微博内容库工具。内容是一个微博生存的必要条件。很多人不知道怎么搞微博，怎么维护微博，主要还是不知道微博发什么？所以微博内容库就诞生了，主要目的是帮助需要使用微博维护的商户和个人提供相关关键词的内容，甚至连图片都帮你选好了。目前有大量的淘宝店主、企业和网站在使用。

（2）粉丝分析工具。对于从事微博营销工作的人来说，利用第三方工具来分析自己的微博粉丝是十分必要的，以新浪微博为例，"微数据"是新浪自带的粉丝分析工具，比较权威。"微博分析家"是一款可以全面分析关注、粉丝、评论、转发、人脉的应用，比"微数据"里的人脉关系更全面。其他粉丝分析工具还有微博粉丝分析、微博分析家、关注查询、新浪微博关注查询工具、绿佛罗等。

（3）内容分析。微博内容的分析，可以从内容的全面分析和单条内容的分析着手。

"微博风云"提供的数据比较全面，有活跃度排名、影响力排名、微博等级等大指标。如果想要分析单条微博的传播，那么可以使用"微博引爆点"和"转发粉丝数量统计"。这两款应用的使用方法都类似，输入某条微博地址，分析得出该条微博辐射范围和覆盖人数。

（4）定时发布与多平台发布。定时发布是指定时发布微博信息，支持有手机客户端和浏览器插件，而且还能多平台定时发布。

（5）网络影响力分析。可以利用 PageRank 算法及 Miu + 等分析工具，根据用户产生的内容，关注的人的类型，和朋友的互动情况来进行数据的分析和挖掘，可以得出每个人关注的领域和兴趣等情况，得到个人或企业的网络影响力领域。

3. 微信公众号

微信公众号是开发者或商家在微信公众平台上申请的应用账号，在平台上实现和特定群体的文字、图片、语音、视频的全方位沟通、互动，形成了一种主流的线上线下微信互动营销方式。企业开拓微信公众号的本意在于让企业的服务意识提升，在微信公众号平台上，企业可以更好地提供服务，包括零距离与顾客互动、获取新顾客、品牌宣传、多元化营销、精准营销、客户维护与反馈等。

微信公众号主要有四种类型：服务号、订阅号、企业号和小程序等。在微信上促销常见的方式是以文章或短消息的形式在公众号上发布促销信息，包括产品信息、促销活动。开展促销活动就是促进成单的一种常见而有效的方法。例如，麦当劳时常在微信公众号上发布新品促销、半价薯条等优惠活动信息，且效果显著，文章浏览量经常能突破 10 万人次。除此之外，微信平台还推出了付费流量广告，分别在朋友圈中部以及公众号文章中部和底部穿插广告。自 2014 年以来，微信允许品牌在朋友圈做广告，朋友圈广告报价较高，但可以根据性别、年龄、地点、职业、偏好、消费行为等来定义目标用户，投放人群更精准。公众号广告以点击量或天数的计数方式投放广告，通常出现在文章的中部或底部（投放商家自行选择），价格较朋友圈广告便宜不少。

在微信上销售的另一种流行方式是创建一个在线商店（小程序），用户可以直接查看和购买产品。品牌在小程序上搭载微信在线商城后，可以将其链接到公众号的菜单栏中。如果粉丝选择在在线商店购买产品，他们可以通过公众号菜单栏或文章嵌入小程序链接点击进入，从而达到更高的转换率。许多品牌已经建立了他们的网上商店，便于用户链接到它们的官方微信账号。近年来，微信视频号以"去中心化"的产品理念在产品宣传和发起促销等领域逐渐兴起。企业可以通过建立官方视频号，以评论点赞、链接文章、转发好友、分享朋友圈等主要功能将粉丝导流到自己的小程序商城或公众号。

8.2.3 信息检索平台促销

1. 搜索引擎营销

搜索引擎营销（search engine marketing，SEM），就是根据用户使用搜索引擎的方式，利用用户检索信息的机会尽可能将营销信息传递给目标用户。搜索引擎营销主要有以下六种形式。

（1）免费登录搜索引擎。常见的搜索引擎技术有两类：一类是纯技术型的全文检索搜索引擎，如谷歌等，其原理是通过机器手法检索程序，到各个网站收集、存储信息，并建立索引数据库供用户查询，这些信息并不是搜索引擎实时从网络检索到的，而是一个收集了大量网站或网页资料并按照一定规则建立索引的在线数据库，这种方法不需要各网站主动登录搜索引擎；另一类称为分类目录，这种方法并不采集网站的任何信息，而是利用各网站向搜索引擎提交网站信息时填写的关键词和网站描述资料，经过人工审核和编辑从而使各网站或网页收录到索引数据库中，例如百度。因此，企业可以通过将网址或促销信息登录到某个主流搜索引擎并保持排名靠前（通过搜索引擎优化），网络营销的任务就基本完成了。

（2）付费登录搜索引擎。其基本原理与免费登录搜索引擎相同，唯一的区别就是它是付费的，要求企业对搜索引擎营销的成本核算更加精确。企业还可以通过付费接入高德地图、百度地图等软件，将企业自身信息及促销信息发布出去。

（3）搜索引擎优化。搜索引擎优化即采用易于搜索引擎索引的合理手段，使网站对用户和搜索引擎更加友好，便于被搜索引擎收录及排名靠前。有的网站可以控制几个甚至几十个关键词在多个搜索引擎中的搜索结果保持在第一页，甚至排名第一，这对促销的影响是不言而喻的。

（4）关键词广告。关键词广告是收费搜索引擎营销的主要模式之一，不同的搜索引擎有不同的关键词，有的使付费关键词的检索结果出现在搜索结果列表的最前面，也有的出现在搜索结果页面的专用位置。

（5）竞价排名。竞价排名也是搜索引擎关键词广告的一种形式，按照付费高者排名靠前的原则，对购买了同一关键词的网站进行排名。竞价排名一般采取按点击付费的方式。与关键词广告类似，竞价排名可以方便地对用户的点击情况进行统计分析，也可以随时更换关键词以增强营销效果。

（6）网页内容定位广告。基于网页内容定位的网络广告是关键词广告搜索引擎营销模式的进一步延伸，广告载体不仅仅是搜索引擎搜索结果的网页,也延伸到这种服务的合作伙伴的网页。

2. 问答推广促销

问答推广是一种以提出问题和回答问题来做网站、品牌、产品推广从而促进销售的方法。问答推广可以有效提升企业网络可信度,增强企业网上软实力,打造企业网络品牌。可以通过问答平台进行问答营销,通过提升问答内容质量,真正帮助用户优化关键词等来实现企业的推广。

企业进行问答推广可以通过选择目标客户群,分布到主流的问答平台,同一个问题可以引发不同群体的讨论,覆盖面越广、曝光率越高。要尽可能多让目标客户参与进来,达到针对性的效果。如果问答设定的话题处理得当,引起广泛的社会舆论,问答推广的效果更能发挥到极致。

主流的问答平台有百度知道、腾讯问问、百度经验、百度贴吧、知乎、新浪爱问、悟空问答、搜狗问答、360 问答、快搜问答、天涯问答、宝宝树问答等。企业做问答推广的最终目的是宣传品牌,提高产品销量。但要注意操作方式,比如回答要详细、思路要清晰、最好有价值含量、字数不能少于 50 个字,文中尽量不要出现网址和电话,这样更有利于展示。

3. 百科推广促销

百科推广促销是利用百科网站这类网络应用平台,以建立词条的方式进行宣传推广,以达到提升产品知名度、品牌知名度、扩大产品销量为目的的营销活动。常见的百科网站或平台主要有百度百科、维基百科、搜狗百科、互动百科等。百科类的平台给我们的网络生活带来了丰富的知识,很多词语都会收录到平台。这对于网络推广人员来说,利用好百科会给推广和促销工作带来意想不到的效果,尤其是企业的新产品促销。百科是一种免费的平台,是企业可以利用的简单而有效的推广平台。

当我们在搜索引擎中搜索某个词条时,百科往往排在搜索结果的前面,这是因为百科的内容以文字为主,更容易被搜索引擎收录。如在百度搜索引擎中搜索"台灯"这个词汇会发现百度百科排在搜索结果的前面。表 8-2 为常用的百科网站特色功能。

表 8-2　　　　　　　　　常用百科网站特色功能

名称	特色
百度百科	百度百科数字博物馆、城市百科、企业百科、明星百科、医疗词条、百科商城等。实现与百度搜索、百度知道的结合,从不同的层次上满足用户对信息的需求
搜狗百科	涵盖所有知识领域,服务于全部互联网用户的高质量内容平台;强调"智慧搜索",不仅是网络百科全书,同时也是一个知识共享、交流的社区

续表

名称	特色
360百科	百科的主页以绿色为主色调，简洁大方。不仅是信息平台，还是服务平台
互动百科	用户可以在线实时与全球的互联网用户就共同感兴趣的内容进行创作、协作、编辑和发布

4. 分类站点或应用推广促销

分类网站是指某一类专门为顾客提供分类信息、分类广告、分类目录等咨询的网络应用平台。企业可以通过这些平台或网站以发布产品或服务为主要目的，从而达到提升企业产品美誉度、品牌知名度的效果。利用分类网站进行推广促销的作用在于直接帮助企业提升产品销量、提升企业有关信息的覆盖面，进而增加搜索引擎促销的效果。常见的分类站点如表8-3所示。

表8-3　　　　　　　分类站点或应用推广促销

信息类别	主要站点
电子商务类	阿里巴巴 环球资源 中国制造 淘宝网 马可波罗
网址导航类	Hao123 360 Sogou UC 网址导航
分类目录类	站长目录 网站分类目录 好站分类目录 114分类目录 Craiglist
企业黄页类	信息114 中国黄页 电信黄页 全球黄页 SuperPages
行业门户类	中国纸网 中国LED网 中国工业信息网 中国知网 中国轻工业网
生活信息类	58同城 赶集网 百姓网 前程无忧 智联招聘 BOSS直聘 小红书
同城小区类	口碑网 美团 19楼 大众点评
校园分类	今日校园 零点校园网 完美校园 百度校园 人人网

企业在使用分类站点推广促销时，应注意选择访问流量大、搜索排名靠前、与企业相关度较高的站点。同时，从顾客角度出发确定信息标题和内容，信息发布的时机和频率要认真计算；信息发布之后要通过点击率、曝光量、顾客反馈以及支付费用等方面进行跟踪评价。

8.2.4　信息接收平台促销

1. 电子邮件促销

电子邮件作为网络用户之间快捷、简便、可靠且成本低廉的现代化通信手段，已成为企业进行促销的强大工具，是一种主动向顾客提供有用信息，获得顾客需求的反馈，将其整合到企业的设计、生产、销售等营销组合系统之中的网络营销手段。

实现电子邮件促销主要有五个环节。(1) 让潜在顾客有兴趣并感觉可以获得某些价值从而加深对产品及企业的印象和注意力，直到自愿加入许可的电子邮件列表队列中；(2) 当顾客对产品或服务产生注意力时，企业可提供相应的说明文件或其他资料，让顾客充分了解企业的产品和服务；(3) 通过邮件继续提供激励措施，例如优惠码（券）等以保证顾客继续停留在电子邮件列表中；(4) 持续给顾客更大范围的激励措施和互动，例如邀请参与有奖调查、提供产品或服务的试用机会，甚至提供更加个性化的服务等；(5) 经过持续的措施影响顾客之后，促使顾客将兴趣和注意转化为购买行为，从而将电子邮件列表中的邮件地址变为企业利润。

表 8-4 为国内学者整理的利用电子邮件进行促销推广的经验技巧。特别值得注意的是，电子邮件促销行为应充分考虑顾客使用移动终端收发邮件和阅读时的体验。

表 8-4　　　　　　　　　　电子邮件促销推广技巧

序号	行为	技巧
1	邮箱收集	请顾客加入与产品推广相关的 QQ 群或微信群；通过激励措施进行会员招募；要求会员填写电子邮件地址
2	邮件内容	邮件标题要简明扼要有吸引力；邮件内容重点图突出，能引起兴趣；图文并茂，必要时可以发送音视频内容；尽量不要发送各种附件内容和其他不必要的链接
3	邮件发布	发布时间和发布频率要根据邮件的内容和目的以及意向顾客的要求确定，可以采用营销人员发送或者使用邮件发送列表工具进行自动发送
4	邮件互动	及时解答顾客疑惑；对于会员顾客可以采取多种方式增加顾客忠诚度，持续获得良好口碑，从而达到邮件促销的目的

2. LBS 促销

LBS 就是基于位置的服务，是指通过电信移动运营商的无线电通信网络或外部定位方式，获取移动终端用户的位置信息，在 GIS 平台的支持下，为用户提供相应服务的一种增值业务。

LBS 促销就是基于用户位置的信息推送式促销策略，内容主要包括企业通过确定移动设备或用户的地理位置进而提供与位置相关的各类信息服务。例如，找到手机用户的当前地理位置，然后在范围内寻找手机用户当前位置的酒店、餐饮、加油站、商场、影院等的名称和地址，同时将这些单位的促销信息一同推送到手机页面。这一过程实现了定位和服务两大功能，有助于企业促销产品，强化顾客忠诚度。LBS 促销主要应用于休闲娱乐业、生活服务业、商业服务业和交通旅游业、快消品行业等。

> **营销经典**
>
> **瑞幸咖啡的 LBS 促销推广**[①]
>
> 2017 年 11 月，随着瑞幸咖啡北京新店的开张，瑞幸首次尝试了朋友圈本地推广广告，筛选门店附近 1.5 千米范围及 CBD 区域的适龄人群进行海量曝光，最终效果十分可观：仅仅 2 天的投放，带来了近 2000 次 app 下载，店面人流量翻了三番。这样的效果也坚定了其继续投放朋友圈广告的信心，而接下来几乎每一家新店开张的背后，都有朋友圈本地推广的身影。瑞幸咖啡通过 LBS 在朋友圈向门店或中央厨房周边 1.5 千米范围（正好是外卖配送范围）的用户精准推送广告。

8.3　社交沟通类促销策略

社交沟通类平台从根本上改变了人与人之间的互动方式，人们越来越倾向于在虚拟的社交空间里建立和扩展社交关系。越来越多的社交沟通类应用使得几乎所有的产品和服务都可以通过类似于 QQ、微信这类软件进行推广和销售。

8.3.1　即时通信类促销

即时通信（IM）是一种基于互联网的即时交流消息的业务，允许两人或多人使用网络即时传递文字信息、文档、语音、视频交流，还逐渐加入了电子邮件、博客、音乐、电视、游戏和搜索等多种功能。即时通信除了能加强网络之间的信息沟通外，最主要的是可以将网站信息与聊天用户直接联系在一起。通过网站信息向聊天用户群及时群发送，可以迅速吸引聊天用户群对网站的关注，从而加强网站的访问率与回头率。即时通信有效节省了沟通双方的时间与经济成本，因此它不但成为人们的沟通工具，还成为人们利用其进行电子商务、工作、学习等交流的平台。

[①] 资料来源：界面新闻《咖啡界的"黑马"瑞幸是怎么通过朋友圈营销的？》，https：//www.jiemian.com/article/2148265.html。

常见的即时通信工具根据使用场景和功能属性不同可以分为个人即时通信、商务即时通信、企业即时通信、行业即时通信、网页即时通信和泛即时通信等。前述章节已述及，以微信为代表的平台可以通过朋友圈广告、公众号、小程序等途径直接以降价、折扣、赠品等方式进行促销。企业也可以在其他社交平台上（如抖音、哔哩哔哩、小红书等）采用裂变引流等方式达到促进产品销售的目的，裂变引流的方式主要有会员制、拼团、整点秒杀和集赞等。

8.3.2 论坛促销

论坛的英文全称是 bulletin board system，简称 BBS，翻译成中文就是"电子公告板"。现在的论坛几乎涵盖了我们生活的各个方面，几乎每一个人都可以找到自己感兴趣或者需要了解的专题性论坛，而各类网站，综合性门户网站或者功能性专题网站也都青睐于开设自己的论坛，以促进网友之间的交流，增加互动性和丰富网站的内容。最常见的形式就是社区论坛，国内比较知名的论坛有天涯论坛、百度贴吧、亲子论坛、猫扑网、开心网、新浪论坛、人民网强国论坛、知乎、麻辣论坛、豆瓣、果壳网、马蜂窝论坛、宝宝树等。

企业利用论坛这种网络交流平台，通过文字、图片、视频等方式发布企业的产品和服务的信息，从而让目标客户更加深刻地了解企业的产品和服务，最终达到企业宣传企业的品牌、加深市场认知度、扩大产品销量的网络营销活动，这就是论坛推广与促销。企业在进行推广促销时要注意以下几点技巧。

（1）先要找准企业网站的目标论坛。论坛发帖不是哪个论坛都可以，而要选取集中了大量的企业潜在客户，人气也相对比较旺，具备个人签名功能，提供链接功能，并且发帖后能够作修改的论坛，这几点非常重要，关系论坛推广的成功与否。

（2）选择的帖子内容要存在争议性。发帖内容要具备争议性，一面倒的帖子不会让帖子的受众产生回复和点击的兴趣，只有话题有争议、有看点、有热点，才会引发关注和点击，但需注意不要一味地为了争议而争议，要与自己的产品和网站相关，不然再热的话题也不能给网站增加半点流量。

（3）善于为帖子借力。帖子很快赢得大量关注并不是一件容易的事情，可以寻找一些回帖率很高的帖子取得原作者授权后进行转载，并在帖子末尾加上签名或广告进行宣传。

（4）帖子内容分开发。不论帖子内容多么有吸引力，都很少有人有耐心看完一个长长的帖子，所以要学会把帖子进行拆解，把一个帖子的内容分成多个帖子，以跟帖的形式分多次发，这样不仅让受众心存期待，同时也会为帖子增加人气。

（5）坚持发帖并顶帖。企业在进行论坛推广的过程中，可以选择网络营销软件辅助，进而实现自动发帖和顶帖，保持与粉丝的互动。

8.4 在线娱乐类促销策略

8.4.1 网络视频促销

随着互联网的快速发展，企业在营销推广方面有越来越多的选择。短视频是过去几年的一个新兴行业。其中，短视频内容营销已经成为品牌与用户沟通的核心手段，也是短视频营销成功的关键。原生视频广告正在让品牌与用户的交流变得越来越有趣和富有想象力。

1. 定义

网络视频促销指的是通过数码技术将产品营销现场实时视频图像信号和企业形象视频信号传输至互联网，以达到一定宣传目的的营销手段。网络视频广告的形式类似于电视视频短片，平台却在互联网上。

2. 模式

网络视频具有电视短片的种种特征，例如感染力强、内容形式多样、激发创意等，又具有互联网营销的优势，例如互动性、主动传播性、传播速度快、成本低廉等。可以说，网络视频促销是将传统电视广告与互联网营销集于一身的新型促销方式。

3. 制作与传播

网络视频制作分为以下几大步骤：选题、脚本 & 拍摄、剪辑、标题、话题、发布。

传播渠道分为视频网站传播（优酷、土豆、爱奇艺、YouTube、抖音、快手、bilibili 等）和自媒体传播（微信、QQ、微博、Twitter、Facebook 等）。

4. 策略

（1）网民自创策略。中国网民的创造性是无穷的，在视频网站，网友们不再被动接收各类信息，而是能自制短片，喜欢上传并和别人分享。除浏览和上传之外，网民还可以通过回帖就某个视频发表意见，并给它评分。因此，企业完全可以把广告片以及一些有关品牌元素、新产品信息等的视频放到视频平台上来吸引网民的参与，例如向网友征集视频广告短片，对一些新产品进行评价等，这样不仅可以让网友有收入的机会，也是非常好的宣传机会。

（2）病毒营销策略。视频营销的厉害之处在于传播的精准，受众首先会产生兴趣，关注视频，再由关注者变为传播分享者，而被传播对象势必是有着和他一样特征兴趣的人，这一系列的过程就是在目标消费者中进行精准筛选。网民看到一些经典、有趣、轻松的视频总是愿意主动去传播，通过受众自发地传播企业品牌信息，会带着企业的信息像病毒一样在互联网上扩散。病毒营销的关键在于企业要能提供好的、有价值的视频内容，然后找到一些易感人群或者意见领袖帮助传播。

（3）事件营销策略。事件营销一直是线下活动的热点，国内很多品牌都依靠事件营销取得了成功，其实，策划有影响力的事件，编制一个有意思的故事，将这个事件拍摄成视频，也是一种非常好的方式，而且，有事件内容的视频更容易被网民传播，将事件营销思路放到视频营销上将会产生新的营销价值。

（4）整合传播策略。由于用户的媒介和互联网接触行为习惯不同，单一的视频传播很难有好的效果。视频营销可以跟主流的门户、视频网站合作，提升视频的影响力。对于互联网的用户来说，线下活动和线下参与也是重要的一部分，因此可通过互联网上的视频营销，整合线下的品牌传播方式。

营销经典

洽洽联手《中国国家地理》拍摄纪录片《时间的种子》[①]

为助力坚果健康，为消费者带来更好的体验和服务，精准触达目标人群并与消费者深入沟通，洽洽与《中国国家地理》联合拍摄了纪录片《时间的种子》，通过对洽洽广西百色坚果种植基地的探索，向全世界展现出一包高品质每日坚果的诞生历程。

该纪录片以《中国国家地理》为品牌背书，添加自然地理元素，带给消费者与一般广告不一样的视觉体验。纪录片展现了从源头种植

---

① 资料来源：https://xw.qq.com/cmsid/20220428A0324400。

到坚果运输、恒温烘烤、成品制作在内的坚果诞生历程。洽洽品牌成立以来，始终坚持产品创新、工艺创新、品类创新、品牌创新，世界各地哪里有新鲜坚果，洽洽就到哪里。视频以纪录片的形式将洽洽的自有种植基地、全球新鲜采摘、冷链运输、保鲜技术等展现给观众。

在传播推广过程中，洽洽品牌依靠自然流量进行纪录片的传播，达成千万级传播量，观众好评如潮。纪录片作为媒介，在与消费者沟通的过程中，有效提升了洽洽的品牌形象，提升了消费者的共鸣感。

8.4.2 游戏化促销

娱乐是人的天性，人在玩游戏的时候会感觉身心愉悦，通过沉浸式的心理满足，达到缓解情绪的目的。游戏化营销的本质是将促销目的体现在游戏元素中，让用户在玩的过程中关注产品，最后产生购买的行为。

如今的大众每天都要接受各种各样的信息，面对信息过载，大家会自动忽略大部分垃圾内容，对广告更是很难提起兴趣。而大部分人都喜欢游戏，如果利用游戏化的思维去设计品牌营销，达到的效果是单纯的广告所不能企及的。

把游戏的元素融合进营销之中，不仅仅是品牌方与游戏的直接合作，还可以用游戏的思维去做营销。关键在于促使用户参与其中，让用户感到有兴趣，激发他们的内在动力，赋予广告营销可玩的价值。

1. 定义

游戏化思维就是将游戏元素和技巧应用于非游戏化场景，来解决商业、教育、生活、政治等社会问题。合理运用游戏化思维，能够让人更容易接受公司的促销。

2. 模式

（1）设定一个清晰的目标。营销与游戏一样，都需要寻找一个有趣的目标或角度吸引用户参与，都需要在过程中设计一些"诱惑式"的元素让用户逐级深入，都需要用户在其中寻找情感共鸣从而产生长期的依赖。好的营销，与好的游戏一样，都善于深入体察目标用户的心理动机，从而为用户提供慰藉或满足。

（2）要提供反馈机制。反馈机制分为正反馈和负反馈。正反馈是受控部分发出的反馈信息与控制信息一致，可以促进或加强相关活动；负反馈则具有相反作用。在游戏中，玩家的举动都会得到反馈。玩家在完成任务后获得经验和金币作为奖励，从而促使玩家继续进行任务，这就是正反馈；若玩家点击游戏人物没有得到任何反应，那么玩家的游戏参与感就会逐渐消失，这就是负反馈。

大多数用户通常只有在获得正反馈的情况下才会产生继续游戏的动力，而负反馈则会打消人们的积极性。正反馈是一种激励，所以，游戏设计者在设计游戏时会用正反馈机制来引导玩家，当玩家熟悉了游戏之后会主动寻求正反馈，这样就形成了一个良性循环。

（3）让玩家有成就感。成就感和自豪感是玩家在游戏中获得的最重要的东西之一。比如玩家在完成某个特殊任务后就可以获得一个成就，而且这个成就会被显示在游戏界面中最显眼的位置，并搭配上特殊的音效，甚至在游戏中公告等，这些都可以让玩家获得巨大的成就感和自豪感。

（4）设置社交属性。在社交为王的时代，什么领域都要与社交搭上关系，游戏更是如此，用户的互动起到了很重要的因素。2017年，《欢乐狼人杀》游戏在苹果应用商店中的下载排名迅速跃至第三名，成为继 QQ、微信之后的第三大社交软件。这款软件具有极其强大的游戏社交功能，玩家们在游戏中分饰不同或相同的角色，用智力进行博弈。玩一局"狼人杀"只需要四分钟的时间，在这样的社交游戏中，玩家可以和其他许多资深玩家共同进行游戏，这种快节奏的游戏深受年轻玩家的欢迎。

营销经典

　　游戏化思维，让用户主动参与促销活动——滴滴出行的 H5 活动[①]

　　背景介绍：该活动是针对晚上打车的重点人群——北上广深的"加班狗"。参与者可以列出自己加班的大楼并回答问题，排名靠前者获得专车代金券。但是很多参与者参与其中并不是为了获得专车代金券，而是为了将自己公司大楼的排名顶上去，以此自黑和自嘲，宣泄自己加班的无奈。

　　游戏化思维：滴滴的这个 H5 成功的关键有三点。（1）以往在设计商业活动的时候，都会设置一些实质性的奖励措施，但是在游戏化

[①] 资料来源：《用游戏化思维做产品，想不火都难》，https：//www.sohu.com/a/118262848_463968。

思维里，游戏本身就是奖励，比如滴滴的这个 H5 活动里，"让自己的大楼排名靠前从而宣泄自己的加班无奈"，就是参与者获得的奖励。(2) 玩家的兴奋感在于自主意识——自己的参与可以决定自己所在大楼的排名，动机被内化后，人们参与的积极性就更高了。(3) 参与者能看到大楼的实时排名，游戏中的这一"实时反馈系统"让参与者乐此不疲地去完成任务。

8.4.3 软文促销

1. 定义

软文促销就是以文字的形式对所要促销的产品或服务进行推广，从而促进产品销售。社交媒体时代的软文促销形式主要有企业在报纸、杂志、DM、网站、手机短信、社交 app 等载体上刊登的用以提升企业知名度促进产品销售的宣传性、阐释性文章，包括特定的新闻报道、深度文章、付费短文广告、案例分析等。

2. 分类

按照软文内容特点可以分为新闻类软文、故事类软文和科普类软文；按照促销目的可以分为产品促销类软文、品牌推广类软文、服务提升类软文以及公关活动类软文。

3. 主要方法

(1) 软文标题要直接、明确、富有吸引力。促销活动的形式多种多样，但品牌促销的内核一直都不能改变：在让利且不影响品牌形象的情况下，让产品尽可能多地销售出去，当然，能够做到品牌传播、企业形象正面积累也再好不过。因此，促销活动软文更多的不是告诉消费者产品优惠力度，而是告诉消费者企业为什么会开展这项活动。软文更多的是将"促销"当作工具，在活动以及品牌上面下功夫。

(2) 软文内容要简洁、引人入胜。促销活动软文就是企业给消费者讲故事、摆事实、讲道理，激发受众的消费冲动。故事能够起到两个作用：对于消费者而言，企业向他们传达了开展这项活动的原因，至于这个原因能够在消费者心中留下多深的印象，取决于软文作者和企业活动策划人员的功力。企业必须要在尽可能短的篇幅里达到引人入胜的效果，并且让顾客理解营销活动的目的。

（3）软文图片要真实、特点明确。适当添加图片，会使软文锦上添花。一般促销软文中附带的图片都是真实的图片，其产品是通过网络可以买到的真实产品，也是促销企业当季的主打产品。大多数软文中，图片都是和文字内容高度相关的，目的是更好地突出产品的特点和优势，这个产品如果能够符合大多数顾客的审美习惯，将有助于扩大销量，从而更好地发挥软文的促销效果。

8.4.4 电子书刊促销

1. 定义

电子书刊（E-book）是指以数字代码方式将图、文、声、像等信息存贮在磁、光、电介质上，借助设备来读取、复制和传输的传统纸质媒介的可选替代品。常见类型有电子图书、电子期刊、电子报纸和软件读物等。

电子书刊促销是指网络营销企业以互联网技术为基础，借助电子书这种媒介和手段进行促销活动的一种网络营销促销形式。企业可以将有关促销内容通过制作电子书的形式发布在网上供顾客免费下载，从而传递或发布有关产品促销的信息。常用的电子书刊促销方式主要有两类：一是企业制作电子书刊内容，包括企业最新产品、企业最新服务、企业最新促销活动；二是通过电子书发布公司产品或服务广告，例如家装企业业之峰在新浪电子杂志《精品阅读》的封面和封底做促销活动广告。

2. 步骤

（1）委托专业公司制作电子书，内容主题可以围绕促销活动，也可以围绕产品。

（2）自己或委托专业公司发布并推广电子书。

3. 优势及发展趋势

（1）比平面广告（包括传统和网络）更自由更便宜。平面广告尤其是网络平面广告一般只能显示少量文字或图片，能展示的内容相当有限；大型网站动辄一天上万元的价格更是让众多中小企业望洋兴叹。

电子书则对广告的内容和形式基本没有限制，可以自主决定文字内容和配图，同时加强了读者的阅读体验，且电子书的营销投入远低于其他宣传费用，如果与搜索引擎营销相结合，则效果更好。

（2）比电子邮件营销更精准。电子邮件漫无目标的群发招来的更多是客户的厌恶感，更何况如今的邮箱服务商对付垃圾邮件的技术已是越来越强，邮件营销的效率也已经越来越低。而电子书营销则不一样，电子书都是被目标客户主动下载的，而且企业产品信息和电子书内容高度融合，目标客户很容易自然接受，因此目标客户的转化率远高于邮件营销。

（3）比软文、活动等更具生命力。软文的隐形传播效果虽好，但网络的海量信息让软文的生存周期太短；各种活动虽然一时热闹，但信息宣传时间也注定了不能延续。而电子书营销相当于软文的升级版，由于读者一般会收藏并经常看，可随时查找，因此比软文的效果更持久。

8.4.5 "直播+"促销

2019年以来，我国各企业积极探索"直播+"模式，电商、短视频等平台也主动加入直播元素，网络红人直播带货持续火爆，众多明星也纷纷入驻直播平台直播卖货，与电竞、教育、电商等相结合的"直播+网红"促销新模式异军突起。

1. 网络直播概述

直播是主播通过录屏工具或移动终端（手机或平板电脑等）在互联网平台上实时进行表演、展示或与观众互动等。这种方式是以用户自发产生内容为基础，引发人与价值内容相关联、人与人相关联、人与商业相关联，最终为直播供应商带来商业价值。

网络直播可以将产品展示、相关会议、背景介绍、方案测评、网上调查、对话访谈、在线培训等内容现场发布到互联网上，利用互联网的直观、快速，表现形式好、内容丰富、交互性强、地域不受限制、受众可划分等特点，加强活动现场的推广效果。现场直播结束后，还可以随时为观众提供重播、点播，有效延长了直播的时间和空间，充分发挥了直播内容的价值。

（1）互动直播。主要由直播客户端、直播网页端以及管理后台构成。众多用户将其用于在线研讨会、营销会议等网络活动场景，扩大市场活动，有效提高管理和运营效率，促进企业销售业绩提升。互动直播有别于电视直播/视频直播，更注重互动性。国内提供基于SaaS服务模式运营的网络互动直播平台众多。

（2）现场直播。在现场随着事件的发生、发展进程同步制作和发布信息，是一种具有双向流通过程的网络信息发布方式。

2. "直播+网红"的促销策略

（1）企业+明星+直播。在各大平台直播竞争白热化的情况下，京东直播以"品质化直播"为标签，拉动明星参与直播带货，在商品选择上找和明星自身契合度高的、可能会自己用到的，同时将明星才艺展示的内容比重增加。例如 2020 年 7 月，汪峰就以"京东秒杀首席直播官"的身份开始直播带货。① 在之后的几场直播里，汪峰在直播间里大秀唱功，可以称得上是在带货之余举办现场演唱会。

（2）企业 + 发布 + 直播。直播平台的发布地点不再拘泥于会场，互动方式也更有趣。2021 年 9 月，"送你万科小心心"暨 2021 年长沙万科新家发布会在抖音平台开启直播。本次发布会采用线上脱口秀的创新形式，吸引了诸多网友的关注与互动，成为地产发布会里的"流量收割机"。②

（3）企业 + 活动 + 直播。对于企业来说，任何与产品和品牌相关的活动都可以进行直播。2016 年 7 月，淘宝"造物节"在上海展览馆开幕，除了到场的数万名观众外，拥有 1.5 亿名日活用户的淘宝直播使用无人机航拍直播、VR 游戏直播、会场 VR 实时直播等方式全方位对"造物节"进行直播，同时邀请著名主持人汪涵组织了"天天兄弟"和"奇葩天团"的真人秀 PK 活动，淘宝手机端数百位网红主播也对活动进行了 72 小时全程不间断的直播，整个节日期间全品类销量持续攀升。③

（4）企业 + 平台 + 直播。传统、美丽、典雅是兰蔻在消费者心中的品牌印象。通过持续洞察女性需求和市场趋势，兰蔻打造了一系列诸如小黑瓶、粉水等长久不衰的美妆爆品。作为全球知名的高端化妆品品牌，兰蔻在生意不断进阶的过程中，也在寻找自身生意的新增量。直播卖货，随着时代应运而生；而店铺自播，则成为品牌拓展传统电商店铺货架购物的第二渠道。兰蔻作为头部美妆品牌，紧紧抓住"企业店铺自播"场景在 2021 年双 11 期间和阿里妈妈紧密联动，用超级直播产品强势覆盖预热期，双 11 预售开售 2 小时内，兰蔻成为店铺销售额自播首批破亿元的品牌。④

3. 直播 + 网红的促销技巧

（1）做好技术保障和前期策划。利用直播促销，有关的技术保障、网

---

① 资料来源：《汪峰入驻京东直播，任职"京东秒杀首席直播官"》，https：//www.sohu.com/a/407379609_151313?_trans_=000019_wzwza。
② 资料来源：三湘都市报《新家发布会变创意脱口秀，长沙万科五大纯新盘"火出圈"》，https：//baijiahao.baidu.com/s?id=1712318145518864406&wfr=spider&for=pc。
③ 资料来源：《淘宝造物节上海开幕　神人萌店黑科技齐亮相》，https：//tech.huanqiu.com/article/9CaKrnJWEJM。
④ 资料来源：《双 11 预售大突破！超级直播助力商家赢在起跑线》，https：//www.163.com/dy/article/GOCCQDU40518CNRE.html。

络主播的选择、直播平台的选择与推介、直播过程中与顾客的互动至关重要。直播过程中要防止出现信号中断、卡顿现象；有关促销活动的直播策划要保证整个直播过程内容充实、情节连贯、真实有趣；主播的选择既要考虑主播的粉丝数量还要考虑主播的能力水平，选择善于宣传推介的主播可以带来更好的促销效果。

（2）选择恰当的网络主播。不同的主播具有不同的特点和粉丝数量，企业首先要根据产品的特点和目标客户来选择不同的网络主播。对于新兴的主播行业领域，企业可以使用内部的专家学者或者工作人员开通直播平台，形成企业自身的影响力，迅速打开产品市场；对于成熟的主播行业领域，企业完全可以借助头部网络主播开展直播活动。

（3）个性化、定制化直播营销。通过网络主播社区和网红粉丝群，企业可以利用互联网的低成本优势有效地进行信息收集，有效应对市场变化，并进行准确的促销活动。目前，网红店铺主要集中于此女性消费产品以及数码产品，这些产品以定制和预售为主，企业根据预售情况进行生产，可降低库存成本和销售成本，同时可以收集粉丝和顾客的反馈信息，提升满意度和改进产品。

【案例讨论】

天猫"618"微博抽奖活动[①]

2018年"618"期间天猫为了造势，在微博上发起了一个抽奖活动。微博抽奖送礼已经是各个品牌熟悉得不能再熟悉的操作了，但是这次天猫硬是把这种常规操作玩出了新高度。

这个微博抽奖活动其实是天猫和其他品牌方联合推出的，不同于以往直接在微博内容上互相@，这次的合作商家曝光及礼品设置都在评论区，这么设置的好处是，一些与微博没有合作的商家品牌也能通过留言评论的方式参与这次的抽奖狂欢。

随着商家的不断增加，留言评论区所累积的"奖金池"越来越大，最终超过十万元。等于是天猫用微博抽奖完成了一次众筹，而品牌方通过提

[①] 资料来源：品牌网《微博狂欢，助力天猫成618比较大赢家》，https：//www.chinapp.com/genzong/169922。

供奖品的方式获得了曝光。天猫不仅使大量的品牌商家与用户进行互动，而且还让商家参与活动的门槛变得非常低，品牌方若是愿意参与只需要在活动微博底下留言；另外，所有这个活动所带来的流量都在天猫那一条微博下，把握住了总体的流量价值。

问题：

微博抽奖已经成为众所周知的营销方式，天猫为什么能在几乎没有渠道投放成本的情况下，最终总体曝光量突破6亿次，而且在中奖名单出炉后，还有许多后续的媒体报道等公关操作？

本章小结

1. 网络促销是指利用现代化的网络技术，在网上传递有关产品和劳务的信息，以激发市场需求、引起消费者购买欲望和购买行为的各种活动的总称。网络促销是网络营销中极为重要的一项内容，具有很强的现实意义。

2. 网络促销主要有信息发布类促销、社交沟通类促销、在线娱乐类促销等形式。企业可以根据营销预算和目标市场情况加以选择或整合使用。

3. 网络广告以其交互性、纵深性、广泛性、灵活性、可控性等特点，成为企业网络营销促销的首选工具。值得注意的是，网络广告促销的效果更多地受到选择的广告形式、广告信息设计的影响，如何科学合理地将网络广告与其他促销工具组合使用已成为广受关注的话题。

4. 搜索引擎营销就是基于搜索引擎平台的网络营销，利用人们对搜索引擎的依赖和使用习惯，在人们检索信息的时候尽可能将营销信息传递给目标顾客。为了便于目标顾客通过搜索引擎找到自己，搜索引擎优化工作是必不可少的。

5. 微博营销是借助微博这一平台进行的包括品牌推广、活动策划、形象包装、产品宣传等一系列的营销活动。应充分利用微博平台与目标顾客进行互动，扩大企业的影响力和知名度。

6. 在线娱乐类促销是基于互联网娱乐平台的营销。包括网络视频促销、食品游戏促销、电子书促销、软文促销以及直播+促销。企业要根据不同的互联网娱乐平台，选择合适的工具及策略，最终达成预期的促销目的。

复习与实践

一、复习题

1. 简述网络促销的含义、作用及其与传统促销的区别。
2. 网络促销有哪些方式？各种促销方式分别有什么特点？
3. 网络促销过程怎样实施？
4. 网络广告分为哪些种类？
5. 搜索引擎营销有哪些形式？
6. 微博营销有哪些技巧？
7. 社交沟通类促销有哪些方法？
8. 什么是在线娱乐类促销，直播+促销的主要流程是什么？

二、网络实践

1. 先通过图书、杂志、网络以及人际关系，搜寻尽可能多的有关信息发布类促销、社交沟通类促销、在线娱乐类促销的实际案例，然后在同学之间进行交流学习，对各种促销方法的特点进行分析，并总结它们成功所需的一些关键因素。

2. 浏览新浪首页，点击观看主页上的广告，分析网络广告与传统媒体广告的不同之处。

3. 观看一些在线娱乐类的促销内容，如优秀的视频促销和知名博主的直播，分析在线娱乐促销的特点。

第9章 CHAPTER 9

网络营销中的客户关系管理

教学说明

1. 理解客户关系管理的内涵与功能
2. 掌握网络客户关系管理的特点和作用
3. 了解网络客户关系管理的主要工具
4. 熟悉网络社会化客户关系管理的功能与方法
5. 了解网络客户关系管理的主要应用

☞ 引导案例

**美的集团用户服务交互中心荣膺2019年、2020年
"金音奖"中国最佳客户联络中心**[①]

由工信部、商务部指导,51Callcenter主办,4PS国际标准作为指定标准,中国呼叫中心与BPO产业联盟、人社部全国客户联络中心专家委员会、全国呼叫中心行业自律与监督委员会协办的"金音奖"2020大数据应用与客户联络中心国际系列峰会,从客户满意度、员工满意度、公共媒

---

① 资料来源:http://www.51callcenter.com/newsinfo/150/3584591/。

体美誉度、运营质量、管理能力等方面进行拨测及评估，深入对比评选出各大奖项，入选企业多数是各行业翘楚，代表着先进的管理水平、卓越的客户体验。2019年、2020年，美的集团用户服务交互中心连续获得中国最佳客户联络中心奖。

用户交互中心作为企业面向广大用户的形象窗口，是企业与用户沟通的桥梁。美的用户服务交互中心成立于2004年，成立初期座席规模约为80个，先后整合了华凌、荣事达、小天鹅、雪尔呼叫中心，建立了合肥中心，成立了互联网客服。交互中心设有电商客服、在线客服、物流客服、热线客服等服务模块，实现了400热线、微信公众号、app、官网等全媒体多渠道统一接入交互，业务涵盖美的旗下100多个产品品类，座席规模达1500个以上，日处理业务能力15万条以上。中心拥有十多位4PS认证协调员，并已通过4PS国际标准认证。

美的交互中心通过智慧客服系统实现了全触点用户体验的迭代和升级。智能语音导航、智能机器人、智能知识库、智能质检等智能技术应用，除了给用户提供了智能、快捷、全新的体验，还为员工提供了高效、智能的支持。

美的交互中心建立了呼入呼出协同联动机制、热线客服与商城及物流客服促销协同联动机制、现场办公与家庭办公的应急协同联动机制、顺德与合肥双中心容灾互备联动机制，保障任何情况下业务无间断。

2020年，面对突如其来的疫情，美的交互中心迅速部署、积极应对，有效保障在特殊时期客服工作的运作及用户体验，对耳机、话机专人使用、酒精消毒、app全员打卡健康跟踪；在运营方面，启动家庭远程座席项目，同时运用在线直播培训，用户接通率保持在90%以上。

美的集团用户服务交互中心采用的官方网站、微信公众号、400热线和美居app是目前企业进行互联网客户关系管理中常用的集成解决方案。

9.1 客户关系管理基础知识

9.1.1 客户关系管理起源及发展

客户的重要性体现在客户对企业的价值上，不仅包括客户直接购买或消费企业产品所带来的利润，还包括客户能够为企业创造的其他价值。

最早发展客户关系管理（CRM）的国家是美国，在 1980 年初便有所谓的"接触管理"（contact management），即专门收集客户与公司联系的所有信息；1985 年，巴巴拉·本德·杰克逊提出了关系营销的概念，使人们对市场营销理论的研究又迈上了一个新的台阶；到 1990 年演变成包括电话服务中心支持资料分析的客户关怀（customer care）。

为了抓住商机，许多软件公司推出了客户关系管理软件，促进了客户关系管理的推广；同时，理论界和企业界开始认真思考客户关系管理的适用性以及具体的实施策略。到 20 世纪 90 年代末期，网络的应用越来越普及，CTI（computer telephony integration，计算机电话集成）、客户信息处理技术（如数据仓库、商业智能、知识发现等技术）得到了快速发展，涌现了大量新的手段和工具：数据挖掘、数据库、商业智能、人工智能、呼叫中心等，使得联系客户的便利程度和所获取客户信息的质量大大提高，可为客服人员提供及时有效的决策信息，并产生了数据库营销、关系营销、精准营销等新的营销理念。在企业需求拉动和信息技术的推动下，客户关系管理不断演化，逐渐形成了一套完整的理论体系和应用技术体系。

9.1.2 客户关系管理的含义

客户关系管理是指建立在营销思想和信息技术基础之上的专门研究如何建立客户关系、如何维护客户关系、如何挽救客户关系的管理活动，实施于企业的市场营销、销售、服务与技术支持等与客户相关的领域。它是一个获取、保持和增加可获利客户的方法和过程；是一种以客户为中心的企业管理理论、商业理念和商业运作模式，也是一种以信息技术为手段、有效提高企业收益、客户满意度、雇员生产力的具体软件和实现方法。作为一种新型管理机制，客户关系管理极大地改善了企业与客户之间的关系。

目前客户关系管理已经进入移动时代，作为解决方案的客户关系管理系统（CRM），结合了最新的信息技术，包括移动互联网、电子商务、多媒体技术、数据仓库和数据挖掘、专家系统和人工智能、呼叫中心等。市场营销、销售管理、客户关怀、服务和支持构成了 CRM 软件的基石。

综上所述，客户关系管理有三层含义：（1）体现为新型企业管理的指导思想和理念；（2）是创新的企业管理模式和运营机制；（3）是以客户为中心的企业文化。

其核心思想：客户是企业的一项重要资产，客户关怀是 CRM 的中心，客户关怀的目的是与所选客户建立长期和有效的业务关系，在与客户的每一个"接触点"上都更加接近客户、了解客户，最大限度地增加利润和利润占有率。

客户关系管理的核心是客户价值管理，它将客户价值分为既成价值、潜在价值和模型价值，通过一对一营销原则，满足不同价值客户的个性化需求，提高客户忠诚度和保有率，实现客户价值持续贡献，从而全面提升企业盈利能力。

> **营销视点**
>
> ### 成功开展客户关系管理的九个要素[①]
>
> （1）理念：领导能力、价值诉求。
>
> （2）战略：目标、目标市场。
>
> （3）客户体验管理：理解需求、了解预期、保持满意、反馈、客户互动。
>
> （4）客户协同管理：创造并监测内容，倾听、考核网络内容，与CRM技术的整合。
>
> （5）组织协调：培训和组织，人员、技术和能力，激励和补助，员工沟通，合作者和供应商。
>
> （6）流程：客户生命周期、知识管理。
>
> （7）信息：数据、分析、信息一致。
>
> （8）技术：应用、架构、基础设施。
>
> （9）考核指标：价值、老客户维系、满意、忠诚、服务成本。

9.1.3 客户关系管理特点及功能

1. 客户关系管理的特点

（1）提供全视角的客户信息。通过提供全视角的客户信息和更完善的客户分析，将数据转化为洞察力，更准确地营销，体现了以客户为中心的营销理念，使营业人员逐步向营销人员转变成为可能。例如2016年中国石化润滑油有限公司客户关系管理系统上线后，形成了"客户信息""行销活动""服务工单""交互渠道"等14个共享服务中心以及95个共享

[①] 资料来源：http://www.gartner.com/。

服务952个调用事件。实现了从客户经理行销活动到客户交易、从客户订单物流跟踪到货物签收全流程的线上管理和线上服务。

（2）实现了客户生命周期管理。客户的生命周期（见图9-1）指客户从第一次接触企业到变为非客户期间的各种状态，在系统中共有潜在、正式、流失（失效）三个状态。客户关系管理要在企业和客户之间建立起相互信任和相互依赖的稳定长期的合作关系，防止和减少客户流失现象，使市场前端人员更好地把握产品发展趋势，更有针对性地进行营销方案设计。

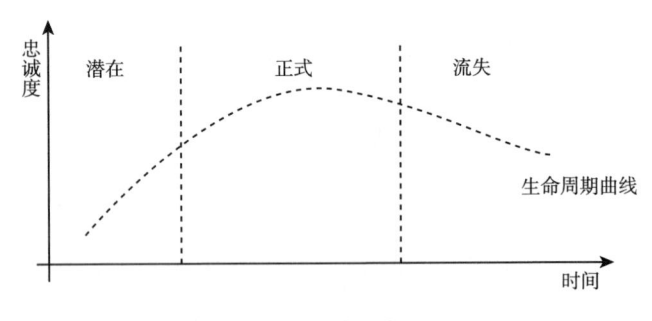

图 9-1 客户生命周期

（3）实现全新的联系人管理。联系人是营销人员、销售人员接触的对象，不同的业务有不同的联系人，加大了营销人员的工作难度。开展全方位的客户关系管理可以全面记录客户的联系人信息，如学历、职位、个人爱好、交互历史等，有利于维护客户关系；客户经理和营业员可针对不同的产品联系不同的联系人，在营销工作中实现各个突破，提高客户经理和营业员的营销有效性和成功率。

2. 客户关系管理的功能

（1）客户信息管理。整合记录企业各部门、每个人所接触的客户资料并进行统一管理，资料包括对客户类型的划分、客户基本信息、客户联系人信息、企业销售人员的跟踪记录、客户状态、合同信息等。

（2）市场营销管理。制订市场推广计划，并对各种渠道（包括传统营销、电话营销、网上营销）接触客户进行记录、分类和辨识，对潜在客户进行管理，并对各种市场活动的成效进行评价。CRM营销管理最重要的是一对一营销。

（3）销售管理。功能包括对销售人员电话销售、现场销售、销售佣金等管理，支持现场销售人员的移动通信设备或掌上电脑接入。扩展的功能还包括帮助企业建立网上商店、支持网上结算管理及与物流软件系统的接口。

（4）服务管理与客户关怀。功能包括产品安装档案、服务请求、服务内容、服务网点、服务收费等管理信息，详细记录服务全程进行情况。支持现场服务与自助服务，辅助实现客户关怀。

9.2 网络客户关系管理方法与手段

9.2.1 网络客户关系管理特点及作用

网络客户关系管理（network customer relationship management，NCRM）是以客户数据的管理为核心，以信息技术和网络技术为平台的一种新兴的客户管理理念与模式。NCRM 包含动态客户交互环境，覆盖全面渠道的自动客户回应能力，统一共享客户信息资源，整合全线业务功能，实时协调运营，商业智能化数据分析和处理。

1. 网络客户关系管理的特点

网络营销时代的企业必须面对更多的客户、更多的商品、更多的竞争者和更短的反应时间，了解客户的行为，因而满足客户的需求变得异常困难。NCRM 主要呈现出以下特点。

（1）业务综合性。网络环境下，客户关系管理系统综合了绝大多数企业的客户服务、销售和营销管理系统自动化和优化的需要，使企业拥有畅通高效的客户交流途径、综合面对客户的业务工具和竞争能力。

（2）客户主动性。在网络营销条件下的沟通过程中，客户的主动性不断增强。虽然企业可利用信息技术和网络手段建立一系列沟通渠道，但没有客户的主动参与，这些渠道会失去作用，如客户需主动浏览网站的 FAQ、订阅邮件列表、在留言板上留言等。与传统客户关系管理相比，企业处于被动地位。

（3）客户管理的个性化。利用网络工具，企业加强了同客户的交流、深化了对客户需求和偏好的认识、更快地获得了客户信息反馈，从而使企业向客户提供个性化服务有了渠道上的可能性。基于这一背景，建立以客户为中心、以网络为载体、以个性化服务为特色的新型网络模式就成为众多企业追求的目标。网络实现了需求与服务的电子匹配，它贯穿于企业服务的全过程，从设计、生产、运输、付款直到维修。借助多样的电子手段，它可以向每个客户提供全面的个性化服务。

（4）客户管理的系统性。网络营销时代的客户关系管理是以数据库为基础、以网络为手段的现代化管理。企业将客户的数据事先存入客户数据库，企业的所有部门都可以共享该数据，从而对客户实现全方位、个性化的管理，建立客户对企业的忠诚度。

2. 网络客户关系管理的作用

（1）改善服务。NCRM 向客户提供主动的客户关怀，根据销售和服务的历史信息提供个性化的服务，在知识库的支持下向客户提供更专业的服务，通过在线磋商更好地实现客户定制，这些都有利于企业提高客户的服务水平。

（2）提高效率。借助 NCRM 平台，客户的一次点击就可以完成多项业务。前台自动化程度的提高，使得很多重复的工作（如批量发传真、邮件）都可以由计算机系统完成。这些都使得企业的工作质量和营销效率得以提高。可见，NCRM 还有利于企业实现由传统经营销售模式向以网络为基础的现代营销模式转化。

（3）降低成本。相对传统营销方式而言，NCRM 借助现代网络技术集中了人员推销和广告促销的优势，可以大大降低营销运作成本，加之可以准确地寻找客户，并能实现在线信息交换，从而可以大大发展一对一营销等新型业务形式，进而实现大量推销。

（4）扩大销售。NCRM 使得销售的准确率、成功率增加，客户的满意度提高，销售的扩大便成为必然。客户管理（本地网）用于各个本地网对客户数据的管理，例如客户统计属性、营销服务属性、客户等级、业务标识的变更，客户经理的分配，以及同步客户数据的监测等。

以上优势，使得 NCRM 正在成为企业赢得新经济时代竞争优势的关键，它对企业的影响是全方位的，改变着传统经济的结构和规律，代表着今后一定时期营销发展的方向。因此，积极主动地寻求、加强和管理客户关系，与客户建立长期友好的合作关系，已成为全球企业营销优先考虑的因素。在很多情形下，高质量的客户关系甚至是唯一重要的竞争优势。

9.2.2 网络客户关系管理工具

企业要完成建立和维系与顾客关系的任务，必须有先进的管理方法和信息技术支持。现代通信技术、数据库技术和业务流程重组技术是企业开展 NCRM 必不可少的工具。先进的现代通信技术拉近了企业和客户的距离，使企业可以更方便地收集客户信息和与客户进行沟通；数据库技术则提供了获取客户知识的各种工具；而业务流程重组技术则可以通过精简业务流程，使企业更有效率地向客户进行交付。

1. 通信技术

互联网在信息传递方面具有如下几个特征。

（1）可以随时访问数据。只要一条网线，一台终端，在任何国家都可以浏览网络信息。

（2）交互性。客户可以根据自己的需要筛选信息、寻找自己所需要的信息，除了表单输入，网站还可以通过多媒体技术（视频、图像）给予客户实时交互的能力。

（3）高效率的信息传输，不仅能以很低的成本更新信息，而且能给予客户图文并茂的多媒体产品展示，一些产品甚至可以以多媒体的形式实时在线提供服务（如唱片、电影、图书期刊等）。

（4）个性化。客户可以随意选择自己所需要浏览的信息，网站甚至可以提供简化的 CAD 功能，让客户根据自己的条件和偏好来设计产品的样式。

（5）实时交易。可以进行在线交易，客户可以通过网络交易系统下订单和进行支付。

（6）精准化。企业可以利用网络跟踪器文件和网络日志分析以及行为定位等基于通信技术的服务工具掌握用户的访问记录以及在不同网站间转换的路径，甚至在整个上网过程中的行为，从而精准地推送有关信息，并强化用户和企业之间的关系。

2. 数据库技术

数据库技术解决了客户资料、交易数据等基本数据的存储问题。大型数据库的一个表单可以存储十万条以上的记录，方便快捷。基于数据库的各种信息平台，如交易平台、合同管理平台，便于利用客户的交易资料，统计交易量、信用状况等，做出客户价值分析，确认重点客户，合理分配企业的销售资源。

这里要特别提到的是数据挖掘技术———一种从大型数据库中提取被埋藏在数据中的、可用来预测信息的技术。通过数据挖掘，企业可以识别重点客户，预测客户未来的行为，从而可以做出提前的、基于客户知识的决策。数据挖掘最根本的目的是提供给企业进行战略决策所需要的客户知识，这些知识包括客户描述、偏差分析、趋势分析等。客户描述就是描述现实客户的模型，具体包括客户的购买频率、购买数量、客户最近一次的购买情况、识别目标客户群的典型特征、计算客户的终身价值。客户描述还可以用来预测销售计划的有效性。偏差分析主要用来检测不正常的销售现象，如用来分析客户购买量的突然增加或者减少。趋势分析包括评价产品或营销计划的绩效、预测未来的销售情况。

数据挖掘技术的核心部件包括一系列的算法，如统计、人工智能、决策树、神经网络等。这些算法与关系型数据库系统联系起来进行数据整合，能将数据库系统中被隐藏的信息提炼出来，变成使企业赢得竞争优势的知识资本。

营销经典

沃尔玛的数据挖掘[①]

关于 CRM 数据挖掘的一个有趣的例子就是沃尔玛啤酒加尿布的故事。

在很多人看来，啤酒和尿布是顾客群完全不同的商品。但是沃尔玛销售数据进行数据挖掘分析的结果显示，居民区中尿布卖得好的店面啤酒也卖得很好。原因其实很简单，太太让先生下楼买尿布的时候，先生们一般都会犒劳自己两听啤酒。因此啤酒和尿布一起购买的机会是最多的。这是一个现代商场智能化信息分析系统发现的秘密。这个故事被公认是商业领域数据挖掘的诞生。

沃尔玛能够跨越多个渠道收集最详细的顾客信息，并且能够造就灵活、高速的供应链信息技术系统。沃尔玛的信息系统的主要特点是投入大、功能全、速度快、智能化和全球联网。沃尔玛中国公司与美国总部之间的联系和数据是通过卫星来传送的。沃尔玛的存货管理系统、决策支持系统、管理报告工具以及扫描销售点记录系统等在中国得到了很好的应用。

同时，通过信息共享，沃尔玛能和供应商们一起促进业务的发展，帮助供应商在业务的不断扩张和成长中掌握更多的主动权。沃尔玛能

---

① 资料来源：经济参考报《沃尔玛："啤酒+尿布"背后的大数据》，http：//www.jjckb.cn/2016 – 10/25/c_135778767. htm。

够参与到上游厂商的生产计划和控制中去，也能够将消费者的意见迅速反映到生产中，按顾客需求开发定制产品。

沃尔玛超市"天天低价"广告表面上看与 CRM 中获得更多客户价值相矛盾。但事实上，沃尔玛的低价策略正是其 CRM 的核心，"以价格取胜"是沃尔玛进行 IT 投资和基础架构的最终目标。

3. 业务流程重组技术

NCRM 作为一种全新的客户导向营销管理模式，必须要求企业重新设计业务流程以适应建立和维持客户关系的需要。流程重组必然涉及企业组织结构的重新设计。所有组织活动的最终目的都应该是以某种方式为顾客"增加价值"。

业务流程重组技术就是通过系统化地改造现有流程或重新设计现有流程的工作重点，消除非增值活动和调整核心增值活动。其基本规律可以概括为"ESIA"：消除（eliminate）、简化（simply）、整合（integrate）和自动化（automate）。

（1）找出并清除或者彻底铲除不能增加价值的活动。

（2）在尽可能消除非必要性的活动之后，应该对剩下的必要性活动进行简化。

（3）经过简化的任务需要整合，以使之流畅、连贯并能够满足客户需要。

（4）在完成流程与任务的消除、简化和整合的基础上，充分发挥和运用信息技术，实现流程加速与顾客服务准确性提升的自动化。

9.2.3　社会化客户关系管理

1. 概念

社会化客户关系管理（SCRM）是指企业通过社交媒体与顾客建立紧密联系，并且在社交媒体中提供更快速和更周到的个性化服务和不断优化的顾客体验来吸引和保持顾客。

社会化客户关系管理是企业战略的一部分，是企业借助社会化媒体进行客户关系管理的平台工具，企业可通过 SCRM 进行智能化的社会关系网络管理，鉴别和评估社会化网络中个体消费者的需求，认识和管理个体的社会化网络结构和最佳最短路径，选择合适的社会化媒体进行适合的交互，最终通过满足个体的个性化需求而实现社会关系的转变和忠诚。

2. 主要内容

社会化客户关系管理的两个核心主体是人和话题。社会化客户关系管理的核心基础是微信息、微价值和微网络，微信息是核心主体人和话题的信息数据模型，微价值是社会化网络中人或话题的资产价值评估模型，微网络是人或话题的社会化网络结构模型。

微信息处理的是主体的信息维度以及识别、采集、使用和交互的数据模型，并能够与企业的 CRM 或业务系统的数据模型进行映射。

微价值是评估人或话题的社会化媒体影响力的标准体系和模型。基于社会化网络的特点，主要通过度分布、度强度和集聚系数等进行评估，度分布围绕数量、度分布层级、最长距离或最短距离等维度进行评估，度强度围绕影响力、活跃程度、互动率、回应率、动作权重等维度进行评估，而集聚系数从群体角度围绕分组、群、标签和分类等维度进行评估。

微网络强调网络的正向和反向，即跟随者和关注者两个方向的网络分布结构，包括度分布层级、人的数量和话题数量、节点强弱等。

社会化客户关系管理在核心基础上，根据企业的实际社会化业务需求延伸出多个应用模型：微细分模型、微生命周期模型、微管道模型、微忠诚模型，有效组成社会化客户关系管理的运营体系基础。

微细分模型基于人和话题的信息进行分类，主要有 4 种分类方法：价值分类、行为特征分类、生命周期分类和关系网络分类。其中，价值分类是基于微价值评估后对客户进行不同级别的分类；行为特征分类根据人在社会化网络中的行为特征信息来分类，按福斯特（Forrester）的分类方法分为创造者、会话者、评论者、收集者、参与者、围观者和休眠者七类。[1]微细分模型是动态的，不是唯一不变的。

微生命周期模型，可以分为人的生命周期模型和话题的生命周期模型，社会化网络中的人与你或企业的关系处于不同的生命周期阶段，而每一个话题也有其生命周期阶段，分析并认清生命周期曲线并有效地进行延展和激活，可以更好地提升其整体的生命周期价值。

微管道模型，关注企业在社会化网络中"销售—营销—服务"的路径，从分享、消费者感知、转化兴趣到内部的线索等不同阶段，并设计不同业务场景下的智能话术进行话题响应，从而形成一个社会化网络与内部

---

[1] 福斯特．人物面面观［M］．北京：人民文学出版社，2000.

CRM 相融合的微管道。

微忠诚模型，将企业的客户和会员逐步引导到社会化俱乐部中，提供积分、激励、礼品、促销等，通过客户和会员的社会化网络进行自分享、自服务和群服务，并能够吸引和推荐更多社会化网络中的消费者进入企业的微管道。

3. 优势

社会化客户关系管理是一种社会化商务或者说协同商务经营发展的工具，能够从企业的内部和外部双向进行作用，表 9-1 罗列了社会化客户关系管理（SCRM）对顾客和企业的优势。

第一，社会化客户关系管理是一种经营战略，这种战略包含了多种工具和技术。并且，这一战略基于顾客的参与和互动。在社会化客户关系管理战略里，销售只是作为一个附属品，最重要的，还是要让你的顾客都能参与进来。

第二，社会化客户关系管理包含了传统 CRM 的所有内容，也就是说，社会化 CRM 同样需要一个用户反馈和沟通的机制，一套高效专业的流程管理系统，能够很好地帮助企业管理客户关系和处理用户数据。

第三，社会化客户关系管理对于不同的企业会有不同的含义。最核心的关键，是要充分了解自己在经营中最大的挑战是什么，清楚自己最需要解决的问题，然后解决它。

表 9-1　　　　　　　　　　SCRM 的优势

序号	顾客	企业
1	加快问题解决	提高声誉
2	提供高效协作	有利于理解顾客需求
3	获得更多的产品或服务信息	提供易用的 CRM 程序
4	变成忠诚顾客	提供更好的产品与服务
5	提升参与度	加快顾客数据收集与产品改进的速度
6	—	提高顾客的满意度和忠诚度
7	—	提供更完整的顾客信息
8	—	降低顾客服务成本
9	—	提高员工生产力
10	—	发现更多的营销机会

资料来源：Efraim Turban 等. 社交商务：营销、技术与管理 [M]. 机械工业出版社，2018.

4. SCRM 移动应用

移动互联网的消费模式逐渐社会化。在移动互联网时代，顾客消费路径发生了改变，影响因素从过去的商品吸引向社交与内容转变。用户决策周期缩短，品牌选择面扩大。常用的移动 SCRM 软件的作用基本相同，只是侧重点略有不同。主要有销售类、客户服务类和市场营销类。SCRM 移动应用能够让销售人员随时随地访问数据，即使身在客户现场，也可以快速访问文档，向客户展示宣传册、视频、PPT 等。就算处于离线状态，也可以添加和修改客户信息和更新数据。借助 SCRM 的动态，销售经理可以随时了解团队进度和了解团队成员的工作情况，管理人员可以随时在移动 SCRM 上查看员工的工作状态，与员工互动，并监督和指导员工的工作销售可以发布任务状态，让团队了解工作进展，所有工作都可以在手机上完成，方便快捷。

对于客户留言建议，SCRM 系统能及时反馈和处理，以优化客户的满意度，判断客户的真正需求。对于高价值客户，公司可以锁定这些客户群体并加强优化产品。SCRM 系统为销售人员带来了极大的便利，大大提高了销售效率，提高了公司的管理水平和服务水平，提高了客户的满意度。

9.3 网络客户关系管理应用

9.3.1 FAQ 在网络客户关系管理中的应用

目前，企业网站已经成为顾客了解企业产品、服务和其他基本概况的重要信息源。大部分情况下，网民很难快速地从网站上找到自己所关心的信息，特别是针对某些问题的解决方案。因此，网站设计时应站在访问者的角度为其提供信息搜索的便利，在网站上设置 FAQ 栏目就是一个很好的办法。设计和管理好网站的 FAQ，将会为网站访问者提供优质和高效的信息服务。

FAQ 页面是所有企业网络必须具备的内容，FAQ 的英文是 frequently asked question，即常见问题页面。FAQ 原是公共论坛 Usenet 新闻组为了避免重复讨论同一问题而设计的。网络顾客服务的重要内容之一是为顾客提供有关公司产品与服务等方面的信息。面对众多公司能够提供的信息以及顾客可能需要的信息，最好的办法就是在网站上提供顾客常见问题的解答。FAQ 为顾客提供有关产品、公司情况，既能够引发那些随意浏览者的兴趣，也能够帮助有目的的顾客迅速找到所需要的信息，获得常见问题的现成答案。

用户在提出问题之前先阅读 FAQ，弄清基本问题后，再提出问题，FAQ 之外的问题是受欢迎的，因为这样可以拓展该议题的深度，公司把这种方法借用到营销管理中，就形成了公司的 FAQ。

1. FAQ 的内容设计

对 FAQ 的内容设计要考虑潜在客户、新客户、老客户等三种不同类别的客户，设计的侧重点不同，设计出的效果也不同。

（1）对潜在客户设计 FAQ。对于潜在客户，要激发其购买需求，FAQ 设计在寻找潜在客户的过程中，可以参考"MAN"原则，如表 9 – 2 所示。

表 9 – 2　　　　　FAQ 设计寻找潜在客户 "MAN" 原则

代表字母	含义	具体含义
M：money	金钱	所选择的对象必须有一定的购买能力
A：authority	决定权	该对象对购买行为有决定、建议或反对的权利
N：need	需求	该对象有这方面（产品、服务）的需求

"潜在客户"应该具备以上特征，但在实际操作中，会碰到以下状况，应根据具体状况采取具体对策，见表 9 – 3。

表 9 – 3　　　　　FAQ 设计寻找潜在客户组合对策

购买能力	购买决定权	需求
M（有）	A（有）	N（大）
m（无）	a（无）	n（无）

因此，在设计 FAQ 时，要实现对潜在客户的开发，同时要节约成本。如典型的 B2C 模式在开发潜在客户的过程中，设计的 FAQ 可以很好地吸引潜在的客户浏览网站。

（2）对新客户设计 FAQ。与网络搜索引擎服务商合作，提供能够按照新客户习惯搜索的关键字，使内容能够出现在搜索结果的前列，从而实现对新客户的吸引。文轩网就是针对新客户设计 FAQ 从而对新使用者进行引导的一个典型。

（3）对老客户设计 FAQ。客户满意是一种期望（或预期）与可感知效果比较的结果，是一种客户心理反应，而不是一种行为。客户满意与客户忠诚之间的关系如图 9 – 2 所示。

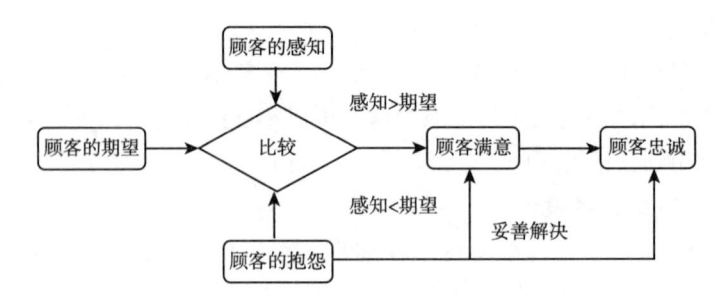

图9-2 客户满意与客户忠诚的关系

客户忠诚有以下主要的表现：

（1）客户关系的持久性，表现在时间和联系的持续性；

（2）客户的消费金额提高，表现在增加预算份额、增加交叉销售、对价格更不敏感；

（3）客户对企业有很深的感情，主动为本企业传递好的口碑、推荐新的客户。

因此，在设计老客户的 FAQ 时要突出客户满意和客户忠诚，真正留住客户。

2. FAQ 页面设计

FAQ 页面设计时尽量减少图片、动画、按钮、广告条等网页元素，减少对客户的干扰。页面布局设计切忌将不同主题的所有问题流水账似地列在同一页上，问题显示务必设置顺序和分类。

设计多个链接点，让客户快速地在页面中和页面之间方便地转移和切换，如"返回页首""上一页""下一页"等。页面中最好添加留言本或注册链接，以便于提交意见和问题。最好将页面设置为静态 HTML 页面，使其在增加链接的同时起到类似网站地图的效果，便于搜索引擎收录。

3. FAQ 功能设计

设计 FAQ 需要认真思考常见问题页面的组织。精心组织页面不仅可以方便顾客咨询和使用，而且能够为公司和顾客节约查询时间。为此，必须能使顾客在网站上容易找到 FAQ 页面，页面上的信息内容必须清晰易读、易于浏览。

（1）保证 FAQ 的效用。要将常见问题按照顾客提问的频率高低进行排列，使顾客用较少的时间和精力即可寻找到所需答案。

（2）要使 FAQ 简单易寻。为充分利用网站空间，保证信息简单易寻，在主页上应设有一个突出的按钮指向 FAQ，进而在每一页的工具栏中都设有该按钮。FAQ 也应能够链接到网站的其他文件，这样，顾客就可以通过 FAQ 进入产品及其他信息。同时，在网站的产品和服务信息区域应该设立指向 FAQ 的反向链接，这样，顾客就可以在阅读产品信息时进入 FAQ 页面，发现与之相关的其他方面的问题。

（3）选择合适的 FAQ 格式。从顾客的角度来看，不同的 FAQ 形式能使顾客对公司产生什么样的认识。常用的方法是按主题将问题分成几大类，每类问题都有其对应的区域，这些区域基本上能够使顾客清楚可以在何处咨询到所需要的答案。

几大类问题主要有：一是关于产品 A 的常见问题；二是关于产品 B 的常见问题；三是关于产品 C 的常见问题；四是关于产品升级的常见问题；五是关于订货、送货和退货的常见问题；六是关于获得单独帮助的常见问题。

（4）信息披露要适度。FAQ 为顾客提供了企业有关的重要信息。但是企业不必把所有关于产品、服务以及其他情况公开，以免给竞争对手窥探企业核心技术的机会。所以，信息披露需要适度，这个"度"应以对客户产生价值又不让对手了解企业的内情为准，在这两者之间寻找合适的平衡点。

9.3.2 数据库营销在网络客户关系管理中的应用

数据库营销就是企业通过收集和积累用户或顾客信息，经过分析筛选后有针对性地使用电子邮件、短信、电话、信件等方式进行客户深度挖掘与关系维护的营销方式。或者，数据库营销就是以与顾客建立一对一的互动沟通关系为目标，并依赖庞大的顾客信息库进行长期促销活动的一种全新的销售手段，是一套内容涵盖现有顾客和潜在客户，可以随时更新的动态数据库管理系统。

1. 网络数据库营销功能

（1）动态更新。在传统的数据库营销中，无论是获取新的顾客资料，还是对顾客反应的跟踪都需要较长的时间，而且反馈率通常较低，收集到的反馈信息还需要进行大量人工处理，因而数据库的更新效率很低，更新周期比较长，过期、无效数据比例较高，数据库维护成本相应也较高。

网络数据库营销具有数据量大、修改方便、能实现动态数据更新、便于远程维护等多种优点，还可以实现顾客资料的自我更新。网络数据库的动态更新功能不仅节约了大量的时间和资金，同时也更加精确地实现了营销定位，从而有助于改善营销效果。

（2）顾客主动加入。在网络营销环境中，顾客数据的增加要方便得多，而且往往是顾客自愿加入网站的数据库。为了获得个性化服务或获得有价值的信息，很多顾客愿意提供自己的部分个人信息，这对于网络营销人员来说，无疑是一个好消息。请求顾客加入数据库的通常做法是在网站设置一些表格，顾客在注册为会员时填写。但是，网络的信息很丰富，对顾客资源的争夺也很激烈，企业要从顾客的实际利益出发，合理地利用顾客的主动性来丰富和扩大顾客数据库。数据库营销同样要遵循自愿加入、自由退出的原则。

（3）改善顾客关系。顾客服务是一家企业能留住顾客的重要手段，在网络领域，顾客服务同样是取得成功的最重要因素，优秀的顾客数据库是网络营销取得成功的重要保证。在网络上，顾客希望得到更多个性化的服务，顾客定制的信息接收方式和接收时间、顾客的兴趣爱好和购物习惯等都是网络数据库的重要内容，根据顾客个人需求提供针对性的服务是网络数据库营销的基本职能，因此，数据库营销是改善顾客关系最有效的工具之一。

数据库营销通常不是孤立的，而应当从网站规划阶段开始考虑，另外，数据库营销与个性化营销、一对一营销有着密切的关系，顾客数据库资料是顾客服务和顾客关系管理的重要基础。

2. 网络数据库营销目标

（1）识别客户。客户识别是通过一系列技术手段，根据大量客户的特征、购买记录等可得数据，找出谁是企业的潜在客户，客户的需求是什么、哪类客户最有价值等，并把这些客户作为企业客户关系管理的实施对象，从而为企业成功实施 NCRM 提供保障。图 9-3 是多维度客户识别系统结构的示意图。

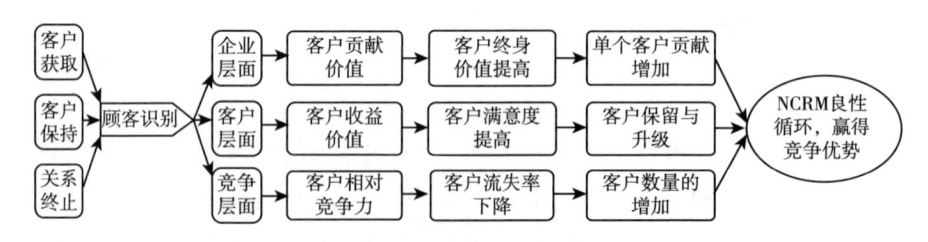

图 9-3 基于 NCRM 的多维度客户识别系统结构

客户识别是在确定好目标市场的情况下，从目标市场的客户群体中识别出对企业有意义的客户作为企业实施 NCRM 的对象。由于目标市场客户的个性特征各不相同，不同客户与企业建立并发展客户关系的倾向也各不相同，因此对企业的重要性是不同的。

（2）认定潜在客户。潜在客户是指存在于消费者之中的可能需要产品或接受的人，也可以理解为经营性组织机构的产品或服务的可能购买者。认定潜在客户需要遵循以下原则。

摒弃平均客户的观点，寻找那些关注未来并对长期合作关系感兴趣的客户；搜索具有持续性特征的客户；对客户的评估态度具有适应性，并且能在与客户的合作上发挥作用；认真考虑合作关系的财务前景；应该知道何时需要谨慎小心；识别有价值的客户。客户大致分为两类：交易型客户和关系型客户。交易型客户只关心价格，没有忠诚度可言。关系型客户更关注商品的质量和服务，愿意与供应商建立长期友好的合作关系，客户忠诚度较高。交易型客户带来的利润非常有限，往往是关系型客户在给交易型客户的购买进行补贴。

3. 网络数据库营销流程

（1）建立用户数据库。组建顾客数据库是数据库推广的基础，看一个企业对数据库营销的重视程度，首先看该企业如何收集、甄别顾客数据，以及如何管理、维护数据库。

（2）采集数据。数据库建立起来后，就是采集数据，完善数据库。采集数据的方法主要有以下几种。

自有用户。对于设有网上商城的企业而言，在商城购买过产品的用户，就是第一批原始数据。其他如网络论坛、社区等本身的注册用户，就是第一批数据。

网络调查。网络调查也是一种非常好的采集用户数据的方法，而且比较省钱。比如某网游公司搞了一个有奖网络在线调查，准备了几百元的小礼品，但是最终却获得了将近 10000 个有效的用户调查数据，而且是非常详细的数据。

活动。通过各种活动获取用户数据也是一个非常不错的选择，比如，"推一把"网站创始人江礼坤每年都要搞一次大型的行业年会，而每次活动过后，都能得到五六百条非常优质的行业用户数据。线上活动方面，像有奖问答、有奖征文、有奖投票、评选等也都是不错的活动形式。活动门槛越低，参与人数就会越多。

网络收集。除了通过以上方式去获取用户数据外，还可以通过各种网络平台获取，比如网络论坛、QQ 群、网络团体等。

数据交换。和掌握大量现实和潜在顾客数据的公司、网站进行数据共享和交换是获得有价值顾客资料的一种可行做法。需要注意的是，在数据交换过程中要注意客户的隐私保护和竞争对手的虚假交换。

(3) 数据挖掘。企业要寻找和开发合适的数据分析软件。优秀的数据分析软件不仅要有一些基本的数据处理功能，还要具备界面生动、简单易学、反应快速等特性，而且能提供预警、预测等高级功能。

数据挖掘可以帮助企业进行用户画像，深入了解客户行为偏好和需求特征；可以帮助企业进行精准营销和个性化推荐，提升客户体验与感知；并有助于进行客户生命周期管理。数据挖掘的一般流程：第一，掌握企业内各部门各自所负责的业务和各自业务的特点，并把这些特点归纳为对现有数据进行分析的必要条件和参数；第二，对现有数据进行详细归类整理和系统分析，对同类数据进行转换，对不符合条件和参数的数据进行清理，同时将可供挖掘的数据导入，必要时从其他数据源中抽取相关数据进行组合运用；第三，建立数据挖掘模型，为数据挖掘打造良好的基础框架；第四，对数据挖掘进行评估，在不同的时段让系统对已发生的情况进行预测，然后比较预测结果和实际情况以验证模型的准确性。在完成上述过程后，对客户关系管理系统中的数据进行保存，并且重复应用已经建立起来的数据模型进行挖掘。最终会形成一条切合企业实际的完整的数据挖掘流程，使企业可以高效地对客户数据进行分析。

营销知识

用户画像[①]

用户画像是建立在一系列真实数据之上的目标群体的用户模型，即根据用户的属性及行为特征，抽象出相应的标签，拟合而成的虚拟形象，具备基本属性、社会属性、行为属性及心理属性。需要注意的是，用户画像是将一类有共同特征的用户聚类分析后得出的，因而并非针对某个具象的特定个人。无论是设计产品还是日常运营，了解目标用户的真实情况，找到他们行为的特点与动机，并将其按一定逻辑进行分类与分层，是每一个客户关系管理团队或者数据营销团队工作的基础，也决定了他们精准抓住受众、以差异化服务制胜的能力。

---

① 资料来源：https://www.zhihu.com/org/ge-tui-17。

9.3.3 微信在网络客户关系管理中的应用

微信平台的主要功能是互动沟通、用户管理、服务定制。

企业的微信公众平台可以向关注它的客户发送信息，这种信息可以是服务资讯、产品促销，也可以是热点新闻、天气预报等，甚至可以与用户在平台上互动，完成包括咨询、客服等功能，通过微信公众平台，企业可以方便地设置调查页面并且随时调整调查内容，用户则可以很方便地通过手机对服务进行评价，企业可以在第一时间获得关于服务质量等的信息反馈，这样长期的线上交流，可以使企业与顾客建立良好的关系。

微信公众平台可以根据关注它的用户的一些特征，比如用户查询过哪些信息，接受过哪些服务，参与了哪些调查及促销活动等，通过数据工具对这些特征进行分析，进而将用户进行细分和分类，导入客户关系管理系统，作为后续开展精准营销和促销推广的基础和依据。

微信公众平台可以引导关注它的用户通过平台设置的"自定义菜单"功能进入其他相关页面，更方便地与用户进行互动。这个平台还可以处理用户的意见和投诉，并及时发布处理意见和跟踪结果。

9.3.4 呼叫中心技术在网络客户关系管理中的应用

1. 呼叫中心技术

呼叫中心是指综合利用先进的计算机及通信技术，对信息和物资流程进行优化处理和管理，集中实现沟通、服务和生产指挥的系统，是以高科技电脑电话集成技术系统为基础，将计算机信息处理功能、数字程控交换机的电话接入和智能分配、自动语音处理技术、互联网技术、网络通信技术、商业智能技术与业务系统紧密结合，将企业的通信系统、计算机处理系统、人工业务代表、信息等资源进行整合的高效服务平台。

2. 呼叫中心功能

（1）个性化服务。呼叫中心可以为客户提供实体服务网点提供不了的服务。当用户进入客户服务中心时，只需输入客户号码，呼叫中心就可以根据其主叫号码从数据库中提取与之相关的信息。这些信息既包括客户的基本信息，也包括过往的电话记录以及已经解决的问题和尚未解决的问题，这样客户和企业客服人员可以快速了解客户需求的核心。呼叫中心根据这些信息智能地进行处理，把主叫号码转移给客服人员，这样客户可以马上得到专业人员的帮助，从而使问题得以尽快解决。

通过呼叫中心收集并建立数据库，利用数据挖掘技术为企业开发更多客户，并为他们提供个性化的服务有助于为企业带来竞争优势。

（2）主动性服务。呼叫中心可以事先了解客户的账号、购买历史等相关信息。以便为其提供更有针对性的服务；主动向新的客户群体进行产品推广，扩大市场占有率，树立品牌形象；完善的客户信息管理、客户分析、业务分析等功能可为企业经营决策提供有效的决策依据。

（3）便捷性服务。呼叫中心通过"一号通"的功能方便客户熟知并记忆企业的联系方式，通过自动语音应答设备能够做到为客户提供 7×24 小时的全天候服务；通过提供灵活多样的信息交流渠道，便利客户自由选择与客服代表进行联络沟通的方式，如语音、传真、文字、视频、电子邮件、网络电话等。

（4）智能化服务。呼叫中心采用智能化的呼叫设备和处理方式，设定灵活多样的应答机制和线路选择，采用自动应答或人工应答的方式自动将服务进行分流，平衡资源与需求之间的关系。客户的呼入可以按照预先设置的自动语音系统或人工席位进行转接，确保呼入有应答，客户也可以在任意时间查询当前自己业务的受理情况。

（5）集成性服务。呼叫中心将企业内分属各个职能部门为客户提供的服务集中在一个统一的对外联系与沟通平台，并且采用统一的标准服务界面为用户提供系统化、智能化、个性化、人性化的服务，与企业的营销管理平台、信息管理系统、电子商务系统等进行无缝连接与集成。

3. 呼叫中心在网络客户关系管理中的应用

（1）为顾客提供一站式服务。通过呼叫中心，采用统一的标准服务界面，最终实现顾客的一个呼入便可解决顾客的所有问题，有助于企业进一步协调内部各部门之间的关系，高效地为客户提供高质量、高效率、全方位、一站式的服务，强化顾客满意和顾客忠诚。

（2）提高企业运作效率、降低营销成本。呼叫中心减少了通话时间，降低了通信费用，提高了员工及业务代表的业务量，特别是自动语音应答系统可以将企业员工从繁杂的工作中解放出来，去从事更多与客户直接联系的业务，提高工作效率和服务质量。

同时，呼叫中心无须明显增加工作人员，企业便可提高服务等级，提高业务代表的利用率。在提供新产品、新业务或增加新系统、新设备时，也能够减少业务代表的适应时间。

此外，呼叫中心统一完成语音与数据的传输，客户通过语音提示即可容易地获取数据库中的数据，有效减少每次通话的时长，让座席人员在有限的时间里可以处理更多的呼入，显著提高呼入处理及呼叫系统的利用率，降低营销成本。

（3）提高顾客满意度、强化顾客忠诚。呼叫中心采用自动语音设备可以不间断地提供多样化、标准化、高质量的服务；采用 CTI（计算机电信集成）技术，座席人员在客户呼入的同时就可以在计算机屏幕上了解到来电客户的基本信息，按照这些资料为客户提供更加亲切的个性化服务。用户可以自由选择在何时以何种方式与企业进行交流，其需求也得到了即时的响应，增加了客户的价值和客户对企业的满意度。

同时，呼叫中心在客户呼入的同时也在主动向客户进行产品宣传，实现重复购买，在扩大市场份额的同时强化了顾客忠诚。

（4）加强顾客信息管理、优化资源配置。呼叫中心收集了所有的客户信息，并可以进行完整的客户信息管理、客户分析及业务分析等，进而挖掘有价值的客户、找出客户需求并持续满足；呼叫中心也为企业提供了更好地了解客户、与客户保持联系的机会，使企业可以从呼叫中心捕捉到商机，增加销售；呼叫中心的建立有助于企业充分掌握客户的情况，使企业能在自身资源和能力范围内合理分配有限的人力、物力、财力等资源，按业务的重要程度对资源进行有效利用，实现资源优化配置。

【案例讨论】

盒马鲜生的社会化客户关系管理[①]

盒马是阿里巴巴集团旗下以数据和技术驱动的新零售品牌，是通过数据驱动，线上、线下与现代物流技术完全融合的创新型业态，盒马鲜生对于社会化客户关系的管理主要体现在以下几个方面。

1. 精准化会员管理：盒马 X 会员计划

盒马鲜生推出了融合线上线下的超级会员体系——盒马 X 会员计划。会员享有三大权益。到店权益：激发用户体验门店，不断强化品牌认知；app 专享权益：提升用户的购买频率和活跃度；服务权益：增强服务体验

---

① 资料来源：前瞻经济学人《怎样从 SCRM 角度看盒马鲜生运营？》，https：//ecoapp.qianzhan.com/answer/201231 - 4e4b2ac8.html。

和用户黏性。

2. 优惠券及促销策略

盒马优惠券分为全场通用优惠券、线上线下消费优惠券，以及水果蔬菜、肉禽蛋类、零食酒饮等细分品类优惠券。优惠券的使用门槛不高，与大众不同品类商品的单次消费额接近。

在促销策略上，盒马 app 除了举办不定期的主题促销活动、异业促销活动以外，还设置了"福利社""限时拼团""购买力排行榜"等多元化、趣味化、互动化的促销活动，不断激励用户重复购买。

3. 趣味粉丝互动活动

盒马注重与消费者、粉丝交流分享，营造社交体验和参与感，以此带动消费者对品牌文化和价值的认同。盒马每一个门店都建立了若干个主题微信群，围绕"吃"进行交流讨论，对增加粉丝活跃度和提升品牌认可度大有助益。在传统节日等特定的日子，盒马还在 app、公众号上推出相应的主题，通过粉丝互动与二次传播分享，达到了引流和提升转化的效果。

4. 创建流量：餐饮与超市相结合

餐饮不仅是体验中心，更是流量中心，巩固了消费者的黏性。盒马的餐饮即食材加工中心既为顾客提供食材加工服务，也提供舒适的就餐环境。此外，盒马也和餐饮企业合作，将半成品、成品在网上销售。

问题：

1. 盒马鲜生的社会化客户关系管理有何特点？
2. 基于该案例得到的启示，社交媒体时代企业在进行网络客户关系管理时应该侧重哪些方面？

本章小结

1. 客户关系管理是指建立在营销思想和信息技术基础之上的专门研究如何建立客户关系、如何维护客户关系、如何挽救客户关系的管理活动。

2. 客户关系管理的功能主要有客户信息管理、市场营销管理、销售管理、服务管理与客户关怀等。

3. 网络客户关系管理（network customer relationship management，NCRM）是以客户数据的管理为核心，以信息技术和网络技术为平台的一种新兴的客户管理理念与模式。NCRM 包含动态客户交互环境、覆盖全面渠道的自动客户回应能力、统一共享客户信息资源、整合全线业务功能、实时协调运营、商业智能化数据分析和处理。

4. 社会化客户关系管理（SCRM）是指企业通过社交媒体与顾客建立紧密联系，并且在社交媒体中提供更快速和更周到的个性化服务，不断优化顾客体验，以吸引和保持顾客。

5. 主要的 NCRM 管理技术包括 FAQ、网络数据库、微信以及呼叫中心等。

复习与实践

1. 复习题

（1）简述 CRM 的发展历程、概念、分类以及 CRM 的特点和功能。

（2）结合本章内容，阐述 NCRM 的含义，概括 NCRM 的特点。

（3）如何进行数据库营销？

（4）什么是社会化客户关系管理，它的主要功能和内容是什么？

（5）FAQ 的设计工作程序和内容是什么？

（6）呼叫中心的功能有哪些？呼叫中心在网络客户关系管理中是如何应用的？

2. 网络实践

（1）结合实际情况，你认为现实企业运用 NCRM 能否发挥出 NCRM 的优势？为什么？

（2）找一个化妆品网站，了解其运用的客户关系管理有关方法或工具。

（3）下载一个免费的客户关系管理系统软件并使用，了解其功能。

（4）找出两个生活服务类 app，比较它们的 FAQ 系统，分析各自的特点，并进行评价。

（5）参照盒马的社会化客户关系管理设计原理，比较携程网等旅游出行类网站或 app 的社会化客户关系管理手段和创新，思考移动时代社会化客户关系管理的重点是什么。

（6）面对面的客户服务方式和借助虚拟机器人等方式在社交网络上的客户服务对于顾客的情景体验有何不同？哪种更好？

第10章 CHAPTER 10

网络营销中的服务管理

教学说明

1. 理解网络营销中服务的内涵
2. 了解网络营销中顾客服务需求的内容
3. 熟悉网络服务的基本过程
4. 熟悉网络服务的主要工具与服务
5. 了解网络营销个性化服务的主要内容

☞ 引导案例

海底捞的顾客服务平台——超级 app[①]

2018 年 11 月,海底捞火锅与阿里云联合推出的"千人千面"超级 app 成功上线。这款 app 主要包括排号、订位、点餐等基础功能和社区服务功能,包括短视频分享、智能语音交互等,并且能够提供游戏、社交、娱乐等增值服务。

超级 app 最为"超级"之处,在于能"认识"每一位不同的顾客,

---

① 资料来源:http://www.hdljm.com/news/642.html。

"记得住"3000万名注册会员每个人的不同口味和喜好。每一位顾客打开超级app，所看的菜品推荐、促销信息、达人分享等内容都不一样。例如一位常吃麻辣锅底的四川顾客进店，就不会被推荐番茄锅底。"海底捞会员超过3000万人，如何为会员提供更多增值服务，并对会员进行精细化、定制化运营服务，是我们打造app的背景。"在谈及为何要打造这样一款超级app时，海底捞首席战略官周兆呈博士表示："新技术增强了经营者与消费者的连接，提升了运营效率，增强了顾客的体验，丰富了海底捞为顾客服务的场景和可能性。"数字化技术的运用将使海底捞顾客传统的线下就餐体验延伸到线上，增强了海底捞与消费者的连接，丰富了为顾客服务的场景和可能性。

10.1 网络营销服务概述

10.1.1 网络营销服务的含义

网络营销服务就是以互联网络为基础，利用数字化信息和网络媒体的交互性来辅助营销目标实现的一种新型服务方式。网络营销服务大体上可以分为网络产品服务和网络顾客服务两大类。

网络产品服务是与产品或服务相关的售前、售中、售后服务。

网络顾客服务与通常说的顾客服务既有联系，又有区别。顾客服务指的是除所提供或销售的产品之外的所有能促进企业与其顾客关系的交流与互动。这里所说的产品既包括实体产品，也包括虚拟产品。顾客服务涉及产品的提供方式，但不涉及产品本身，其本质是满足顾客除产品之外的所有其他连带需求。顾客服务作为一种营销策略，在协调顾客与企业之间的利益、了解并满足顾客需求、实现产品差异化、提升产品价值、提高顾客满意度与忠诚度、挖掘新的市场机会、增强企业竞争力等方面发挥着越来越重要的作用。同样，网络顾客服务具有相同的内涵，但它是针对网络消费者所具有的需求特性和购买行为，通过互联网来实现的服务。网络营销顾客服务是以传递信息为基础，是顾客同服务组织通过互联网和网络工具远距离进行信息处理活动的过程，属于围绕核心产品所开展以顾客为导向的个性化的服务。

10.1.2 网络营销服务的特点

服务区别于产品的主要特点是不可触摸、不可分离、可变和易消失。同样，网络服务业具有上述特点，但其内涵却发生了很大的变化，具体体现在以下四个方面。

1. 突破时空的不可分离性

服务的最大特点是生产和消费的同时性，因而服务往往受到时间和空间的限制。顾客为寻求服务，往往需要花费大量时间去等待和奔波。基于互联网的远程服务可以突破服务的时空限制。如远程教育、远程培训、远程订票等，这些服务通过互联网都可以实现消费方和供给方的时空分离。

2. 充分满足顾客的服务需求

首先，由于网络空间接近无限，企业可以将有关产品、服务的信息以文本、图片、声音或录像等多媒体方式放在企业网站上，顾客可以随时从网上获取自己所需要的信息，而且在网上存储、发送信息的费用远低于印刷、邮寄或电话的费用；其次，企业可以在网站中设置常见问题（FAQ）等工具，帮助解决顾客的常见问题，减少服务人员的重复劳动，以腾出时间和人手为顾客及时解决更复杂的问题；最后，网络的互动特性能使顾客直接与企业对话，反馈意见，并作为营销全过程中的一个积极主动的因素去参与产品的设计、制造、运送等。由此可见，借助网络，企业可以充分满足现代顾客的各种服务需求，与看不见的顾客建立"一对一"的关系，并可不断巩固、强化这种关系，持续提高顾客对企业的满意度和忠诚度。

3. 顾客寻求服务的主动性增强

顾客不仅可以了解产品或服务的信息，还可以直接参与整个过程，可以通过互联网直接向企业提出要求，企业必须针对顾客的要求提供特定的对应服务，最大限度地满足顾客的需求，当然企业必须改变业务流程和管理方式，实现柔性化服务。

4. 能更好地实现企业对顾客的管理

管理顾客是传统服务的一个难题，借助网络对顾客进行服务，能更好地实现对顾客的管理，以留住老顾客，吸引新顾客，为企业增加利润。

首先，网络交流的便利性与互动性，使企业能与顾客不断进行对话，进而不断增加对顾客的了解，顾客提出需求，企业以合适的产品和服务予以满足。这种过程的重复，使得企业与顾客建立起一种动态的学习型关系，这种动态的学习型关系能形成顾客的转换壁垒，使之不会轻易地转向竞争者，从而培养出忠诚顾客。其次，企业与顾客之间所有的互动都是有关顾客需求的宝贵信息资源，顾客数据库将实时记录有关顾客的各种信息，顾客与企业交易前，顾客数据库就能及时识别顾客的特殊身份，交易后，顾客数据库能自动补充新信息。企业可以将顾客划分为不同等级，从而提供不同标准的产品和服务，实现顾客的分级管理。另外，通过建立在线顾客数据分析系统，企业能及时进行顾客价值区分，发现新的市场机会，锁定目标顾客群，提高企业网络营销的效果。

总之，网络营销服务与传统服务相比，能更有效、更精细地实现对顾客的动态管理。

营销知识

在社交媒体提供优质顾客服务的五大策略[①]

顾客在哪里，服务就在哪里。越来越多的卖家涌入社交媒体来推广产品，在社交媒体平台上提供优质顾客服务显得尤为重要。如何提供优质的顾客服务对卖家来说也是个不小的挑战，卖家可以参考以下五种策略。

1. 迅速回应顾客

现在的消费者普遍缺乏耐心等待问题的答复。一项调查显示，全球46%的消费者期望卖家在一小时内对问题或投诉做出回应。同时，在社交媒体这样快节奏、即时满足的环境中，速度的重要性无可比拟。因此，无论是大小品牌，提供及时的顾客服务都是当务之急。

2. 适时转移渠道

在社交媒体上倾听和回应顾客至关重要，但是并非每个问题都可以在平台上解决。

如果平台不允许冗长的回复或者需要获取个人数据，例如电子邮件、电话号码、密码等。在这种情况下，卖家可以向顾客发送通知，请求顾客的信息，并通过其他联系方式来解决问题。

3. 调整对话语气

无论采用哪种媒介，正确的语音语调都是顾客服务的关键。卖家要尽可能让自己的语气与每个顾客的情况相匹配。比如，顾客习惯使

[①] 资料来源：搜狐网，https://www.sohu.com/a/424576947_190834。

用表情符号、俚语和感叹号，卖家可以采取同样的操作，拉近与顾客的距离。

4. 倾听顾客声音

人们总是在社交网络上发表观点。通过积极监控人们的言论，卖家可以利用这些对话来建立积极的品牌参与度，并鼓励其他人进一步提及品牌。

卖家不能整天盯着社交媒体来了解顾客何时谈论或需要帮助，可以借助社交倾听和顾客关怀工具，跟踪社交网络上的品牌提及并发现可行的见解。

5. 鼓励自助服务

卖家也可以考虑建立一个知识库。公共自助知识库是顾客了解公司信息的入门资源，可以包括常见问题解答、入门指南、操作方法文章、功能更新等。

根据 HubSpot Research 的一项调查，90% 的消费者希望立刻得到问题的答复，有了知识库，顾客就可以根据自己的需求迅速解决问题。

综上所述，为顾客提供优质服务有利于正面反馈的传播，继而与顾客建立更牢固的关系并将其转变为品牌拥护者。

10.1.3 网络顾客服务

完善的网络营销服务必须建立在掌握顾客需求的基础之上。顾客的服务需求包括了解企业产品与服务的信息、为顾客解答问题、与企业人员接触、了解营销全过程信息四个层次的内容。

1. 了解企业产品和服务的信息

网络时代，顾客需求呈现出个性化和差异化特征，顾客为满足自己个性化的需求，需要全面、详细地了解产品和服务的信息，寻求最能满足自己个性化需求的产品和需求。

2. 为顾客解答问题

顾客在购买产品或服务后，可能面临许多问题，需要企业提供服务解决这些问题。顾客服务包括了从产品安装、调试、使用到故障排除、提供产品系统更深层次的知识等的全过程。帮助顾客解答问题常常占据了传统营销部门大量的时间、人力，而且其中的一些问题常常反复出现，服务人员重复着同一类问题的答案，效率低下且服务成本高。现代顾客需要的不仅仅是一个问题的解决，同时还需要对产品知识进行自我学习、自我培训。在企业网络营销站点中，许多企业站点提供技术支持和产品服务、常见问题解答（FAQ）以及供顾客自我学习的知识库等，有的还建立网上社区，顾客可以通过互联网向其他顾客寻求帮助。

3. 接触企业人员

顾客不仅需要了解产品和服务的知识、解决问题的方法，还需要像传统顾客一样，能得到企业提供的直接支援和服务。在必要的时候，顾客需要与企业有关人员直接接触，询问一些特殊的信息或反馈意见等。

4. 了解营销全过程信息

有些顾客为满足个性化需求，有时还需要作为整个营销过程中的一个主动因素去参与产品的设计、制造、运送等。顾客了解产品信息越详细，他们对自己需要什么样的产品也就越清楚。企业应将主要顾客的需求作为产品定位的依据纳入产品的设计、制造、改造的过程。让顾客了解和参与的过程实际上就意味着企业与顾客之间一对一关系的建立，互联网能帮助企业提供这种一对一的营销服务。

顾客需求四个方面的内容不是相互独立的，它们之间有一种相互促进的作用。全部过程中的需求层次逐渐升级，本层次的需求满足得越好，就越能推动下一层次的需求。顾客需求满足得越好，企业与顾客的关系就越密切。

10.2 网络产品服务

产品服务是顾客服务的第一要素，在网络营销中，由于消费者购物不需要亲临购物现场，消费者无法通过自己的眼看、手摸、耳闻等感觉器官来感受商品，因此，企业必须向消费者提供更为周到细致的服务，包括售前、售中、售后全过程的服务。

10.2.1 售前服务

售前服务是企业推出的旨在吸引消费者成为顾客而设置的服务，可以满足消费者了解商品、熟悉购物环境、做出购买决策的需要。售前服务具有对象的广泛性、引导性和知识与信息性的特征，它要求企业做到诚恳、实在、服务及时，并且范围要广泛。网络售前服务以提供信息服务为主，一般采用三种方式：一是通过企业网站提供产品信息；二是注册网上虚拟市场（如阿里巴巴商务网站），企业在其上发布产品信息广告、产品性能介绍及同类产品比较信息。为方便顾客购买，产品信息应包含产品组成、使用说明、购买方式等；三是通过邮件、短信等形式提供服务。不管企业通过哪种方式，其内容都是企业和产品的相关信息，目的都是让顾客了解企业及产品，促成购买。售前服务是网络产品服务的开始，能否给顾客较好的第一印象，是企业服务甚至经营成功的基础。例如华为的网上商城发布的产品信息页面不仅有图片介绍，还有该型号手机的屏幕、处理器、机身厚度、操作系统、特殊功能、实物效果图、说明书等具体信息。

10.2.2 售中服务

网上售中服务主要是维护好顾客交易信息的保密性和订单的执行情况，提供订单执行情况的在线查询，方便顾客随时随地了解销售的最新执行情况，减少顾客对购买的忧虑，增加顾客在网上购物的信心和提高顾客的满意度。

（1）顾客在进行购买时应得到的顾客服务。如商品检索、购物车查询、结算服务等。企业提供这些服务的主要目的就是方便顾客购买到所需商品。顾客在商品繁多的网站中逐一浏览，查找到所需商品是一件非常繁重的事情，有时顾客会因为检索时间过长而放弃购买。为此，企业应为顾客设计操作简便的商品查找系统。多数企业采用产品分类目录和搜索引擎的方式方便顾客查询商品。

企业还应提供完善的购物车查询服务。使顾客可以随时添加、删除购物车中的商品，避免因错误购买一件商品而放弃整车商品的情况发生；应为购物车设置计算功能，使顾客可以随时了解自己购买商品的金额，显示包括配送等所有费用的总金额。

此外，当顾客了解了相关信息，对产品或服务产生购买意向后，一定希望了解产品是否有现货、到货方式及产品或服务的价格能够优惠及付款方式等问题。这就需要企业在网站页面的醒目位置，放置在线咨询控件，顾客可以根据自己使用的在线沟通工具来选择咨询渠道，如 QQ、在线客服等。顾客点击控件，立即可以进入企业的后台与客服人员进行即时沟通。

企业为顾客在购买时提供方便，可以大大降低顾客购买商品所需时间，节省顾客购物成本，实现顾客与企业的双赢。

（2）产品的买卖关系确定后，等待产品送到指定地点的过程中的服务。如了解订单执行情况、产品运输情况等。网上销售，突破传统市场对地理位置的依赖和分割。在提供网上订货功能的同时，还能提供订单执行查询功能，方便顾客及时了解订单执行情况。例如，天猫就使用高效的快递管理系统，将包裹在递送环节中的信息输入计算机数据库，顾客可以从网上查看自己的包裹到了哪一站，在什么时间采取什么步骤以及投递不成功的原因，在什么时间会采取下一步措施，直至收件人收到包裹。

10.2.3　售后服务

网上售后服务就是通过互联网络为顾客提供使用帮助和技术支持。提供丰富、全面的产品支持和技术服务信息，可以方便顾客通过网站直接找到相应的企业或专家寻求帮助，减少中间环节。企业也可以通过 BBS 的网上问题解答告诉顾客产品的使用方法。当产品在使用中出现故障，用户只要点击企业网站中的维修服务，说明问题所在，企业就可通过网络通知最近的维修点以最快的速度为用户维修。当用户需要退换货处理时，也可通知最近的销售点为其服务。

企业在实施网络售后服务时，必须重视服务方式和内容的灵活性、顾客获得售后服务的便捷性以及顾客接受服务的直接性，将网上服务与人工服务相结合，还要注意网上服务的及时性、完善性。为此，企业在设计售后服务网页时，除提供产品技术资料外，最好提供相应产品技术人员的联系方式，甚至可以将相关组件的供应商的联系方式发布在网页中，使顾客可直接与技术人员或专业生产部门联系从而获得最精确的解决方案。例如海尔集团的网络售后服务页面，其服务项目按照地区和产品类别划分。

10.3　网络营销服务工具

当企业的网络营销服务被顾客作为一种常态的服务工具使用时，网络营销自然就成功了。企业应通过各种营销服务工具的运用，提高商品的附加值，吸引网民的注意力，从而达到提高顾客满意度的目的。

10.3.1　微信

常用的微信服务工具主要分为四类：公众平台订阅号、服务号、企业微信和微信小程序，它们能够给企业和组织提供更强大的业务服务与用户管理能力，帮助企业快速实现全新的网络服务平台（见表 10-1）。

表 10-1　　　　　　　　　　　　　微信主要工具

序号	工具	主要功能
1	服务号	主要为用户传达资讯（类似报纸杂志），认证前后每天只可以群发一条消息
2	订阅号	主要为用户传达资讯（类似报纸杂志），认证前后每天只可以群发一条消息
3	企业微信	是一个面向企业级市场的产品，是一个独立的基础办公沟通工具app，拥有最基础和最实用的功能服务，专门提供给企业使用的IM产品，适用于企业、政府、事业单位或其他组织
4	小程序	是一种新的开放能力，开发者可以快速开发一个小程序，小程序可以在微信内被便捷地获取和传播，同时拥有出色的使用体验

1. 微信服务号的功能

众所周知，企业只有不断地了解顾客需求、满足顾客需求，做到令顾客满意，才能赢得更多的顾客。那么企业微信服务号在这方面有哪些价值呢？

（1）增加收入、节约成本。顾客可通过广告媒体、企业宣传品及他人介绍等渠道成为企业微信服务号的粉丝，从而获得企业的信息。这样，顾客就会对企业的产品或服务产生一种抽象的心理预期，如果企业微信服务号提供的产品或服务达到或超过了顾客的期望值，顾客就会满意；如果企业微信服务号提供的服务可以持续不断地令顾客满意，就会建立顾客忠诚度。忠诚的顾客会经常性地重复购买，而且还会购买企业其他的产品或服务。

一旦顾客长期关注企业的公众账号，就表示顾客愿意接受企业向他介绍产品，这为企业节约了大量跟顾客再次沟通而产生的成本。

很多企业同时开通了服务号和订阅号，订阅号主要用来跟粉丝沟通互动、促销产品及发布新的活动等；服务号接通了微商城，可以在线直接订购产品，通过微信产生的订单为企业节约了营销成本。

（2）顾客管理。微信是最精准的品牌营销工具，企业可以通过后台的互动解答顾客的问题，从而获得更高的转化率，促成交易。最主要的是可以通过服务号的顾客关系管理（CRM）功能，时刻关注顾客的需求变化及顾客对产品的满意度，征询顾客意见并及时反馈到企业顾客管理当中，企业对市场信息反馈越及时，就越能有效地解决顾客的问题。好的服务还能挖掘顾客的潜在需求，开发出适销对路的新产品或新的服务项目。

（3）形象效应和口碑效应。企业微信服务号提供的服务是无形的，服务不方便展览和传播，服务质量是人们的一种主观感受。企业微信服务号对于企业服务形象的建立基本上是靠消费者的口碑宣传形成的。顾客的口碑是企业的广告资源，他们往往会将消费感受传播给其他顾客，这比花钱进行广告宣传更加有效，可以迅速提高企业的知名度，提升企业形象。

（4）快速有效地收集顾客反馈。通过微信公众平台设置或人工回复可以实现即时留言互动，收集顾客第一时间反馈的信息，有利于企业及时采取应对措施，做好服务工作。

（5）增强企业的核心竞争力。市场竞争的关键是对顾客的争夺与占有，如果你能比竞争对手先一步与顾客建立良好的双向互动关系，真正关怀顾客，一旦顾客在你这里获得了高度的满足，就能放心地从你这里购买商品而不被其他竞争对手"挖走"，从而让你在竞争中获胜。企业要利用微信服务号做好顾客的售后维护工作，以顾客为中心，承诺以实现优质服务、提高顾客满意度和忠诚度为目标，通过将服务作为一种创造价值的商品来营销，向顾客提供有价值的服务，全力提升服务的质量和水平，使顾客持续地购买。事实上，售后维护工作已成为企业的竞争优势之一，可以帮助企业在竞争中立于不败之地。总之，企业与顾客之间的关系越牢固，企业的地位优势也就越稳固。

（6）保证顾客与企业双赢的重要基础。由于技术特征的可模仿性，其在差异化策略中的作用将明显落后于不易模仿的服务特征，而以服务为导向和特征的差异化战略在激烈的市场竞争中已得到越来越多的现代企业的重视和应用。企业微信服务号通过建立服务导向系统、杰出的服务组织、内部营销体系、服务利润链，使优质服务贯穿整个营销过程，提升顾客对企业的认知度，促进顾客的满意度，从而驱动顾客的忠诚度，使顾客与企业的经营合作成为一种惯例，使顾客与企业实现互利共赢。

2．微信服务号的应用

（1）基本业务。对于存量老顾客，微信客服可提供最基本的受理类业务，如企业制定业务受理、客服投诉建议、产品维修或障碍保修、预约服务等。

（2）公共客服。降低咨询带来的服务成本，罗列顾客的服务需求点，再设定相应的自动回复内容。主动需求点，如查物流、退货、换货、玩游戏等；被动需求点，如促销提醒、发货提醒、降价提醒等。

（3）增值类业务。微信顾客服务可实现的增值类业务有：人工语音自助服务，拓展的信息服务，转语音信箱服务、转电子邮件、OA系统服务，城市、企业秘书台等。

（4）智能的人机对话。扫描产品二维码或维保证书，可实现售后服务的信息验证、维保索赔等业务；通过 NFC 技术的支持，也可实现与智能家电、物联网等的对接，实现智能的人机对话。

（5）活动互动平台。拓展有效用户，主要可以通过开展微信会员专属活动或者常规活动进行。

（6）顾客自助服务。在微信的对话机制中嵌入链接、进入专门的 app 页面，通过 HTML5 页面或其他技术开发页面，可进行企业特定的业务受理。微信服务可实现进一步特定业务，如自助缴费、充值、购买零件、兑换礼品等。

（7）顾客服务与企业同步。企业服务号可接入 CRM 管理、业务信息接入接口，保持向用户提供最新、最精准的业务信息。

（8）特色的人工服务。企业服务号可设定人工语音音色，变身卡通客服角色等，让用户体验独具创意和特色的文化。

（9）市场调研及关怀。提供消费者市场调研、顾客满意度查询、销售或服务回访、节假日关怀、顾客信息验证等。

10.3.2 电子邮件

电子邮件（E-mail）是互联网使用最为广泛的功能，现已成为企业进行顾客服务的强大工具，成为网络用户之间快捷、简便、可靠且成本低廉的现代化通信手段，也是互联网上使用最广泛、最受欢迎的服务之一。电子邮件是网络顾客服务双向互动的根源所在，它是实现企业与顾客对话的双向走廊和实现顾客整合的必要条件。

1. 电子邮件的作用

（1）利用电子邮件可与顾客建立主动的服务关系。主动向顾客提供有用信息，获得顾客需求的反馈，将其整合到企业的设计、生产、销售等营销组合系统之中。

（2）利用电子邮件传递电子单证。为了规范电子商务的过程和信息服务的方式，人们常常在企业商务站点中设置许多表格，通过表格在网络上的相互传递来达到商务单证交换的目的。以支持交易前的网络商务系统为例，经常用于网络站点的表格和单证有用户意见和产品需求调查表、产品购买者信息反馈及维修或保修信息反馈表、初始产品的报价单等。

（3）利用电子邮件进行营销。电子邮件在电子商务发展中一直起着重要作用，是一种发现并留住顾客的有效手段。许多企业利用交互式表格技术来收集网上顾客的电子邮件地址，并根据顾客在线填写的所需服务信息，用电子邮件逐一回复。这样在为顾客提供服务的同时，又同顾客建立起了交互式通信，为进一步开展营销奠定了基础。

（4）电子邮件还可以进行查询索引、阅读文件以及其他访问的信息服务。

2. 电子邮件服务的基础——邮件列表的建立

要想通过电子邮件进行营销服务活动，首先要做的就是掌握营销对象的电子邮件地址，让尽可能多的人了解并加入邮件列表。企业要想吸引用户的注意并引导其加入，通常可以考虑以下方法。

（1）提供优秀的邮件列表内容。要想吸引用户订阅，踏踏实实地设计邮件列表的内容是基础。应提供尽可能多的实用性或者在一些专业领域有足够影响力的文章，例如在某一领域内能给读者以解决方案，或者指导读者怎样去实现目标，或者提醒读者避免一些损失等的文章。

（2）将邮件列表订阅页面注册到搜索引擎。如果有一个专用的邮件列表订阅页面，就将该页面的标签进行优化，并将该网页提交给主要的搜索引擎。

（3）得到其他网站或邮件列表的推荐。就像一本新书需要书评，一份新的电子杂志如果能够得到相关内容的网站或者电子杂志的推荐，对增加新用户必定有效。

（4）为邮件列表提供多种订阅渠道。如果采用第三方提供的有各种电子刊物的分类目录的电子发行平台，则应该将自己的邮件列表加入合适的分类中去，使用户在电子发行服务商网站上能够看见邮件。

3. 企业在电子邮件营销服务中可采用的策略

（1）顾客首次在企业网站注册，购买商品之后，只要顾客同意，企业要及时发送一封确认购买的邮件，感谢顾客的光临，并且询问产品的使用情况，是否有什么需要解决的问题。海尔的"真诚到永远"给顾客真实的超值体验，顾客购买会有全程的服务，甚至于安装人员刚刚调试好机器走出家门，其客服中心就会热情地打电话到家里询问使用情况。海尔的经验完全可以移植到网络营销的服务中。

（2）发送电子邮件并非单纯的广告告知，有些企业把新近促销的商品或者新增加的服务一股脑儿塞到电子邮件里面寄给顾客，却完全没有考虑顾客是否需要这些东西。事实上，针对顾客的不同偏好来发送电子邮件是有讲究的，利用数据库进行顾客数据的挖掘和分析，据此进行市场细分和定位，对不同类型的顾客发送相应的信息，这样才可以做到真正的个性化营销，才符合顾客的胃口，提高顾客的满意度和忠诚度。

（3）现在的顾客购买产品和服务已经不是单纯地为了满足基本的生理

消费需求，更多时候是追求一种精神层次的享受。研究顾客的购买心理，提高顾客在购买和享受服务的过程中的良好体验，是对网络企业的一个重要挑战，而这些都不是单靠电子邮件就能够做到的。事实上，用电子邮件来邀请顾客发表自己的看法，收集顾客的意见和建议，是可以在一定程度上提高顾客的参与程度的。另外，在企业举行促销、新产品发布会、公司庆典还有会员联欢等活动的时候，通过电子邮件来邀请顾客，与线下的营销手法相结合，也可以增加电子邮件的效果。

营销经典

京东的智能客服系统——京谈[①]

2021年，京东零售云全流程客服系统——"京谈"经过升级迭代，正式对外呈现，作为从京东零售生态、物流生态中成长发展起来的客服系统，将为企业级客户"量身定制"全场景解决方案，着力提升企业客服运维的快捷性、安全性与智能化水平。

在京东零售云技术的全面赋能下，"京谈"客服系统积淀出语音通信、文本通信、网络电话和智能应用四大核心功能。在协调企业各部门各项工作方面，"京谈"通过搭建企业全场景在线的即时通信平台，满足了企业内外部各种场景的通信诉求，加速了问题解决，提升了工作效率。为了进一步拓展沟通场景，"京谈"还为企业提供了基础文本通信工具，满足了文字沟通交流需要。

通过开展网络电话及可视化IVR（互动式语音应答）的通用性改造，"京谈"为客户提供了强大的网络电话服务，具备中转及智能外呼功能，可承担消费调研、信息通知、客户回访等流程化工作，提升呼叫中心服务效率。同时，结合各企业客服场景与大数据深度打造的语音、文本服务机器人，为企业提供个性化的智能应用。

基于多年以来深耕电商行业积累的丰厚经验，"京谈"拥有显著的技术优势，不但可提供售前、售中、售后全场景及PC、Web、app、小程序等多渠道在线接入服务，还通过与外部伙伴的合作积累了一定的开放经验，形成了面向客户、整合多种接入方式的联络平台，使用维护更加简单方便。

---

① 根据京东集团公开信息整理。

10.3.3 网络社区

网络社区提供了一种前所未有的顾客服务工具。网络社区包括电子公告板（BBS）、聊天室、论坛、讨论组等形式，企业设计网上虚拟社区的目的是让顾客在购买后既可以发表对产品的评论，也可以提出针对产品的一些经验，通过与使用该产品的其他顾客交流提高产品使用、维护水平。营造网上社区，不但可以让顾客自由参与，还可以吸引更多潜在顾客参与。

1. 网络社区的效应

（1）增加了顾客对企业产品的理解和认识。在网络社区上，双方互不见面，人们有更好的安全感和随意性，网络社区成员间的了解是靠双方各自提供的信息内容。许多人在论坛上会问一些平时难以获得答案的问题。

（2）网络社区对企业有正面影响，也有负面影响。负面影响的直接表现是任何一个对企业或其产品产生不满的成员，都可以在社区上发表言论从而损害企业形象，"好事不出门，坏事传千里"，对此，企业应采取积极的态度，进行及时有效的危机公关，展现企业认真负责的态度，化解这种危机，甚至进一步提高企业的美誉度。

2. 网络社区的创立与运用策略

（1）确定社区诉求点。网络社区是围绕一个成员共同感兴趣的话题而形成的，所以创建一个网络社区的关键是找到一个好的诉求点，也可以说是社区的定位，即区别于其他社区的特点是什么。企业选择社区诉求点应遵循如下原则：一是诉求和企业整体形象保持一致，服务于企业的战略使命和战略目标；二是诉求和企业产品或服务相关，通过社区成员对产品使用中可能产生的技术、操作或更为广泛的问题的讨论，增加可信度，起到释疑解惑的作用；三是诉求点应当对目标顾客有吸引力，没有吸引力的诉求点自然不能吸引顾客参加，也就不能形成社区，这就要求诉求是结合社会热点的，本来就受到关注或能够引起关注。如企业可将产品特性、品牌、顾客关系等作为社区的诉求点，通常这些话题更容易吸引网民和顾客，也更容易与顾客建立情感联系。

（2）提供起始页面和工具。提供起始页面和工具相当于企业为社区活动准备基本条件，包括给出诉求点的基本含义，添加互动对话工具如闲谈、会议等，这一阶段的工作目的是使访客理解社区主题，并能够方便地参与社区讨论。通常，企业都会建立多个社区，以吸引具有不同兴趣的网民。所以，起始页面要能让访客很快找到他所感兴趣的社区，这和FAQ的页面布局相似，必要的话，要提供搜索工具。

（3）吸引成员。吸引访客的过程也就是和网民进行沟通的过程，让网民知道社区的存在、社区的特点，其方法和原理既是市场营销要解决的问题，也是网络营销要解决的问题，所利用的手段不外乎是宣传、公关、广告等，如提供折扣、奖券、抽奖等额外价值促进网上交流，通过举办相关主题的竞赛制造轰动效应等。

（4）参与和维护。企业在建立了自己的社区之后，还必须参与、监测和维护自己的社区。参与的目的在于引导，不是让顾客自己盲目猜疑，更不能让一些错误的东西泛滥，如果企业不能正确地告诉顾客如何识别和使用产品，顾客将在错误的道路上越走越远。监测和维护的目的在于及时发现社区中的各种动向，从而及时加以处理。

10.4 网络个性化服务

10.4.1 网络个性化服务的含义

服务的一个重要原则是顾客的需求在哪里，服务的方向就指向哪里。与传统媒体不同，互联网拥有优越的技术性天赋，具有为顾客提供自主掌控网络营销平台的能力，于是"个性化"的概念被自然地延伸到网络营销服务领域当中。其实，"个性化"是网络媒体所面临的一个新考验，也是网络媒体所面临的市场生态环境的一个转变。随着传统营销观念的壁垒为市场大潮所破，消费市场被分得越来越细，每个顾客都期望得到特别的、专为其设计的产品和服务。

个性化的本质是指商业活动由顾客需要主导，企业要完全按照顾客的需要提供产品和服务。网络个性化服务就是按照顾客要求提供特定服务，即满足消费者个别的需求。个性化服务更强调顾客的主体性。个性化服务包括三个方面的内容，互联网可以在这三个方面给用户提供个性化的服务。

（1）服务时空的个性化（时间与地点），在顾客希望的时间和希望的地点得到服务。

（2）服务方式的个性化，能依据个人喜好或特色来进行服务。

（3）服务内容个性化，不再是千篇一律，而是各取所需，各得其所。

个性化服务在满足顾客需求方面可以达到相当的深度，企业要对目标群体进行准确的细分和定位，对它们的需求有全面准确的总结和概括，应用个性化服务这一营销方式才能有效地吸引顾客。

在企业个性化服务中，电脑系统可以跟踪记录顾客的操作习惯、常去的站点和网页类型、选择倾向、需求信息以及需求之间的隐形关联，据此更有针对性地提供顾客所需要的信息，形成良性循环，使人们的生活离不开网络。而信息服务提供者也有利可图，系统在对顾客信息进行分析后，可以抽象出一类特定的人，然后有针对性地发送个性化的广告，也可将这些信息进行提炼加工，用来指导生产商的生产，生产商据此可以将目标市场细化，生产出更多更具个性化的产品。准确而具体的信息还将节省一大笔市场调研费，从而使广告成本降低。总之，个性化服务对个人、对信息提供者都有益处。

10.4.2　网络个性化服务的方式

目前网上提供的个性化服务，一般是网站经营者根据受众在需求上存在的差异，将信息或服务化整为零或提供定时定量服务，让顾客根据自己的喜好去选择和组配，从而使网站在为大多数顾客服务的同时，变成能够一对一地满足顾客个性化需求的市场营销工具。个性化服务改变了信息服务"我提供什么，用户接受什么"的传统方式，变成了"用户需要什么，我提供什么"的方式。企业可以通过以下方式提供个性化的服务。

1. 页面定制

Web 定制使预订者获得自己选择的多媒体信息，根据自己的喜好来设置网页中的内容。例如头条网站推出的"我的头条"，用户可以根据自己的喜好定制网页的显示结构和显示内容，定制内容包括新闻、政治、财经、体育等多个栏目，还提供了搜索引擎、股市行情、天气预报、常去的网址导航等。不仅门户网站提供页面定制服务，大量的商业网站也提供页面定制服务。例如，DELL 公司的网站，根据顾客类型分为消费者、代理商和员工等不同形式，用不同的身份登录 DELL 网站所显示的内容不一样，即使同一产品，其价格和相关技术信息也不一样。除了按照类型提供不同的服务外，一些网店还根据顾客的不同购买习惯和爱好，提供最适合顾客的购买方式，提供顾客最关心的购买信息，真正做到个性化的页面定制。

例如，Commerce Sciences（一家大数据公司）推出了供商家使用的插件服务——个性化工具栏（Personal Bar），悬浮在网站底部，可放置搜索、商家的各社交账号、购物车、聊天框和优惠券模块（见图 10-1）。这不是一个简单的工具栏，它会分析顾客行为如顾客从哪里来，喜欢什么产品，是犹豫型消费者还是果断型消费者等。Commerce Sciences 分析了 800 万名买家的网购行为，运用行为经济学相关理论和数据挖掘技术来判断用户类型并给出个性化服务。

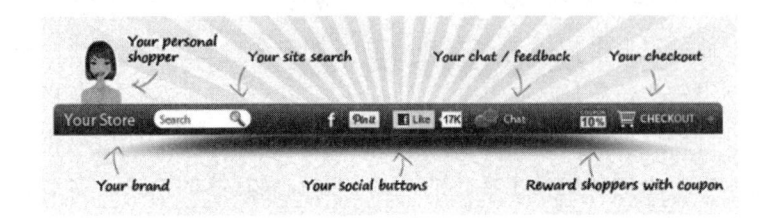

图 10-1　个性化工具栏（Personal Bar）

对于第一次到店的顾客，工具栏会自动弹出欢迎新客的优惠；当顾客在工具栏中点击了商家的 Facebook 主页时，也会弹出新的优惠信息。在判断出这是个犹豫不决的顾客后，就可能让客服主动发起对话解答疑问，或是抛出特定的优惠券如免运费等。这种个性化服务会减少网购弃车率，提高成交率。

想给消费者提供个性化服务的公司并非只有 Commerce Sciences。甲骨文公司（Oracle）的电子商务套件就能让电商网站实现针对不同顾客的动态布局，以此提高用户互动并带动销量。

2. E-mail 定制

除了可以利用网站实施个性化服务外，企业还可以通过为顾客发送定制的 E-mail 来实施个性化服务。企业可以根据用户的网络习惯和行为对其进行细分，并且针对用户群体进行个性化定制的电子邮件营销。

3. 需要顾客端软件支持的个性化服务

这种方式与上述方式最大的不同在于：信息并不驻留在服务器端，而是通过网络实时推送到顾客端，传输速度更快，察觉不出下载的时间。但顾客端软件对计算机配置有较高的要求，在空间和系统资源约束下，让顾客下载是一件麻烦事。随着移动互联网时代的到来，众多网站推出了手机顾客端，极大方便了顾客的个性化服务要求。例如，京东的手机顾客端就可以按照顾客所使用的终端操作系统以及浏览历史和给个性偏好定制属于顾客自己的京东商城。

网络个性化服务是一个系统工程，它需要从方式上、内容上、技术上和资金上进行系统规划，合理配置资源，特别是对顾客信息资源的获取与企业内部的共享、个性化服务工具的选用等，否则个性化服务是很难实现的。

10.4.3　网络营销的个性化服务策略

1. 产品组合个性化策略

顾客导向的营销应是让产品或服务更具弹性，让产品和作业流程融入顾客的意见以利于持续改进；或从顾客角度由外而内地设计交易流程，使服务和交易的过程能以顾客的需求来量身定做。赋予顾客自行设计产品组合的权利，让顾客能自行组装、选择自己适合的产品或服务。对企业来说，个性化的产品可带来较高的价格，企业的获利自然提高。

2. 交易流程个性化策略

交易流程的个性化应做到以下三点：
（1）提供充足的资讯协助顾客进行交易，而非只提供厂商地址和电话；
（2）让顾客选择交易媒介，如电话、电子邮件、网络等；
（3）让顾客能在线上自行查询订单处理进度、付款与其他服务。

企业应提供多种交易方式与渠道，让顾客选择适合自己的交易方式。

3. 定价个性化策略

（1）差别定价。顾客对同产品的认知价值与价格不一定相同，利用顾客对产品的感受价值作为定价的核心进行个别定价，才能区隔顾客并创造突破性的利润。

区分产品线：让顾客依本身的偏好在不同的产品中选择。

控制产品的可取得性：运用销售渠道以及不同的定价方式，向特定的顾客提供某些商品。

区分购买者特性：观察购买者的特性（年龄、收入等），针对各项认知价值的关键差异作差别定价。

区分交易特性：观察交易特性（时机或数量）进行差别定价。

（2）线上竞标与议价。差别定价比单一定价更有利，销售者可以针对使用者偏好或特性，透过线上议价与竞价的方式，推出差别化的价格。

10.4.4　网络个性化服务应注意的问题

1. 隐私问题

个人提交的需求、信息提供者掌握的个人偏好和倾向，都是一笔巨大的财富。大多数人不愿公开自己的"绝对隐私"。因此，企业在提供个性化服务时，应尽量减少不必要的信息获取，以尽可能少的、最有价值的用户信息来满足网络营销的需要，对涉及隐私的信息，必须注意保护，绝对不能将这些隐私信息进行公开或者出卖。侵犯用户的隐私，不但会招致用户的反对，还可能导致法律风险。

2. 费用问题

应用个性化服务首先要做的是细分市场、细分目标群体，同时准确地确定不同群体的需求特点。这几个方面的因素决定着个性化服务的具体方式，也决定着个性化服务的信息内容。市场细分的程度越高，需要投入的成本费用也会相应提高，企业经营者要量力而行。

3. 按需提供

企业提供的个性化服务必须是用户真正需要的。个性化服务涉及许多技术问题，个性化服务只是众多经营手段中的一种，是否适合于企业，应用在哪个环节，需要具体情况具体分析。

4. 重视顾客的长期价值

网络提供了相关的工具，使营销人员可以方便地创建个性化的销售信息，记住每位顾客的喜好、购买模式、合适的说服技巧，并以此来开展针对性的营销活动。所以企业应该利用网络营销工具的优势，建立与顾客的长期联系，使企业获得长期的价值。

【案例讨论】

亚都七星云网络营销服务[①]

亚都科技集团（简称亚都）是一家专注于用科技解决空气、水、生态问题的综合性环保集团，国家高新技术企业。亚都七星云服务是亚都针对传统服务的用户痛点与厂商痛点提出的售后服务平台，以强化用户关怀与企业责任，为用户带来七星的极致体验：诚挚、快捷、贴心、环保、透明、专业、尊贵。七星云服务基于互联网、微信、app、物联网技术，提供家电企业智能售后全面解决方案的服务体验平台；整合现有服务渠道、人员、配件、技术等资源，统一服务标准，满足顾客保修、保外维修、保养、咨询等服务需求，依托整合平台资源，在形象、流程、系统、制度等方面进行全面优化，以实现亚都顾客管理的智能升级，给用户更便捷、优

[①] 资料来源：亚都集团官网、亚都七星云微信公众号。

质的服务体验。

1. 亚都七星云服务的主要功能

（1）生成电子保修凭证：用户首次关注公众号，完成手机注册、产品绑定、上传购买凭证、填写购买时间和渠道，系统自动生成电子保修凭证。电子保修凭证为七星云服务售后凭证，可在"亚都七星云服务"内实现产品说明书查询、在线维修保养预约、满意度调查等功能。

（2）电子说明书查询：绑定产品后可查阅该机型的电子说明书。

（3）维修保养预约：在线预约维修和更换滤芯；预估服务费用；查看预约进度。

（4）满意度调查：工程师服务完工后一小时内推送满意度调查问卷，由用户自主填写。

（5）在线咨询：在线呼叫售后客服进行咨询。

2. 亚都七星云服务特点——一键派单急速售后

七星云服务派工平台是集报修、派单、接单、填单、配件订购及费用结算于一体的智能管理平台。

工程师端可以申请审核支付保证金、维修接单、联系顾客、审核购买凭证、维修填单、紧急情况人工处理，根据顾客满意度结果自动向工程师和网点结算。

系统采用自动派单、工程师抢单模式，费用能否及时支付与顾客满意度绑定，提高了工程师服务的积极性。

3. 亚都七星云服务特点——便捷高效专业优质

便捷：用户可以通过电话、微信、app多种方式发布服务需求，绑定产品后查阅产品电子说明书与维修记录，在线咨询，查询网点、导航；生成电子保修凭证等。

高效：微信满意度调查、微商城自动积分、自动派工、业绩核算、佣金支付。

专业：通过培训和考核对维修工程师进行分级，通过维修范围、维修级别、服务质量三个维度定义工程师的技能水平。

透明：所有价格公开，方便顾客下单时预估费用。

问题：

1. 亚都的网络营销服务有什么特点？

2. 亚都使用了哪些个性化服务策略？在进行个性化服务时需要注意什么问题？

> 本章小结

1. 网络营销服务是以互联网络为基础，利用数字化的信息和网络媒体的交互性来辅助营销目标实现的一种新型的市场营销服务方式。

2. 网络顾客的服务需求包括解企业产品与服务的信息、需企业帮助解答的问题、与企业人员接触、了解营销全过程信息四个层次的内容。

3. 网络营销服务同样包括售前、售中及售后服务等相关内容。

4. 网络营销服务常用的工具有常见问题解答（FAQ）、微信服务工具、电子邮件和邮件列表、网络社区、呼叫中心等。

5. 网络营销个性化服务就是按照顾客特别是一般消费者的要求提供特定服务，即满足消费者的个性化需求。包括服务方式、服务时空及服务内容的个性化三大方面。

6. 在提供个性化服务过程中要注意保护顾客隐私、控制个性化服务的营销费用、只提供用户必须和可供选择的服务、建立与顾客的长期联系以获取顾客的长期价值等关键问题。

复习与实践

1. 复习题

(1) 简述网络营销服务的含义。

(2) 网络营销服务有哪些特点？

(3) 网络顾客服务需求包含哪四个层次？内容分别是什么？

(4) 网络营销产品服务包括几个阶段？分别包含什么内容？

(5) 网络营销服务工具有哪些？

(6) 简述网络营销个性化服务的概念。

(7) 网络营销个性化服务的方式有哪些？

(8) 网上个性化服务应注意哪些问题？

2. 网络实践

(1) 浏览以下网站及它们的手机客户端，了解它们所提供的相关网络营销服务功能。

华为商城（http://www.vmall.com/）

海尔商城（http：//www.haier.com/cn/）

淘宝网（http：//www.taobao.com/）

京东商城（http：//www.JD.com/）

招商银行（http：//www.cmbchina.com/）

应届生求职网（http：//www.yingjiesheng.com/）

携程旅行网（http：//www.ctrip.com/）

或其他自己比较感兴趣的网络服务做得比较好的网站。

（2）设计一项需要通过互联网来实现的产品购买或服务（如网上购书或小物品、网上订票、网上应聘、网上求租房等），并上网实际操作（部分功能可只浏览，不实际购买），体会一下相关网站为顾客提供的服务功能。

第11章 CHAPTER 11

网络营销中的品牌管理

教学说明

1. 理解网络品牌的内涵
2. 了解网络品牌管理的内容
3. 掌握网络品牌建设与维护的基本过程
4. 熟悉网络品牌管理的主要工具与策略
5. 了解网络品牌资产管理的主要内容

☞ **引导案例**

蒙牛的品牌创新之路[①]

2014年开始，蒙牛在国际合作、跨业营销、产品数字化创新、企业并购等方面频频出击，在连接活跃度、信息库存量、口碑库存量等指标上表现抢眼，其一系列动作引起了消费者的广泛关注和搜索。

随着"互联网+"影响的不断深入，从产品、服务到沟通形式，蒙牛积极引入互联网思维，其创新打造的数字化牛奶精选牧场，摘得世界

---

① 资料来源：根据新浪财经、蒙牛官方网站、网易新闻相关报道整理。

乳业创新大奖——"最佳创新商业品牌";冠名《花儿与少年》《歌王》《十二道锋味》等电视节目,也为蒙牛在网络传播上赚足了眼球;"纯甄泡泡跑""特仑苏十年敢想"、《又见国乐》等也在社会化媒体上得到了消费者的积极响应,全面阐释了"更年轻、更时尚"的品牌形象。在荷兰合作银行发布的2015年度全球乳业排名中,蒙牛跃升3位、排名第11位。

2017年12月20日上午,蒙牛集团与国际足联在北京国家会议中心联合宣布,蒙牛正式成为2018年世界杯全球官方赞助商。蒙牛是国际足联在全球赞助商级别首次合作的乳品品牌,也是中国食品饮料行业成为世界杯全球赞助商的第一个品牌。

2018年2月22日,蒙牛签约著名球员梅西成为其品牌代言人,梅西作为世界足坛巨星,其名人效应无疑是蒙牛看重的原因之一。随着蒙牛签约梅西代言这一消息在社交网络上曝光,迅速引发梅西粉丝的高度关注和自发传播,不少梅西粉丝更表示被蒙牛"圈粉"。同一天,蒙牛正式启动了主题为"自然力量·天生要强"的品牌升级行动。蒙牛集团表示,天生要强是人们与生俱来的自然力量。"自然力量·天生要强",不仅阐释了蒙牛汇聚一点一滴的大自然精华,帮助每一个天生要强的人,一天一天向自己的梦想和目标进步;也展现了蒙牛与世界杯和梅西高度契合的品牌精神。2022年,卡塔尔世界杯期间,蒙牛作为官方赞助商再次签约了梅西和姆巴佩,并在微博上推出了话题"梅西和姆巴佩你更爱谁?",进一步扩大了品牌影响力,带动了全球范围内的产品销售。

11.1　品牌价值与网络品牌

11.1.1　品牌价值

品牌是用以识别一个产品或服务区别于其他产品或服务的名称、术语、标识、符号或设计及其组合。品牌是一种信誉,由产品品质、商标、企业标志、广告口号、公共关系等混合交织形成。对企业来说,品牌是一笔无形的财富,品牌的拥有者可以凭借品牌的优势不断获取利益,可以利用品牌的市场开拓力、形象扩张力和资本内蓄力不断发展,将品牌的价值发挥到极致。在网络市场环境中,品牌的价值依旧存在,且更加突出。

品牌价值是指在某一时点上某品牌的市场价格。品牌价值源于市场，是顾客对品牌的认可、信赖与忠诚，一方面取决于企业对品牌所作的所有努力，另一方面，也取决于顾客对品牌的心理认知，是企业和顾客共同作用的结果。品牌价值主要包括顾客价值和自身价值两部分。其中，顾客价值由品牌的功能、质量和价值等构成；自身价值由品牌的知名度、美誉度和普及度等构成。

营销视点

Interbrand 发布 2022 年全球最佳品牌价值排行榜

2022 年 11 月 7 日，全球知名机构 Interbrand 公布了"2022 年 Interbrand 全球品牌榜"。排名中表现最好的 100 个品牌，苹果以品牌价值 4822.15 亿美元再次占据榜首，微软品牌价值 2782.88 亿美元排名升至第二，亚马逊品牌价值 2748.19 亿美元排名降至第三。其余排名进入前十的公司有：谷歌、三星、丰田、可口可乐、梅赛德斯-奔驰、迪士尼和耐克。中国品牌小米首次上榜，排名超过华为。

微软是 2022 年增长最多和最快的品牌，品牌价值增加了 32%。特斯拉和香奈儿的品牌价值也上升了 32%。今年 3 家新上榜的公司为爱彼迎、红牛和小米。

上榜的 100 个品牌总价值已增长到 30889.3 亿美元，2021 年为 26675.24 亿美元，增长率为 16%，是 Interbrand 全球最佳品牌排行榜历史上的最大增长率，也是 100 大品牌总价值首次突破 3 万亿美元。

该榜单调查对象是在母国等主要市场以外的销售额比例达到 30% 以上的企业。Interbrand 将财务实力、发展潜力等换算为金额，对品牌价值进行了比较。

资料来源：http://interbrand.com/best-brands/best-global-brands/2022/ranking/。

11.1.2 网络品牌

1. 网络品牌的含义

网络品牌是通过网络进行传播的虚拟的名称、术语、标记、符号或设计，或是它们的组合运用，它含有产品或服务的个性或特点并反映企业精神和价值观，代表了某个网络服务商所提供的产品或服务，并使之同竞争对手区分开。

网络品牌有两个方面的含义：一是通过网络途径建立起来的品牌，如百度、天猫、滴滴出行、腾讯等，如图 11 -1 所示；二是企业在传统领域已经建立了一定的品牌影响力，然后扩展到网络，将网络品牌定位为传统品牌的延伸。这样既利用了传统品牌的影响力，又给网络受众识别产品和服务带来了便利，像宝洁、海尔、联想、通用、花旗银行、大众汽车、迪士尼、联邦快递、可口可乐、雀巢等，都是这方面的典型。两者对品牌建设和推广的方式和侧重点有所不同，但目标是一致的，都是为了企业整体形象的创建和提升。

图 11 -1　网络品牌

2. 网络品牌的特征

（1）虚拟性。网络的虚拟性导致在网络中传播的品牌具有虚拟性，依托网络品牌传递的核心信息，并借助现代信息技术予以解读。

（2）过程性。网络品牌建设不是一个通过某次营销活动就可建立起来的，而是一个长期的营销工程。互联网为品牌的发展提供了更广阔的空间和更多的技术支持，也提供了更快、更有效的传播方法，在很大程度上加快了品牌的被顾客了解和认可的进程。京东花了 10 多年时间就成为市场的领先者之一，而在线购物平台拼多多只花了 3 年时间就取得了市场的主动权。

（3）内涵宽泛性。传统品牌讲究品牌定位，确定一个细分市场，然后品牌就代表着一小类人群的共性特点；在网络环境下，网民对信息的隐性的个性需求特征被激发出来，网站如果单独提供针对一个细分市场的小部分人群的商品或服务，可能无法获得足够的点击率，更无法盈利。所以成功的网络品牌的内涵都是很宽泛的，方便以后进行品牌扩展和延伸，它可以包含同一行业的若干细分市场，这样就可以吸引多个细分市场的网民。

（4）受众广泛性。网络作为一个全球性媒体，没有任何国界歧视，它把世界变成了一个庞大的购物中心。随着网络的扩张与渗透，各国网络顾客越来越多，品牌的国际化程度也越来越高。

（5）忠诚度较低。企业在主动推广品牌的同时，顾客也能自主搜索喜爱的品牌，并根据企业提供的互动平台加深对品牌的充分了解。若企业的品牌建立和宣传推广未达到顾客的心理预期，或是体验不佳，顾客就很容易在网络上搜寻其他品牌，而且这种选择和转换所喜爱的品牌的行为将会变得更加频繁和随机，相比传统市场而言，网络上的顾客的品牌忠诚度是较低的。

（6）更具挑战性。网络品牌要在每一个与顾客接触的环节给予顾客美好的体验。创造更加人性化的互联网体验并贯穿始终，关注顾客新的需求变化，对不同目标顾客给予恰当、有效、愉快的消费体验，这些使得网络品牌的建立更具挑战性。

3. 网络品牌的组成

企业网络品牌除了包含传统营销中品牌的内容之外，还包括一个独特的组成部分——域名，这是网络品牌与传统品牌的一个重要区别。

网络品牌一般由网络域名、企业网站、PR值（PageRank，网页级别）以及关于企业的软文和相关的东西组成。

（1）网络品牌的表现形态——域名和企业具体的网站。在网络营销中，企业在网络中的站点与主页成为企业营销活动的主要窗口，它也是企业在网络中的代言人，顾客正是通过企业域名来实现对企业网站的识别与选择的。对企业而言，自己域名的知名度越高，网站被访问和浏览的概率就越大，企业通过网络开展营销活动的效率也就越高。因而，作为识别企业网站的网络域名及企业具体的网站也就成了企业品牌中的重要组成部分。

（2）网络品牌的内容——关于企业的软文和相关信息。仅凭网络品牌的存在并不能为顾客所认知，还需要通过特定的手段和方式将关于企业和品牌的具体内容向顾客传递，才能为顾客所了解和接受。

（3）网络品牌的价值——网页级别。网络品牌的最终目的是获得忠诚顾客并增加销量，因此网络品牌价值的转化是网络品牌建设中最重要的环节之一，顾客从对一个网络品牌的了解到形成一定的转化，如网站点击率和访问量上升、注册顾客人数增加、对销售的促进效果等，这个过程也是网络营销活动的内容。

11.1.3 网络品牌和传统品牌的区别与联系

1. 网络品牌和传统品牌的区别

网络品牌和传统品牌的区别主要表现在三个方面，如表 11-1 所示。

表 11-1　　　　　　　　网络品牌和传统品牌的区别

项目	传统品牌	网络品牌
传播载体	电视广告、报纸广告、杂志广告、灯箱广告、商品展示会等展示性载体	网络广告、邮箱、论坛、微博、SNS、微信、短视频等互动性载体
个性化服务方式	细分市场，准确定位顾客，主要强调自己的产品或服务与其他同类企业的差别	根据顾客的特点呈现出选择多样性
顾客购买决策难度	困难	容易

（1）传播载体不同。网络品牌的载体是企业网站、网络广告、邮箱、论坛、微博、SNS 等网络形式，互动性相对较强。传统品牌的载体一般为电视广告、报纸广告、杂志广告、灯箱广告、品牌展示会等，展示性相对较强。

（2）个性化服务方式不同。网络品牌给顾客呈现的个性化是多样的，可以根据顾客本身的特点在网络上呈现不同的面貌。传统品牌给顾客呈现的个性化往往是在企业产品的顾客细分基础上实现的，主要强调自己的产品或服务与其他同类企业的产品或服务的差别。

（3）购买决策的难度不同。顾客可以利用网络可以全面、客观和比较准确地对感兴趣的产品或服务做出评价，网络的海量信息为这一切提供了必要条件。通过这种评价，顾客可以根据自身的情况做出理性的判断。相比而言，传统的品牌绩效提升则主要依靠广告轰炸，因而是片面、感性和模糊的，不利于顾客理性地下定购买商品与否的决心。

2. 网络品牌和传统品牌的联系

（1）两者互相影响。对于在传统品牌基础上进行延伸的网络品牌，传统品牌是网络品牌的基础，强势的传统品牌印象会引导顾客同样去关注该企业的网络品牌。

（2）目标相同。无论是传统品牌还是网络品牌，都为企业目标服务，两者应与企业战略一致。

11.2 网络品牌沟通

11.2.1 网络品牌建设与维护的过程

网络品牌的建设与维护主要有三个阶段，如图 11-2 所示。

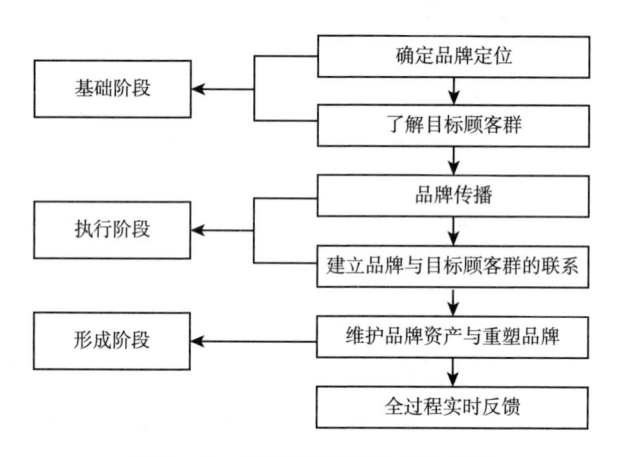

图 11-2 网络品牌建设与维护过程

1. 基础阶段——确定品牌定位并了解目标顾客群

（1）品牌定位即确定本品牌在顾客印象中的最佳位置以及竞争对手在顾客印象中的位置，以实现品牌资产的最大化。网络品牌定位的主要工作是定位网络品牌的目标顾客群及网络品牌的利益或价值。通过分析企业的产品或服务的目标顾客群与网络顾客的关联，得出企业网络商务主要面向的网络顾客，即网络目标顾客群范围。

首先，定位网络品牌目标顾客群。成功的网络品牌能够适当地对顾客进行细分，并能采取适当的策略向每个细分类别的受众提供核心和辅助的信息，从而快速有效地为他们服务。网络提供了一条个性化服务的最佳通道，企业可以根据从传统渠道得到的顾客数据资料，也可以利用网络的渠道建立详尽的顾客数据库，并可以对网上顾客的行为进行追踪和监测，依次分析顾客的不同类型、喜好以至需求，向不同的顾客提供不同的服务，以提高顾客对品牌的满意度。例如，成立于 1999 年的携程网（www.ctrip.com）致力于向旅行者提供包括酒店预订、机票预订、度假预订、商旅管理及旅游资讯在内的全方位在线旅行服务，它的顾客群主要锁定在网上的商旅顾客，因此携程所有的服务都围绕商旅顾客的需求展开，这样的定位使携程最终成为商务旅行方面最优秀的网络服务专家。

其次，定位网络品牌的利益或价值。网络品牌要有明确的顾客诉求或利益主张，并能够在第一时间向顾客明确这种主张。例如京东是"综合型电商平台"，抖音是"记录美好生活"的网上家园，阿里巴巴是"全球最大的网上贸易市场"。一个明确定位的网络品牌，能够让接触它的网络顾客很快明白它能够带来的利益，这不仅能够节省顾客的时间，也有助于顾客深入了解品牌及品牌所提供的服务。把握了准确的目标顾客群，并能够有效地向顾客群提供对他们来说最有价值的利益，企业的品牌定位工作就完成了。

（2）了解目标顾客群。线上和线下环境都要求深入了解顾客行为，通过收集顾客的在线点击量、浏览历史等数据可以得到大量信息，不过这些信息不足以推断影响其消费选择和体验的态度、人际和情感因素。实际上，完全在一个环境中创建品牌的企业仍然需要知道其他环境中顾客的行为。因此，传统市场和网络市场的混合研究通常是必要的。

2. 执行阶段——传播品牌并建立品牌与目标顾客群的联系

（1）品牌传播是利用网络将品牌传递给目标顾客群，以增强品牌认知，创造积极的品牌联想，改进品牌形象，最终目的在于建立和积累品牌资产。因此，品牌传播或推广是建立网络品牌的关键步骤，具体策略如下。

一是进行线上线下全方位品牌宣传渠道。网络传媒具有传播速度快、覆盖面广、形象生动的特征，尤其是在消费者参与度方面有着其他媒体不可比拟的优势，通过其进行推广可以迅速被网络消费者认识和了解。由于互联网众多站点之间具有关联性，与许多不同站点和页面建立链接，或者在有关搜索引擎注册，如在百度登记，提供多个转入点，可以大幅提高域名站点的被访问率，提高域名的知名度。与此同时，线下的诸如电视、杂志、报纸、户外等传统广告形式也不能被忽视。

二是以产品品质和顾客体验增强品牌吸引力。品牌的声誉是建立在产品质量和服务质量上的，高品质的产品是赢得用户的不二法门，对网络品牌也是一样。同时，网页的设计要考虑顾客的需求，使顾客在网站上积累整体浏览感受和购买经验。广告在消费者内心激发出的感觉，固然有建立品牌的功效，但比不上消费者上网站体会到的整体浏览或购买经验。知名零食品牌良品铺子就高度重视用户的网站使用体验，打开良品铺子的官网，最先看到的总会是良品铺子的最新活动，同时按照满减区、饼干会场、肉脯会场、果脯会场、糕点会场等分类展示，方便顾客购买，同时设有良品直播，让顾客了解当季热卖产品。高度重视用户的网站使用体验这一点对网络品牌格外重要。

三是利用公关造势树立品牌形象。抓住一切可利用的事件和机会，利用网络公关活动造势，树立品牌形象。2019 年，大白兔奶糖在问世 60 周年时，与气味图书馆携手"天猫国潮行动"，在天猫首发新品——快乐童年香氛系列产品。包含大白兔香水、大白兔沐浴乳、大白兔身体乳、大白兔护手霜等全线产品在内的大白兔礼盒在开启预售后就大受欢迎，这次营销活动令刚开业 2 个月的大白兔官方旗舰店迎来 15 倍的访客，销量上升 160%，粉丝数增长 26%。大白兔的跨界联合造势营销收获了前所未有的成功，这说明老品牌完全能够通过联名及跨界营销的手段重获新生。[1]

（2）与顾客及时有效的沟通是提高品牌生命力、维系品牌忠诚度的重要环节。网络的交互性为市场营销中的交流和沟通提供了方便有效的手段。一方面，顾客可以通过在线方式直接将意见和建议反馈给经营者；另一方面，经营者可以通过对顾客意见的及时答复获得好感和信任，从而增强顾客对品牌的忠诚度，具体策略如下。

在企业网站和微信公众号开辟快速直接的沟通渠道，如在线客服、在线投诉、在线帮助等，并及时做出处理和反馈，使顾客真正感受到被尊重。

通过吸引顾客在线注册和参与调查等互动活动建立顾客数据库，开展关系营销和进行顾客关系管理。

3. 形成阶段——维护品牌资产与重塑品牌

品牌资产具有波动性，它不是一次性的短期活动，随着顾客口味与偏好的改变、新的竞争对手和新技术的出现以及其他内外部环境的变化，可能出现品牌萎缩或老化等现象，导致品牌资产被侵蚀甚至消失，因此，不能在品牌建立好之后就放在网上让它自生自灭，而要进行不断的维护和重塑。要想维护品牌资产的持续性，就需要对品牌进行重新定位，重新传播，形成新的品牌资产。因此，品牌资产的建立是一个循环的动态模式。

4. 全过程实时反馈

品牌建设策略不可能丝毫不差地按计划精确实施。市场传播有时有意想不到的效果，竞争对手的反应可能与原先预料的不同，例如增加其广告预算、改变其广告策略或降低价格等。新的竞争对手可能进入市场，老的竞争对手可能退出市场；经济可能改善或衰退。基于上述以及其他多种原因，设置常规的反馈系统是十分重要的。

---

[1] 资料来源：《天猫 618 前夕，60 岁大白兔出跨界香氛产品，旗舰店一天流量长 15 倍》，https://www.163.com/dy/article/EFUU2IPF0519AT9B.html。

11.2.2 网络品牌建设与维护的方法

网络品牌建设是一个复杂的过程，在这个看似按部就班的过程中，企业要运用一些实用的方法，更好地达到网络品牌建设的目标。

1. 善于利用事件和热点宣传品牌

事件营销和热点营销是利用热门话题进行宣传的一种行为。企业要在适当的时候进行宣传，但是这种宣传要有度，企业需要标新立异，但是不可无休止地炒作。如 2020 年 1 月，新冠疫情暴发后，手机品牌 OPPO 通过官方微博宣布，向武汉市慈善总会账户捐赠 3000 万元人民币用于疫情防控。OPPO 表示，"为抗击在疫情一线的医务人员略尽绵力！"此举进一步巩固了 OPPO 在移动通信市场上的品牌地位。

2. 软文营销

软文营销发布是较新的营销推广方式，它借助新闻的内质和形式，在满足社会大众新闻需求的同时，达到企业品牌宣传的目的，具有新闻性、嵌入性、整体性、策划性等特点。一篇好的软文既为网站带来了顾客，也加深了品牌在顾客心中的地位，让品牌形象更加亲民，更加具有生命力。在撰文时，要根据企业或者品牌效应的需要来展开，不能夸大，如果顾客用了之后没有达到软文中所说的效果，会对品牌产生一定的厌恶感。

3. 品牌叙事来宣传品牌

换位思考一下，顾客更愿意听到一家企业用讲故事的方式来宣传企业，而不是口号，所以，用讲故事的方式来宣传企业，在网络环境下更能拉近企业和顾客之间的距离。

营销经典

爱尔兰咖啡的品牌故事[①]

都柏林机场的一名酒保邂逅了一名长发飘飘、气质高雅的空姐，她那独特的神韵犹如爱尔兰威士忌般浓烈，久久地萦绕在他的心头。倾慕已久的酒保，十分渴望能亲自为空姐调制一杯爱尔兰鸡尾酒，可惜，她只爱咖啡不爱酒。然而思念让他顿生灵感，经过无数次的试验及失败，他终于把爱尔兰威士忌和咖啡巧妙地结合在一起，调制出了香醇浓烈的爱尔兰咖啡。一年后，酒保终于等到了一个机会，他思念

[①] 资料来源：https://www.sohu.com/a/445851227_100294808。

> 的女孩点了爱尔兰咖啡。当他为她调制时，他幸福得流下了眼泪，他用眼泪在爱尔兰咖啡杯口画了一个圈……所以，第一口爱尔兰咖啡的味道，总是带着思念被压抑许久后所发酵的味道。只可惜那位空姐始终没有明白酒保的心意。
>
> 　　爱尔兰咖啡——既是鸡尾酒，又是咖啡，本身就是一种美丽的错误……
> 　　爱尔兰咖啡——思念此生无缘人。

4. 加强与其他品牌的合作

与其他品牌展开合作不但能够扩大自己的消费群体，还能够利用别的品牌来宣传自己。例如，在线外卖交易平台饿了么在2022年8月8日全民健身日当天联名知名健身应用程序Keep，以人气运动项目"飞盘"作为沟通载体，设计了6款印有汉堡、比萨等美食图案的"美味飞盘"，其中附赠的实物刀叉又让"飞盘"秒变餐盘，将飞盘赋予了运动工具与用餐器具的双重功能。在轻松趣味的互动氛围中，向顾客传递"想吃就吃，想练就练"的运动理念，强化了品牌互动宣传。

5. 危机公关

危机公关的作用不可忽视，一条企业的负面新闻就有可能毁掉一家企业辛辛苦苦积攒的信誉，如果产生了负面新闻，应该在第一时间迅速做出处理，不然一旦消息传开，对企业将会造成严重的后果。

12.2.3　网络品牌推广

企业网站除提供丰富的内容和良好的服务，还要注重网络品牌发展的问题，发挥品牌特性和站点商业价值。网络品牌通常并不是独立存在的，与多种网络营销方法都有助于网站推广的效果一样，网络品牌往往也是多种网络营销活动所带来的综合结果，网络品牌建设和推广的过程，同时也是网站推广、产品推广、销售促进的过程，所以有时很难说那种方法是专门用来推广网络品牌的。实践中，许多网络营销策略通常是为了网络营销的综合效果而不仅仅是网络品牌的提升。下面介绍推广网络品牌的六种主要途径。

1. 搜索引擎推广

利用搜索引擎进行网络品牌推广的主要方式包括在主要搜索引擎中登录网站、搜索引擎优化和关键词广告等常见的搜索引擎营销方式。这种品牌推广手段通常并不需要专门进行，在制定网站推广、产品推广的搜索引擎策略的同时，考虑到网络品牌推广的需求特点，采用"搭便车"的方式即可达到目的。这对搜索引擎营销提出了更高的要求，同时也提高了搜索引擎营销的综合效果。值得注意的是，越来越多的平台类应用程序已悄然成为企业眼中的新生搜索引擎并积极在其中进行品牌推广，例如小红书。

2. 网络广告推广

品牌离不开广告，品牌需要广告的支持。网络广告的作用主要表现在品牌推广和产品促销两个方面。与其他网络品牌推广方法相比，网络广告在网络品牌推广方面具有针对性和灵活性，可以根据营销策略需要设计和投放相应的网络广告，如根据不同节日设计相关的形象广告，并采用多种表现形式投放到不同的网络媒体。利用网络广告开展品牌推广可以是长期的计划，也可以是短期的推广。利用网络广告推广品牌，一定要注意目的、方法和实施中的细节。在短视频播放流行的今天，在各种短视频网站（app）开通账号发布视频也是比较主流的网络推广方式。

3. 企业网站推广

企业网站是网络营销的基础，也是网络品牌建设和推广的基础。企业网站有许多优点：网站内容可以随时更新，网站可以随时反映企业的最新情况；网站信息量可以做到极大；好的企业网站，给顾客的感觉是这企业领导意识先进、技术走在前列、管理科学化智能化，顾客信任度也高很多；网站没有时空限制，可随时随地实现双向沟通，随时收集顾客的意见或建议；网站可以通过搜索引擎、网站链接等手段，把企业的信息传播到世界各地并找到潜在顾客；网站还可以帮助企业提高效率、减少中间环节、规范管理、降低管理成本等，这种例子在全世界比比皆是。

综上所述，一个好的企业网站所起的作用是不可低估的，可以大大地提高企业的知名度和品牌，但一个不好的企业网站（如界面简陋、功能单一、设计不规范等）也会在相当程度上破坏企业的形象。好的企业网站应能体现企业的文化及专业性等。

4. 病毒式营销推广

病毒式营销对于网络品牌推广也很有效。病毒式营销主要表现为文章最后加上"与好朋友一起分享""转寄给亲朋好友"等字眼的按钮，按下按钮便可转发。当网友发现一些好玩的事情，常会分享，因而一传十、十传百，像病毒一样很快地传播出去。而这种靠网友的积极性和人际网络间分享的营销方式，能够提高品牌的知名度。它能够以小费用造成大效果、引发群体效应，借网友的转寄力量为企业带来出色的附加效果。

5. 网络社区推广

大量的顾客需要在购物网站或电商平台获取产品，并且同一品牌的顾客相互交流经验。这时网络社区对网络品牌的价值就表现出来了。随着网民网络行为的社交化、碎片化，越来越多的企业在大型社区网站和粉丝群建立品牌或产品论坛，同时任命资深销售顾问或工程师担任版主，极大方便了网民之间的相互交流和对企业产品、品牌的了解。

网络社区建设并不仅仅是一个技术问题，建立网络社区的指导思想应明确，是为了建立网络品牌、提供顾客服务，以及增进顾客关系。同时更重要的是，对网络社区要有合理的经营管理方式，一个吸引顾客关注和参与的网络社区才具有网络营销价值。

除了上述几种方法之外，还有多种对网络品牌传播有效的方法，如许可 E-mail 营销、发布企业新闻、微信朋友圈广告、头条号推广、短视频网站官方账号等。与传统企业品牌建设和推广一样，网络品牌的建设和推广不是一蹴而就的事情，重要的是充分认识网络的价值，并在各种有效的网络营销活动中兼顾网络品牌的推广。

营销经典

唯品会的品牌推广[①]

2018 年 4 月上旬，唯品会发布了《明天更好，我会更好》的广告片。该广告片在发布的 72 个小时里，被超过一亿的人点击观看。让人惊讶的是，这则广告片没有跌宕起伏的剧情，也没有流量明星，而是简简单单地叙述了五位平常人的生活。

这五个故事分别是：青春期遇见爱情想变成更好的人、宝妈想找回年轻时的自己而努力、一对打工夫妻日思夜想与孩子团聚、为梦想坚持不懈的女孩、妈妈陪伴孩子所做的一系列付出。这五个简单的故事通过亲情、爱情、梦想等感情元素来表现品牌与消费者之间的共鸣，真正传达出了此次品牌推广的主题——"明天更好，我会更好"。在传达主题的同时，也让"唯品会"深入到了消费者的内心。所以，抓住消费者心理，寻找"共情"营销策略，是促进品牌传播的重要方法。但由于每个品牌的市场情况不一样，所以企业在进行品牌推广时，应该在结合自身品牌特点的情况下制定专属的品牌营销案，这样才更有利于品牌的传播。

---

① 资料来源：http://www.sohu.com/a/244341396_585315。

11.3 网络品牌资产的管理和价值评估

11.3.1 网络品牌资产管理

网络品牌资产代表了品牌的有效识别、顾客价值、社会意义等众多因素，探讨网络品牌资产的意义即在于深入挖掘网络品牌的核心价值，不断提升网络品牌的品牌价值。

1. 网络品牌资产的构成

网络品牌资产由网络品牌忠诚度、网络品牌价值、网络品牌认知度、网络品牌影响力、网络品牌联想以及网络品牌商标权等要素构成。

（1）网络品牌忠诚度。一个品牌对企业的价值很大程度上是由其支配的顾客忠诚度创造的，一个品牌从某种程度上代表了一组忠诚的顾客。当对一个将要出售或并购的品牌进行估价时，忠诚度是一个关键的考虑因素，因为高忠诚度的顾客能够产生可观的销售额和利润。另外，忠诚度还意味着品牌对顾客的价值，并对营销成本有巨大的影响，因为维系老顾客比吸引新顾客的成本低得多。因此，将品牌忠诚度列为品牌资产构成要素，将有助于创造和提高品牌资产价值。网络品牌忠诚度可以用品牌网站顾客回访率、顾客重复购买率等指标衡量。

（2）网络品牌价值。网络品牌价值是构成网络品牌资产的核心，它代表了企业网络品牌的终极目标。比如华为的理想是"构建万物互联的智能世界"；安踏将"超越自我"的体育精神融入每个人的生活；长隆以"大自然、大生态、大种群、大乐园"为理念，全力打造中国自己的民族文化旅游品牌。品牌所代表的文化、精神、价值观念、生活态度及其社会意义是真正意义上的品牌无形资产，也是最关键的品牌价值所在。网络品牌价值可以通过测评与顾客生活的关联性、顾客对网络品牌的价值评价和价值认可度、顾客生活对特定品牌的依赖程度、网络品牌的获利能力等指标衡量。

（3）网络品牌认知度。顾客对品牌的认知程度在很大程度上影响其购买和选择。认知度是建立网络品牌识别的最终策略和目的，它代表了顾客对品牌总体质量感受和在品质认知上的整体印象和体验。当顾客对品牌的认知度提高时，顾客对品牌的感知会大大改善。网络品牌认知度的衡量可通过目标顾客对网络品牌的认知程度，已有顾客中有购买行为的顾客占比等指标来衡量。

(4) 网络品牌影响力。品牌影响力从某种程度上反映了品牌的市场份额，或者代表了品牌在某一市场中的知名度。顾客对品牌的了解和接触，会产生品牌的熟悉感。顾客在品牌选择以及在实施购买行为时，了解和熟悉的品牌会占优势。由于顾客通过各种渠道接触的营销信息越来越多，因此建立品牌影响力并且经济地实现这一目标越来越难了。网络品牌影响力可以用品牌网站的浏览量、网站访问者中目标顾客的比率等指标来衡量。

(5) 网络品牌联想。网络品牌联想代表了网络品牌的基础识别，是构成网络品牌资产的重要部分，主要组成因素包括品牌网站名称、网站地址、网络形象设计、品牌网络行为识别等因素，代表了顾客认知、识别、记忆某品牌的能力，它的价值也可以通过其注册商标或专利等无形资产的价值体现出来，也可以通过有关品牌识别的调查或监测指标获得客观评价。

从上述内容可以看出，网络品牌同传统的品牌一样，代表了一系列资产，因此，对网络品牌资产的管理就应包括创造并增加资产的投资。网络品牌资产的每个构成因素都以不同的形式影响并创造价值，为了有效地管理这些资产，也为了网络品牌建设活动制定基于可靠消费的决策，认知网络品牌资产每个构成要素的作用很有必要。

2. 网络品牌资产管理的主要内容

(1) 遵守道德维系品牌信誉。互联网具有费用低廉、信息共享和相互尊重的特征。企业提供的信息最好是免费的，注意发布信息的道德规范，如美国联邦地方法院限制任何组织向素不相识的顾客发送未经许可的促销邮寄广告宣传品，包括电子邮件。

(2) 注意法律规范保护品牌安全。品牌只有注册才能获得法律保护，许多国家采用的是注册在先原则，即谁先注册，谁就享有拥有权，我国也是如此。因此，企业在网络品牌推广过程中要加强品牌的域名注册，以保证网络品牌的合法权利。

(3) 加强品牌资产测量与评估。网络环境下，品牌特别是网络品牌作为企业重要的无形资产，是提升企业价值的重要源泉。受到网络舆论和其他不可见因素的影响，网络品牌资产在顾客心中的价值和地位会变得难以准确把握，科学合理地对品牌资产价值的测量与评估是品牌资产管理工作的核心。

> **营销视点**
>
> 品牌亲密度正在成为新的衡量品牌价值标准
>
> 　　2022 年，品牌研究咨询机构 MBLM 与 Relative Insight 和 Allen Advanced Analytics 合作，分析了 600 多个全球品牌跨 19 个行业，以及超过 14 亿个社交媒体平台上使用的词汇，发布了 2022 品牌亲密度研究报告。
>
> 　　迪士尼以 68.1 的品牌亲密度排名第一，特斯拉（67.4）紧随其后，而苹果下降至第 3 位（65.3）。品牌亲密度被定义为一种情感科学，用于衡量用户与品牌的情感联系。品牌亲密关系模型，综合使用了人工智能、文本分析、自然语言处理、情感分析等工具与方法，评估了用户评价、情感链接、情感纽带特征、情感纽带强度以及品牌亲密商数。品牌亲密度越高，品牌的利润越明显。索尼以 65 分排名第 4，YouTube 以 64.3 分位列第 5。排在第 6 至 10 名的是：梅赛德斯－奔驰、Trader Joe's、Netflix、世嘉和安卓。
>
> 　　资料来源：https：//www.sohu.com/a/554542036_121124717。

11.3.2　网络品牌的价值评估

　　评估网络品牌的价值，可以帮助企业评估其网络品牌投入所产生的效果，可以帮助企业找到提升网络品牌价值的关键因素，以及帮助诊断自己网络品牌策略中存在的问题，还可以为企业考核品牌部门的工作业绩提供一个重要指标，这些对一个企业来说都是非常重要的。目前比较主流的网络品牌价值评估方法主要有三种。

1. 成本法

　　对一个企业品牌的评估，应从网络品牌资产的购置或开发的全部原始价值以及品牌再开发成本与各项损耗价值之差两个方面考虑，前一种方法又称为历史成本法，后一种方法又称为重置成本法。这种方法也有较为明显的局限性，因为成本法是一种静态的分析方法，而品牌资产处在持续变动中，且网络品牌资产的相关数据收集更困难。

2. 市场法

　　市场法是指运用市场上同样或类似的近期交易价格，经过直接比较或类比分析以估测资产价值和各种评估技术方法的总称。市场法是把网络品牌作为企业的一种无形资产,以市场上其他类似品牌的交易价格为基础,分析比较对象的成交价格和交易条件,通过对比估算出品牌价值参考的数据有市场占有率、知名度、形象或偏好度等。

运用市场法的基本前提有两个：第一,必须要有一个活跃的公开市场。第二,公开市场上要有可比的资产及其交易活动。然而,这种方法最大的困难在于执行。首先,对市场定义不同,所得出的市场占有率也就不同；其次,网络品牌资产的参照物及可比较的指标、技术参数资料的收集相当困难。第三,有时很难找到适当的参照物。

3. 收益法

收益法是通过估测被评估资产未来预期收益的现值来判断资产价值的各种评估方法的总称。从理论上讲,收益法是传统的品牌资产评估中较为科学合理的评估方法之一。用收益法评估网络品牌资产价值,着重考察的是品牌带来的未来收益,把品牌价值看成是未来所有权收益的现值。

收益法是目前国外应用最广泛的方法,因为对于品牌的拥有者来说,未来的获利能力才是真正的价值。在对品牌未来收益的评估中,有两个相互独立的过程,一个是分离出品牌的净收益,另一个是预测品牌的未来收益。

收益法存在的问题是：其一,预期收益额预测难度较大,受较强的主观判断和未来收益不可预见因素的影响；其二,贴现率选取和时间段选取的主观性较大；其三,涉及企业超额收益在品牌与其他无形资产之间分配的难题。

上述三种方法各有利弊,运用于网络品牌时,应根据情况选择使用。

营销视点

中国品牌价值评估标准体系[①]

目前,国内影响力较大的中国品牌价值评估标准体系当属中国品牌建设促进会联合有关权威单位共同举办的"中国品牌价值评价信息发布"活动,该活动已持续十余年,是建立中国特色的品牌价值评价机制、打造中国品牌正能量、推动中国品牌走向世界的重要举措。中国品牌价值评价信息的发布遵循国际标准和国家有关标准,坚持"科学、公正、公开、公认"的工作原则,越来越得到社会的关注和认可。

---

① 资料来源：http://www.ccbd.org.cn/。

> 在对网站品牌进行评估时，根据各指标的重要程度分别赋予其相应的权重，然后根据品牌的实际情况进行评分，得出该品牌的加权评分结果。

【案例讨论】

中华老字号"百雀羚"的品牌推广之路[①]

在新零售时代，线上线下融合成必然趋势之时，老字号也在新零售思维的影响下，获得了超速增长。始于1931年的百雀羚，在中华老字号中尚属年轻之辈，却在新零售的发展道路上行事分外老辣。

如何甩掉传统的包袱吸引新一代人的目光？表面上，百雀羚的营销主要是借助电视广告与客户沟通。但功夫在细节，百雀羚将"年轻""关怀"等诉求做到了实处，制造了许多的"内容"口碑。

1. 强化产品的品牌属性

为了摆脱传统老式国货品牌的帽子，百雀羚从2008年开始推出草本系列护肤产品，并启用全新的品牌定位：草本护肤。一方面，消除人们对老国货产品的固有印象，如香味过于浓郁、质地不够清爽等；另一方面，也迎合了年轻消费者的追求。

虽然在对产品进行较为彻底的革新，但是在品牌理念上，百雀羚并没有抛弃历史的资产。重新提炼出的"中国传奇，东方之美"品牌理念，也是基于原本理念的升华。百雀羚经典东方之美的形象，仍然是其赖以生存的最宝贵的资产。

2. 将年轻消费者确定为品牌营销目标

在国际品牌高举高打，国内护肤品牌全面退守的境遇下，百雀羚要提升品牌影响力，面对更多的是来自国际品牌的巨大竞争压力。所以在明星代言的选择上，百雀羚也是煞费苦心。

2010年，百雀羚启用莫文蔚代言草本护肤系列，迅速打响品牌革新后走向市场的第一枪。随着代言广告的热播，沉睡在消费者心中已久的经典百雀羚似乎一夜之间"复活"了。2015年，百雀羚斥资1.8亿元获得

---

① 资料来源：https://www.digitaling.com/articles/22286.html。

《中国好声音》第四季独家特约权。除此之外，百雀羚还斥资1.65亿元拿下快乐大本营首席特约，继续扩张娱乐营销的版图。

无论是什么类型的跨界合作，品牌的目的都是希望最大化覆盖合作方受众。百雀羚确立新定位之后，其目标消费者也变得愈加年轻。娱乐营销，自然成为品牌助其树立年轻化形象、与年轻消费群体互动的重要手段。

3. 与用户真诚沟通

在互联网时代，每个人都可以发声，每个人都是品牌的代言人。和用户真诚沟通，重视普通人的力量，正是百雀羚在内容营销实践中能够打动人心的地方。

2015年"双十一"，百雀羚推出了一个神奇的"万万没想到"部门，这个部门的职能就是收集从客服那里得来的用户信息，然后进行筛选满足。比如说，客服知道某位用户马上就要结婚了，于是就在给这位用户寄去产品的同时，也寄送一份桂圆、莲子、花生、红枣等有寓意的礼盒。据说，这位用户收到礼盒之后专门去找当初对接的客服，甚至邀请她来参加自己的婚礼。

一位被品牌关怀过的"小人物"更像一枚散弹，他会被触动，进而帮助品牌去主动做传播。这种熟人间的推荐比起简单直接的营销账号可信度更高。

问题：

1. 简述百雀羚的网络品牌建设过程。
2. 百雀羚通过哪些途径来推广其品牌？
3. 在消费升级背景下，国货老字号品牌如何进行品牌振兴？

本章小结

1. 网络品牌是通过网络渠道进行传播的虚拟的名称、术语、标记、符号或设计，或是它们的组合运用，它含有产品或服务的个性或特点并反映网络企业精神和价值观，代表了某个网络服务商所提供的产品或服务，并使之同竞争对手的网络服务区分开。

2. 网络品牌一般由网络域名、企业具体的网站、PR值（PageRank，网页级别）以及关于企业的软文和相关的东西组成。

3. 网络品牌与传统品牌的区别主要表现在传播载体、个性化服务方式、顾客购买决策难度三个方面。

4. 网络品牌建设与维护的过程包括确定品牌定位、了解目标顾客群、品牌传播、建立品牌与目标顾客群的联系、维护品牌资产与重塑品牌、全过程实时反馈六大环节。

5. 企业可通过搜索引擎、网络广告、企业网站、病毒式营销、网络社区等方法进行网络品牌的推广。

6. 网络品牌资产由一系列要素构成，这些要素分别以各自的方式影响着网络品牌价值。这些要素包括网络品牌忠诚度、网络品牌价值、网络品牌认知度、网络品牌影响力、网络品牌联想等。

7. 网络品牌资产价值评估通常使用的方法有成本法、市场价值法和收益法等。

复习与实践

1. 复习题

(1) 什么是品牌价值与网络品牌？

(2) 网络品牌有哪些特征？

(3) 简述网络品牌和传统品牌的区别与联系。

(4) 简述网络品牌建设与维护的过程。

(5) 网络品牌建设与维护有哪些方法？

(6) 网络品牌有哪些推广途径？

(7) 网络品牌有哪些价值评估方法？

2. 网络实践

(1) 浏览一些知名网络品牌（传统品牌的延伸，如苏宁、海尔等；纯网络品牌如天猫/淘宝、亚马逊等）的网页，查询其发展历程，了解它们的网络品牌建设过程及方法。

(2) 查看不同品牌的网页，关注其网络推广方法，并指出它们分别是运用哪种方法进行品牌推广的。

(3) 访问网站 https://www.maigoo.com/，找出该网站是如何给品牌进行分类和排行的，写一份总结报告。

第 12 章
CHAPTER 12

网络营销中的信用管理

教学说明

1. 理解网络信用的内涵
2. 了解网络信用管理的内容
3. 掌握网络顾客信用分析的要素与方法
4. 掌握网络供应商信用分析的要素与方法
5. 了解网络信用安全策略制定的主要内容

☞ **引导案例**

京东白条[①]

京东白条是业内第一款互联网消费金融产品。"先消费、后付款,实时审批、随心分期",享受最长 30 天的免息期、最长 24 期的分期付款。

京东白条的业务流程显示消费金融业务没有一笔授信需要人工审批,都是通过风控大数据模型来识别用户。后台风控系统会根据购物习惯、信用状况、收货地址稳定程度等,结合多种因素和数据去识别用户,然后迅

---

① 资料来源:https://www.jdt.com.cn/finance。

速给出"白条"是否可激活的评定结果。

大数据模型的评估基础是用户数据的累积，并且数据需要实时动态更新。所以，随着大数据建模更加精准，用户"白条"激活效率也会提升。京东白条的额度不是永久的，后台风控系统会不定期进行信用评估并调整额度，具体额度范围以用户京东白条操作页面显示为准。

从京东白条的业务发展来看，基于信用的电子商务交易模式日趋丰富和完善，同时也给同类用户和企业以很好的促进作用。本章将就网络营销中的信用问题进行详细阐述。

12.1 网络信用管理概述

12.1.1 信用与信用环境

从经济学、社会学、法律等不同角度对信用进行理解，信用有不同的含义。信用常被理解为遵守诺言、信守契约，从而取得别人的信任。本书从经济学角度出发，认为信用就是在商品交换或者其他经济活动中授信人在充分信任受信人能够实现其承诺的基础上，用契约关系向受信人放贷，并保障自己的本金能够回流和增值的价值活动。

国家、社会、商业、企业、银行、个人等不同的主体都具备信用属性。在信用活动中，根据信用主体的不同，可以分为企业信用、银行信用、国家信用、民间信用、个人信用等。信用环境则是指企业与企业之间，企业与个人之间，以及个人与个人之间的信任关系与信用程度。

12.1.2 网络信用与网络信用管理

1. 网络信用

网络信用指网络交易中由买方、卖方以及网络平台提供方构成的三方之间互动的信用关系，是一种在虚拟市场中或网络活动中，各交易主体遵守虚拟市场合约（隐性或显性）的程度。

网络信用主要受交易者的信用理念（伦理、文化或道德）、信用意向和信用能力的影响，交易者先有较高的信用道德水平，再有相当的信用能力，这样才能遵守合约。

网络信用是一个多层次、递进性的概念，因为遵守虚拟市场合约的程度既受交易者理念和信用意向的影响，也受交易者信用能力的影响。

网络信用风险是一个多维度的概念，其主要维度包括可获得性、信赖、安全性和可靠性等。虚拟市场中各种相关利益主体遵守虚拟市场合约（隐性或显性）的程度越高，则网络信用越高，反之，遵守虚拟市场合约（隐性或显性）的程度越低，则网络信用越低。网络信用是在网络环境中的信用，即网络环境中各交易主体遵守市场合约（隐性或显性）的程度不确定性的大小。其中影响网络信用的因素有虚拟市场中各交易主体的文化、道德、信用能力、管理能力和网络技术等。个人风险态度也是决定信任接受程度的重要影响因素。

网络信用既有虚拟属性又有现实属性。网络本身是虚拟的，但它是现实社会和人的活动映射的产物，现实生活、经济和政治在网络上得到了充分体现。可以说，网络信用其实就是现实社会信用的表现，社会信用是其内在根本。

2. 网络信用管理

网络信用管理是指在网络环境下，在从事网络营销的过程中，对客户信用信息进行征集、识别、分析和决策的过程，以及对信用交易进行科学管理以控制信用风险的一系列措施，目的是避免或减少网络营销过程中网络信用风险带来的危害。网络信用管理的三大基本要素是网络信用征集、网络信用评估以及网络信用决策，这三大基本要素构成了网络信用管理的三个主要流程。信用管理的主要职能包括识别风险、评估风险、分析风险，以及在此基础上有效地控制风险，并用经济、合理的方法综合性地处理风险。在现实的网络市场环境下，由于网络信用交易主体和形式的不同，网络信用管理的目标市场被分成三个部分：资本、网络企业和消费者个人。在不同的目标市场上，网络信用风险的特征不同，网络信用管理的职能和内容也各不相同。

12.1.3 网络营销中的信用管理主体以及信用模式

1. 信用主体

网络营销中的信用主体是指网络营销中信用关系的当事人，是网络营销中信用关系的承载者和信用活动的行为者，如图 12-1 所示。

（1）网络交易双方。交易双方分为供给方和需求方，其中，供给方是企业。企业利用网络发展、完善自己，是网络交易主要的参与者、推动者

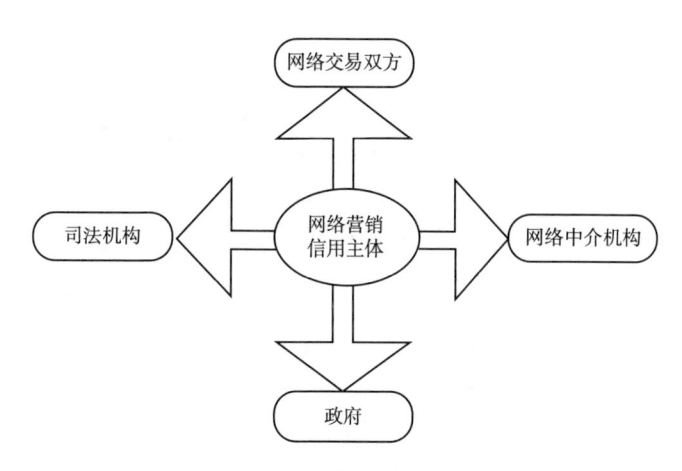

图 12-1　网络营销信用主体结构

和受益者。企业通过设计、制定、实施公平、科学、完善的交易规则，为网络交易双方建立了一个公平、公正的平台，确保网络交易的安全可靠。需求方是顾客。顾客利用网络完成自己的消费活动，是网络全面发展不可缺少的参与者。

（2）政府。网络营销需要在政府的指导、控制、管理下进行。政府信用与企业信用、个人信用有着不同的意义，政府信用影响着社会发展。

（3）网络中介机构。为了保证网络营销的顺利进行，必须有银行、信用卡公司、认证公司、保险公司等相关实体的参与，它们被称为网络中介机构。这些中介机构在参与网络交易时必须诚实守信，为网络交易双方提供公平、公正、可取的服务。

（4）司法机构。网络的发展要有良好的法律法规环境。通过法律为网络提供可操作性的信用规则，使人们真正相信在网络交易过程中违反信用义务时，应当承担相应的法律责任；同时使人们相信法律的公平、公正，能够有效处理网络交易过程中的违法问题。

2. 网络营销中的信用模式

网络营销中的信用模式主要是指网络企业在进行网络营销的过程中，通过制定和实施确定的交易规则，为网络交易的当事人建立一个公平、公正的平台，以确保网络交易的安全可靠，其基础性设施是资格认证和信用认证。目前，较为典型的网络营销信用模式主要有四种，如图 12-2 所示。

（1）中介模式。中介模式是将网站作为交易中介，达成交易协议后，购货的一方将货款、销售的一方将货物分别交给网站设在各地的办事机

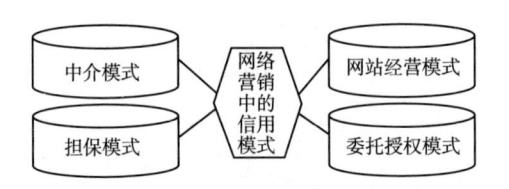

图 12-2 网络营销中的信用模式

构,当网站的办事机构核对无误后再将货款及货物交给对方的网络营销模式。这种模式将网站作为交易中介。但这里的中介不是普通意义上的"介绍",而是以中立的身份参与交易全过程,例如中国商品交易网(http://www.ccetrade.com/)。可见,这种信用模式试图通过网站的管理机构控制交易的全过程,以确保交易双方能按合同的规定履行义务。这种模式能在一定程度上降低商业欺诈等商业信用风险,但需要较大的投资、设立众多的办事机构。而且这种通过第三人进行的中介交易还有交易速度和交易成本问题。从信用模式来说,它则要求以网站的信用为基础,也就是交易双方必须以信任网站的公正、公平和安全为前提。可在事实上,网站介入交易过程中,有可能因为网站及其办事机构的过失而给顾客造成经济损失。

(2) 担保模式。担保模式以网站或经营网站的企业为交易各方提供担保为特征。这种将网站或网站的主办单位作为一个担保机构的信用模式,最大的好处是使通过网络交易的双方降低了信用风险。但要完成一个担保行为,有一个核实谈判的过程,这无形中增加了交易成本。因此,在实践中,这一信用模式一般只适用于具有特定组织性的行业。而对那些交易主体具有开放特性的网站并不适用。例如,中国粮食贸易网就规定,任何会员均可以就中国粮食贸易网的交易合同向中国粮食贸易公司申请提供担保,试图通过这种担保来解决会员的信用风险问题。

(3) 网站经营模式。网站经营模式是网络企业根据企业的经营宗旨,为实现网络企业所确认的价值定位而采取某一类网络营销模式的总称。这类网站作为商品的经营机构,在取得商品的交易权后,让购买方将购买商品的款项支付到网站指定的账户上,网站收到购物款后才给购买者发送货物。这种信用模式是单边的,是以网站的信誉为基础的,它需要交易的一方(购买者)绝对信任交易的另一方(网站)。而对于网站是否能按照承诺进行交易,则需要社会的其他机构(如消费者协会、工商行政管理部门)来进行监督。这种信用模式一般适用于从事零售业的网站(如 8848 网站),但它不能满足厂商利用网络进行交易的需要。

（4）委托授权模式。委托授权模式是指把实际网络经营活动委托给他人或者其他机构，但自身仍然承担监督责任的网络营销信用模式。这种信用模式是网络网站通过建立交易规则，要求参与交易的当事人按预设条件在协议银行建立交易公共账户，网络计算机按预设的程序对交易资金进行管理，以确保交易在安全的状况下进行。这种信用模式最可取的创新是网络网站并不直接进入交易的过程，交易双方的信用保证是以银行的公平监督为基础的。但要实现这种模式必须得到银行的支持，而要建立全国性的银行委托机制并不是所有的企业都能够做到。新疆华夏益农网络有限公司兴办的"中国农副产品交易市场（http：//k.xns315.com/）"采用的就是委托授权模式。

这四种网络营销信用模式存在的缺陷也是显而易见的。特别是，这些信用模式所依据的规则基本上都是企业性规范，缺乏必要的稳定性和权威性，这就极大地制约了网络交易的快速健康发展。而要克服这些问题需要良好的法律法规环境。

12.1.4　网络信用的影响因素

信用受到社会文化、社会制度、信息、市场以及社会伦理道德的影响，而网络信用还受到网络的安全技术、社会信用体系以及国家信用管理体系的影响。明确把握网络信用的影响因素，有助于研究分析网络信用的控制机制，如图 12-3 所示。

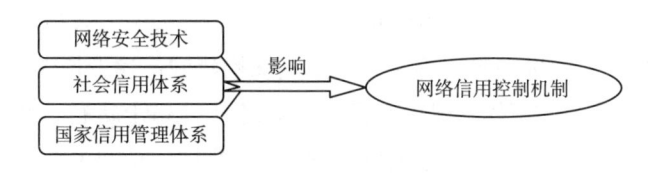

图 12-3　网络信用的影响因素

1. 网络安全技术

网络是一个开放性的网络，它的安全问题是人们最关心的。安全问题的产生很大程度上是由于网络在安全技术处理上存在漏洞。如何保障网络活动的安全，如何在技术层面解决网络的安全问题，进而防止引发不必要的信用危机，是网络信用管理的重要方面。

2. 社会信用体系

市场经济是信用经济。社会信用体系是市场经济体制中的重要制度安排。建设社会信用体系，是完善我国社会主义市场经济体制的客观需要，是整顿和规范市场经济秩序的治本之策。建设完善的社会信用体系，对于打击失信行为，防范和化解金融风险，促进金融稳定和发展，维护正常的社会经济秩序，保护群众权益，推进政府更好地履行经济调节、市场监管、社会管理和公共服务的职能，具有重要的现实意义。

我国的社会信用体系是以法制为基础，信用制度为核心，以健全信贷、纳税、合同履约、产品质量的信用记录为重点，坚持"统筹规划、分类指导，政府推动、培育市场，完善法规、严格监管，有序开放、维护安全"的原则，建立全国范围信贷征信机构与社会征信机构并存、服务各具特色的征信机构体系，最终形成体系完整、分工明确、运行高效、监管有力的社会信用体系基本框架和运行机制。

3. 国家信用管理体系

（1）政府对信用的监督、教育、管理。依法严格市场准入，监督和管理信用服务机构，查处违法违规行为，完善市场退出机制，维护市场秩序，防止非法采集和滥用信用信息，促进社会信用体系和信用服务市场健康发展。

（2）健全的网络法律法规。要坚持规范与发展并重的原则，制定有关法律法规，促进信用服务行业健康发展。要严格区分公共信息和企业、个人的信用信息，妥善处理好信息公开与依法保护个人隐私、商业秘密和国家信息安全的关系，切实保护当事人的合法权益。要加快信用服务行业国家标准化建设，形成完整、科学的信用标准体系。2020年12月，国务院办公厅印发《关于进一步完善失信约束制度构建诚信建设长效机制的指导意见》，强调社会信用体系建设必须严格在法治轨道上运行。2021年，国家发展改革委、人民银行联合印发《全国公共信用信息基础目录（2021年版）》和《全国失信惩戒措施基础清单（2021年版）》，进一步明确公共信用信息归集范围以及为规范失信惩戒措施提供了现行有效的法律法规和政策依据。

12.2 网络顾客信用分析

12.2.1 网络顾客信用的含义及类型

网络顾客信用是指在网络环境下，网络顾客以对未来偿付作出承诺为条件的产品或劳务交易关系。以网络信用的使用目的为标准,网络顾客信用可以分为网络零售信用、网络现金信用、网络 VIP 客户信用等。为了推销产品,网络企业设计出许多创新推销方式,诸如网络分期付款、网络信用积分卡等。网络顾客信用的出现扩大了市场规模并使网络顾客可以提前享受到所想要的东西。

1. 网络零售信用

网络零售信用是指网络零售商向网络顾客以赊销的方式提供产品与劳务,通过这种方式,网络零售商增加了销售,争取了更多的网络顾客。

网络零售信用具体可以划分为网络循环信用、网络分期付款信用以及网络专业服务信用。网络循环信用是网络零售商与顾客之间的一种协定。依据协定,网络零售商允许顾客在事先约定的限额内,以信用交易的方式购买各种产品。网络分期付款信用的特点是要求受信方支付首付款,然后要在一定期限内按期支付固定的金额,直到还完全部款项为止。与网络循环信用不同的是,网络分期付款信用中,网络顾客要与企业签订销售合同,在余款支付完后信用交易自动终止,因此又叫封闭信用。网络专业服务信用指网络顾客可以先期获得专业服务,在收到账单后再行付款,是专业服务提供者对顾客所提供的短期信用。网络专业服务信用类似于上述的网络循环信用,只是由专业服务替代了实际产品。

2. 网络现金信用

网络现金信用即网络现金贷款。当网络顾客由于各种理由需要现金时,都可以向网络金融机构申请贷款,网络顾客得到的是现金,授信主体是网络金融机构。网络现金信用比网络零售信用进步了很多:网络零售信用将交易限定在具体的产品上,而网络现金信用则可以使顾客购买任意产品。

与网络零售信用一样,网络现金信用因偿还方式的不同,可以分为网络分期付款贷款、网络单笔支付贷款两种。网络分期付款贷款是一种贷款协议,约定网络借款人在将来的一段时间内,以固定而有规律的付款方式偿还贷款。借款人必须提供收入及财务的安全性证明,使贷款人对借款人将来偿还贷款抱有信心。网络单笔支付贷款的期限通常短于一年,并规定在期限终了时,网络借款人应将全部贷款一次付清。

3. 网络 VIP 客户信用

网络 VIP 客户信用是指与供给方建立起良好的贸易关系、交易额度达到 VIP 客户标准的客户形成的网络信用关系。企业根据 VIP 客户的信用状况，为其提供一种短期融资便利产品，借款人在核定的额度可循环周转使用贷款。这种信用关系受到很多条件的制约。

12.2.2 网络信用分析的原则

1. 全面性

网络信用分析的内容应该全面地反映所有影响评价对象信用状况的各项要素，不但要考虑个人和企业过去的业绩，而且还要预测未来的发展趋势；不能通过少数的评价就做出信用评价的结论，这样容易产生评价失实的错误。只有坚持全面分析，才能最大限度地避免因评估不足而导致损失，维护行业的健康发展。

2. 科学性

建立网络信用分析指标体系，各项指标必须有机配合，相互之间既不重复，又无矛盾；同时，指标的计算和评价方法必须科学，要有一定的依据，要充分借鉴国外企业及个人信用评价发展的相关经验。

3. 针对性

网络信用分析必须具有针对性，不同的评价对象和评价目的，指标体系应该有所区别。我国的传统信用评级分为证券级、贷款企业评级和特定信用关系评级三类。而对网络来说，则应该考虑到 B2B、B2C、个人顾客、平台服务商、金融机构等不同市场主体的各自特点，做到不同的商业模式采取不同的评价体系。

4. 公正性

网络信用分析要符合客观事实，能正确反映被评级对象信用等级的真实面貌，指标体系和计算方法不能偏向评级对象的任何一方。评级机构和人员必须态度公正，评价客观，以事实为依据。

5. 合法性

网络信用分析必须遵守国家有关政策、法律和法规，指标体系要体现国家宏观政策导向，有些经济效益指标和风险监管指标，若国家规定有标准值的，必须体现规定要求。

6. 可操作性

网络信用评价要具有实用性，便于操作和程序计算。既要符合我国国情，具有本国特色，又要参照国际惯例，考虑今后同国际接轨。

12.2.3 网络信用分析的构成要素及流程

1. 网络信用分析的构成要素

常用的网络信用分析工具中顾客感知和接受度最广泛的当属支付宝的芝麻信用分，在芝麻信用分的评分当中，网络信用分析构成要素被分为五个维度：身份特质、履约能力、信用历史、人脉关系、行为偏好。

（1）身份特质是指在使用相关服务过程中留下的个人基本信息，包括从公安、学历学籍、工商、法院等公共部门获得的个人资料，未来还可能包括网络使用习惯等可以用于推测个人性格的数据。

（2）履约能力包括享用各类信用服务并确保及时履约，例如租车是否按时归还，水电煤气是否按时交费等，还包括通过消费情况、消费稳定性、消费层次等来判断用户未来履约有什么样的能力。

（3）信用历史是指过往信用账户还款记录及信用账户历史。这些历史包括用户的借款历史、还款历史、申请历史等。

（4）人脉关系是指好友的身份特征以及跟好友互动的程度。根据"物以类聚人以群分"的理论，转账关系、校友关系等可作为评判个人信用的依据。

（5）行为偏好是指在购物、缴费、转账、理财等活动中的偏好及稳定性。如果一个用户经常做一些与家庭责任相关的、跟社会责任相关的事情，在他的购物行为当中就可能体现出这种特征，进而会对个人信用有正向的作用。

2. 网络信用分析的流程

（1）信息的收集、核实。通过受评对象和各种渠道获取数据信息，保证信用评价所需的有关受评对象和行业信息的准确及充分。目前，我国对个人信用状况调查主要通过央行的征信报告和百行征信等在线查询 app。

（2）调研。根据受评对象提供的信息资料和评价工作要求，确定需进一步了解或核实的问题，安排合适的时间邀请受评对象及其他相关人员举行在线访谈或面谈。

（3）评级分析。根据所掌握的受评对象和行业信息，对受评对象的信用状况进行分析，确定受评对象信用等级初评结果。

（4）信用等级初评结果评审。对受评对象信用等级初评结果进行评审、核定。

（5）结果公示。初评结果在信用等级评价中心专栏进行一段时间的公示，接受受评对象和社会各界的监督与举报。

12.3　网络运营商信用分析

12.3.1　网络运营商的含义及类型

网络运营商主要是指通过互联网等信息网络从事销售商品或者提供服务的经营活动的法人和非法人组织，包括平台企业、平台内企业以及通过自建网站、其他网络服务销售商品或者提供服务的企业。

网络运营商信用保证是指网络运营商在向银行融通资金的过程中，根据合同约定，由依法设立的担保机构以保证的方式为债务人提供担保，在债务人不能依约履行债务时，由担保机构承担合同约定的偿还责任，从而保障银行债权实现的一种金融支持方式。网络运营商信用保证的本质是保障和提升价值实现的人格化的社会物质关系。网络运营商信用保证属于第三方担保，其基本功能是保障债权实现，促进资金融通和其他生产要素的流通。如淘宝通过《淘信用与经营保障服务规范》走在网络运营商信用保证的前列。

网络运营商信用保证有利于全社会的信用体系建设，有利于信用信息的资源共享，有利于促进信用评价机构的发展，有利于担保机构的业务拓展，具有节约社会资源、实现资源的优化配置和稳定社会的功能。

营销知识

电子商务信用系列国家标准出台

信用是电子商务交易的基础，在国家大力推动社会信用体系建设的背景下，相关国家标准的出台及实施对于促进电子商务领域诚信建设具有重要的作用。2018年6月7日，由国家市场监督管理总局、国家标准化管理委员会批准，《电子商务第三方平台企业信用评价规范》（GB/T 36312—2018）和《电子商务企业信用档案信息规范》（GB/T 36314—2018）两项国家标准正式发布，并于2018年10月1日正式实施。2020年7月21日，《跨境电子商务平台商家信用评价规范》（GB/T 39053—2020）国家标准发布，标准主要规定了跨境电子商务企业信用评价要素和指标、评价流程和信用档案管理，适用于跨境电子商务商家的信用评价，实施日期为2021年2月1日。2021年2月9日和8月20日

> 先后发布《电子商务企业诚信档案评价规范》《电子商务信用网络零售信用基本要求服务产品提供》，2022年3月1日实施。加上2017年发布的《电子商务商品口碑指数评测规范》和《电子商务信用》等系列国家标准为电子商务信用评价和管理，优化电子商务环境，打造电子商务品牌提供了有力支撑。

12.3.2　网络运营商信用评价原则及流程

在网络环境中，网络运营商为用户合法的或者不合法的行为提供技术、硬件、服务器等支持。根据网络的特殊性以及网络运营商在网络运行中的作用，网络运营商对通过其系统或网络的信息具有实际的监控能力，对通过其传播的信息承担监控义务，同时，网络运营商具有协助调查义务即承担配合协助权利人或有关机关收集侵权行为证据的义务。

1. 评价原则

网络运营商信用评价要遵循以下原则：

（1）合法性。评价应遵守相关法律法规要求，保护国家、社会公共利益和信用信息主体的合法权益，不应妨害公共安全和社会秩序，不应采集、披露法律法规禁止的信息；

（2）全面性。评价指标内容应包括但不限于反映企业信用的关键基础信用信息；

（3）有效性。评价数据应真实可信，具有代表性和时效性；

（4）公开性。评价制度、评价方法和评价结果应公开；

（5）客观性。信息披露主体披露的卖方身份信息应真实、可确认，如有必要，需提供证明文件，对信用信息的描述和提供的数据应客观、准确，不应有虚假夸大或恶意贬低的内容；

（6）可操作性。电子商务企业诚信档案所包含的信息应便于理解、采集和使用。

2. 网络运营商信用评价流程

以知名信用评价机构 iTrust 信用评价工作为例，网络运营商的信用评价主要采取的是企业"邀请制"和"主动评级制"，通过网络信誉大数据技术监测初步评定信用达到行业平均水平的企业才能获得邀请并参加信用评级。

具体工作流程如下：

（1）向合格企业定向发送《企业信用评价申报邀请函》；

（2）向意向企业发送《企业信用评级申报书》和《电子证书和信用档案信息表》；

（3）企业填写《申报书》和《信息表》加盖公章后一起快递或扫描电子版文件打包一起发至评价中心；

（4）向企业发送《企业信用评价受理通知函》；

（5）企业支付评级服务费用，评价中心开具增值税发票；

（6）评价中心在5个工作日内完成征信调查，等级评定，专家评审；

（7）向企业核发《信用评级结果和信用电子标识安装通知函》；

（8）评价中心年度复评。

12.3.3 网络交易平台的信用评价体系

为了强化网络运营商的守信意识和诚信自律意识，提高网络交易的信用水平，促进互联网行业健康有序发展，必须构建网络交易平台的信用等级评价体系。

1. 网络交易平台的信用等级评价方法

根据互联网行业特点，建立定性分析与定量分析相结合、外部因素与内部因素相结合、静态分析与动态分析相结合、历史因素与趋势预测相结合的评价指标体系，运用计分卡、综合分析判断法等科学分析方法，由信用专业人员及行业专家进行分析和评议，最后确定企业信用等级。

2. 网络交易平台的信用等级评价指标体系

网络交易平台的信用等级评价采用指标、权重、级差和标准四个维度构成的指标体系。依据GB/T 23794-2009等企业信用评价国家标准和通过商务部、国资委行业信用评价专家组评审的互联网信用评价行业标准，同时参考银行信贷信用评级指标和标准。

评价指标应涵盖企业基础信息、经营信息、公共信用信息、市场信用信息及其他信用信息等；应能全面、科学地反映企业诚信状况；细化评价规范，应针对电子商务的实际情况，设置反映行业特点的指标和行业标准值，使评价指标既有统一性，又有针对性。评价指标包括企业综合素质、管理水平、竞争力、社会信用记录、财务状况和特殊调整项6类一级指标和若干二级指标。

其网络企业信用等级评价指标体系参见 http://www.itrust.org.cn/

news. php? id = 2187。

按照上述方法及指标体系，我国网络交易平台信用评价等级分为"三等九级"，即 A、B、C 三等，AAA、AA、A、BBB、BB、B、CCC、CC、C 九级。每个级别根据企业信用状况用"－"或"＋"微调。

除了建立起网络交易平台信用等级评价体系外，还需要从网络信用立法、信用数据库的建立和管理等方面实现网络交易平台信用的完善。

12.4 网络信用安全策略的制定

12.4.1 网络信用安全体系结构

网络信用问题不是依靠某一方面力量就能解决的，而是需要依赖网络技术、政府以及网络各参与方的共同努力，建立一个适用网络环境的信用体系构架。

如图 12 – 4 所示，网络信用安全体系构架主要包括五个方面。

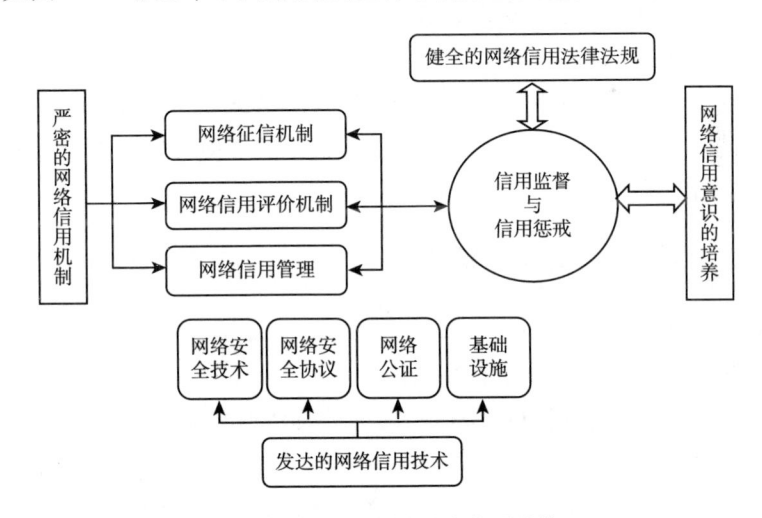

图 12 – 4　网络信用安全体系结构

1. 健全的网络信用法律法规

美国等西方国家对网络主体的行为有着相对完善的法律法规进行规范和管理，如《高性能计算法规网络案》《国家信息基础结构的行动纲领》《全球网络纲要》。我国从 2016 年《网络安全法》发布以来，网络安全相关安全合规要求密集出台，已经初步建立起由网络安全法律法规和网络交易安全法律法规及各种规章、制度文件组成的网络信用法律法规体系，如

《中华人民共和国电子签名法》《中华人民共和国密码法》《中华人民共和国个人信息保护法》《中华人民共和国数据安全法》《互联网信息服务管理办法》《互联网直播服务管理规定》《网络交易监督管理办法》《网络安全审查办法》等。

2. 发达的网络信用技术

要建立网络信用体制所需要的基础技术，如认证、安全协议、安全技术以及必备的基础设施等。

3. 严密的网络信用机制

网络包括网络征信机制、网络信用评价机制、网络信用管理等。

4. 网络信用意识的培养

网络经济中网络信用意识的关键是在社会氛围中人们都讲信用，并通过信用制度来约束人们的商务行为。2021年3月，"国家反诈中心"app上线，该手机应用集报案助手、举报线索、风险查询、诈骗预警、骗局曝光等多种功能于一体，可同步微信视频公众号信息并进行反诈骗举报，对加强全民风险意识、信用意识意义深远。

5. 信用监督与信用惩戒

建立失信惩罚机制是整顿网络环境的重要措施之一，失信惩戒的目的是使失信者付出的代价远高于其获得的收益，甚至使其经济生命终结，让机会主义者无路可选。

12.4.2 网络信用安全体系建立

1. 网络信用安全体系的建立

归纳起来，网络信用安全体系建立包括三个环节。

（1）信用认证。用户首先在网站上进行注册登录浏览，用户一旦注册，就会建立用户的信用信息数据库。用户订购商品时，该订购信息会通过安全加密技术提交给授信者，授信者对收到的密文进行解密。然后授信者登录信用中介机构网站申请信用认证，信用中介根据网络ID通过网络企业与个人信用数据库查询该企业或用户的基本信用信息，并将结果返回授信者，帮助授信者判断和控制信用风险，此时就完成了交易前的信用认证。

（2）信用监控。如果授信者同意授权，那么交易双方可以签订合同，这整个过程的数据都是保密的，并且是在监控下执行的。

（3）信用评估。最后买方付款，卖方送货。如果买方在收到货物后不付款，卖方可通过客户服务部与其取得联系，进行督促。如果买方拒绝付款，卖方就将该不良信用记录发送给档案中心形成信用污点，情节特别严重的还应提起诉讼。如果卖方不及时送货或不送货，买方可以采取同样的手段维护自己的合法权益。这个过程可以对买卖双方的信用情况进行评估以及实施失信惩罚，进行双方信用情况的反馈。

2. 网络信用安全体系的建设

网络信用安全体系的建设包括硬件建设和软件建设。

（1）技术（硬件），包括网络安全技术、数据库、网络公证、网络安全协议。其中网络安全技术包括数字签名与数字证书、密钥加密法、安全电子邮件以及防火墙等。

（2）环境（软件）。随着我国计算机水平的迅速发展、基础设施的不断完善以及不断引进国外先进技术，信用环境软件逐渐成为网络信用安全体系建立的关键环节。信用环境包括：网络信用制度，如个人征信机制、企业网络信用管理、网络评估机构、网络信用中介等；信用监督与失信惩戒机制；出台信用法律法规；培养信用观念，建立信用文化。

12.4.3 网络信用安全策略

网络信用安全策略主要包括四个方面。

1. 加强网络信用物理安全

网络信用物理安全策略的目的是保护计算机系统、网络服务器、网络用户终端机等硬件实体和通信链路免受自然灾害、人为破坏和攻击；验证用户的身份和使用权限，防止用户越权操作；确保计算机网络系统有一个良好的工作环境；建立完备的安全管理制度，防止非法进入计算机网络控制系统和网络黑客的各种破坏活动。

2. 加强内部信用安全管理

内部信用安全管理主要是建立内部安全管理制度，如机房管理制度、设备管理制度、安全系统管理制度、病毒防范制度、操作安全管理制度、安全事件应急制度等，并采取切实有效的措施保证制度的执行。内部信用安全管理主要采取行政手段和技术手段相结合的方法。

3. 加强网络信用访问控制

网络信用访问控制策略是网络系统安全防范和保护的主要策略，其主要任务是保证网络资源不被非法使用和非常规访问，是维护网络系统安全、保护网络资源的重要手段。所以网络信用访问控制策略是保证网络安全最重要的核心策略之一,其中包含入网访问控制、网络的权限控制、目录级安全控制、属性安全控制、网络服务器的安全控制、网络监测和锁定控制、网络端口和节点的安全控制、网络防火墙控制等手段。

4. 加强网络信用信息加密

网络信用信息加密策略主要是保护计算机网络系统内的数据、文件、口令和控制信息等网络资源的安全。对于网络信用信息加密策略,网络用户可以根据网络系统的具体情况来选择上述几种加密方法实施。计算机网络系统的信息加密技术是保护网络安全最有效的方法之一。采用网络加密技术,不但可以防止非授权用户的搭线窃听和非法入网,而且也是对付网络黑客恶意软件攻击和破坏计算机网络系统很有效的方法。

综上所述,网络信用安全策略主要是配合行政手段,制定有关网络信用安全管理的规章制度,在技术上实现网络信用系统的安全管理,确保网络信用系统的安全、可靠运行,突出网络营销的特色。

【案例讨论】

淘宝启动"淘信用"计划　升级商家信用评价机制[①]

2018 年 8 月 6 日,《淘宝网"淘信用"与经营保障服务规范》上线征求意见,意味着淘宝平台正式宣布启动"淘信用"计划。根据商家的淘信用分,淘宝网会提供相应的经营保障服务。原则上,淘信用分越高的商家,保障服务种类越多,服务水平越高。这与淘宝页面前端展示的"星钻冠"体系完全不同,是基于商家的经营历史、消费者互动、身份资质等维度,做出的体现商家诚信经营能力和意愿的综合分值,且信用分的高低不与流量挂钩。

对电商卖家的信用评价,最早是由买家进行。"但这种评价存在一些问题,比如少数买家可能进行恶意评价;个别卖家也可能为了好评而'刷单',这些都会导致信用评价结果失真。淘宝在卖家评价之外,增加平台对卖家的评价,可以让判断维度更加多元化,结果也会更客观。"中国政法大学知识产权研究中心特约研究员赵占领说。

赵占领认为,我国民间的信用评价机制有鲜明的特色,比如蚂蚁金服

---

① 资料来源:https://www.dsb.cn/news-flash/61804.html。

等企业开展的信用评价，是基于自身掌握的数据技术等来判断用于某种场景下的信用情况，某种程度上是传统的信用评价机制所难以实现的，是国家信用建设体系的重要补充。

赵占领认为，平台及其经营者、用户均有合同关系，用户、经营者加入平台必须遵守相关规则，如果用户、经营者违反相关约定，是一种不诚信行为，平台可根据相关规则对这些行为进行评价。对互联网的治理应该鼓励社会共治，平台在其中起到非常特殊和重要的作用，能够凭借其掌握的大数据技术，为对平台上的经营者、商家进行信用评价提供基础。

2020年9月27日，淘宝发布公告显示《淘信用与经营保障服务规范》进行变更，主要变更点为在经营保障服务中新增"市场管理与违规处理保障"。

淘宝网还在9月23日发布新增《淘宝网商业加盟类目管理规范》公示通知，主要新增内容为新增对商业加盟类目发布商品的卖家准入、清退、再准入要求，商品发布要求，服务要求以及违规处理办法。

问题：

1. 结合本案例，阐述网络信用管理对于网络营销的作用。

2. 淘宝网推出的"淘信用"服务在现实中是否得到了很好的实施？假如你是一名淘宝店铺经营者，你会采取怎样的策略以便在经营历史、消费者互动、身份资质等维度不断提高自身的诚信经营能力和意愿？

本章小结

1. 从经济学、社会学、法律等不同的角度对信用进行定义，指出信用环境是企业与企业之间、企业与个人之间，以及个人与个人之间的信任关系与信用程度。网络信用指的是网络交易中由买方、卖方以及网络平台提供方构成的三方之间互动的信用关系。

2. 网络信用管理是指在网络环境下，从事网络营销的过程中对客户信用信息进行征集、识别、分析以及决策的过程，对信用交易进行科学管理以控制信用风险的专门技术，以避免或减少网络营销过程中网络信用风险带来的危害。网络信用征集、网络信用评估以及网络信用决策构成了网络信用管理的要素。

3. 网络营销信用主体是指网络信用关系的当事人，是网络信用关系的承载者和网络信用活动的行为者。网络交易双方、政府、司法机构、网络中介机构构成了网络营销信用的主体，在此基础上，确定了中介人模式、担保模式、委托授权模式和网站经营模式作为网络营销信用模式。

4. 网络的安全技术、社会信用体系和国家信用管理体系构成了网络信用的影响因素。

5. 网络运营商主要是指通过互联网等信息网络从事销售商品或者提供服务的经营活动的法人和非法人组织。对网络运营商实施信用保证，对网络消费者进行流量统计和分析，对网络交易平台信用体系的构建和风险防范、规范网络市场具有重要的意义。

6. 网络信用安全关系整个网络以及网络使用者的财产和个人隐私的安全，健全的网络信用法律法规、发达的网络信用技术、信用意识的培养、信用的监督与管理为保障网络信用的安全奠定了基础。网络信用安全策略包含加强内部信用安全管理，加强访问控制等。

复习与实践

1. 复习题

（1）请简述信用、信用环境、网络信用以及网络营销中信用管理的含义。

（2）网络信用主体有哪些？网络信用的模式有哪些？

（3）影响网络信用的因素有哪些？什么叫网络顾客信用？可分为哪些类别？

（4）进行网络顾客个人信用评价应该遵循哪些原则？影响网络顾客个人信用评价的因素有哪些？

（5）网络顾客信用分析构成要素有哪些？简述网络顾客信用分析的流程。如何防范网络顾客信用风险？

（6）网络交易平台信用体系发展现状如何？防范网络交易平台信用风险的措施有哪些？

2. 网络实践

（1）登录阿里巴巴中文网站，点击"论坛"，在打开的窗口中点击"信用社区-商业防骗"，浏览相关信息，了解阿里巴巴的网络信用状况。

（2）依据阿里巴巴论坛中的"信用社区-商业防骗"回答：阿里巴巴商务网站有信用管理吗？什么是信用通档案？信用标志是什么？什么是信用积分？有投诉曝光机制吗？信用积分的规则是怎样的？如何进行信用管理？

参考文献

[1] [美] Gordon S. Linlff，[美] Michael J. A. Berry. 数据挖掘技术（第3版）——应用于市场营销、销售与客户关系管理 [M]. 巢文涵，张小明，王芳，译. 北京：清华大学出版社，2019.

[2] [美] 埃弗雷姆·特班（Efraim Turban），[美] 朱迪·施特劳斯（Judy Strauss），黎秀玲（Linda Lai）. 社交商务：营销、技术与管理 [M]. 朱镇，王晓川，江毅，池毛毛，译. 北京：机械工业出版社，2018.

[3] [英] 查菲（Chaffey D），埃利斯-查德威克（Ellis-Chadwick F）. 网络营销：战略、实施与实践（原书第5版）[M]. 马连福等，译. 北京：机械工业出版社，2015.

[4] 戴鑫. 新媒体营销：网络营销新视角 [M] 北京：机械工业出版社，2018.

[5] 邓超明. 网络整合营销实战手记 [M]. 北京：电子工业出版社，2012.

[6] 董千里. 物流运作管（第二版）[M] 北京：北京大学出版社，2015.

[7] [美] 菲利普·科特勒. 营销管理（第15版）[M]. 何佳讯等，译. 上海：上海人民出版社，2019.

[8] 国家市场监督管理总局，国家标准化管理委员会. 电子商务信用第三方网络零售平台信用管理体系要求 [S]. 北京：中国标准出版社，2018.

[9] 何海明，马澈. 时间战场Ⅲ赢在视频时代 [M]. 北京：经济科学出版社，2021.

[10] 胡革. 网络营销——工具+理论+实战 [M]. 北京：清华大学出版社，2010.

[11] 江礼坤. 网络营销推广实战宝典（第2版）[M]. 北京：电子工业出版社，2016.

[12] 黎万强. 参与感：小米口碑营销内部手册 [M]. 北京：中信出

版社，2018.

[13] 李明芳，薛景梅. B2C 网络零售情境中消费者退货行为研究[M]. 北京：经济科学出版社，2021.

[14] 李晓明. 电子商务案例分析（第二版）[M]. 北京：中国铁道出版社，2016.

[15] 李晓明. 新编电子商务概论[M]. 北京：中国铁道出版社，2022.

[16] 瞿艳平. 品牌资产论[M]. 北京：经济科学出版社，2019.

[17] 苏朝晖. 客户关系管理——客户关系的建立与维护（第4版）[M]. 北京：清华大学出版社，2018.

[18] [美] 特雷西·L. 塔腾，[美] 迈克尔·R. 所罗门. 社会化媒体营销（原书第3版）[M]. 戴鑫，严晨峰，译. 北京：机械工业出版社，2020.

[19] 王易. 微信营销与运营：策略、方法、技巧与实践[M]. 北京：机械工业出版社，2015.

[20] 叶开. 社会化媒体运营[M]. 杭州：浙江人民出版社，2013.

[21] 张娟. 网络零售市场产品竞争策略研究——基于供应链理论视角[M]. 北京：经济科学出版社，2020.

[22] 中国互联网络信息中心. 第49次中国互联网发展状况统计报告[R]. 2021.12.

[23] [美] 朱迪斯·特劳斯，[美] 雷蒙德·弗罗斯特. 网络营销（第7版）[M]. 时启亮，陈育君，译. 北京：中国人民大学出版社，2015.